主编：辛建荣　毕华　陈扬乐

旅游商品概论

辛建荣　路 科　魏丽英　编著

哈尔滨工程大学出版社
Harbin Engineering University Press

图书在版编目（CIP）数据

旅游商品概论 / 辛建荣，路科，魏丽英编著. —哈尔滨：哈尔滨工程大学出版社，2011.8
ISBN 978-7-5661-0131-0

Ⅰ. 旅… Ⅱ. ①辛… ②路… ③魏… Ⅲ. 旅游商品—概论 Ⅳ. F590.63

中国版本图书馆 CIP 数据核字(2011)第 155979 号

出版发行 哈尔滨工程大学出版社
地　　址 哈尔滨市南岗区东大直街 124 号
邮政编码 150001
发行电话 0451-82519328
　　　　 022-60266518
传　　真 0451-82519699
　　　　 022-60266517
经　　销 新华书店
印　　刷 北京市文林印务有限公司印刷
开　　本 787 mm × 1 092 mm　1/16
印　　张 14.5
字　　数 266 千字
版　　次 2012 年 1 月第 1 版
印　　次 2012 年 1 月第 1 次印刷
定　　价 29.00 元
http://press.hrbeu.edu.cn
E-mail: heupress@hrbeu.edu.cn

序　言

有许多人，包括我和我的同仁，总想对旅游说点什么——对旅游的认识、感悟、理解，总想为旅游做点什么——探索旅游学科体系的建设、完善和科学化。旅游已经成为人类生活密不可分的一部分，是社会、经济发展的必然产物，是社会生产力发展的新的需求方式，即现代人类社会、经济、文化发展到一定历史阶段的特定生活现象。

旅游是“行万里路，读万卷书”。我们把自然、人生、社会作为万卷百科全书，通过旅游真正认识、了解博大精深的天、地、生、人。

旅游活动在经历了漫长的历史演进后，直到近代旅游的兴起，人们才真正对旅游开展学术性的研究，所以她是年轻的。由此为旅游业和旅游学科的发展提供了平台和空间。尤其是现代旅游活动与旅游业的发展，其参与的广泛和发展的迅速是空前的，这说明旅游活动已经成为人类社会不可或缺的生活方式。

旅游学是一门不成熟的学科，关于旅游学科的许多概念、内涵和学科体系的建设等，不同的学者有着不同的见地，由此带来了争论和发展的契机。现代旅游的兴起与快速发展，促使更多的学者探索旅游学科的内涵。旅游界学者们各自从不同的视角、视野发表观点，大有“百家争鸣、百花齐放”之势。

旅游学科还需要在未来的发展中进一步深化认识，因为旅游活动关联到人类社会的方方面面，几乎涉猎我们周围的整个世界和人类文化。但是作为旅游科学，我们要从中理出自己的一套严谨的、完善的学科体系，这不是一件容易的事情，而是一项巨大而浩繁的系统工程。

参与旅游活动是人类的爱好，发展旅游产业是企业家的追求，探索旅游学科的建设与发展是从事旅游研究者的使命。有志于旅游学科的研究者凭借自己的睿智，使旅游学科更加臻于完善，趋于完美，最终达到成熟，这是我们永恒的职责，也是我们编写新概念旅游教材的初衷。

新概念旅游教材问世了，首先必须说明，我们的工作仅仅是一种探索和尝试，旅游学科毕竟是一株稚嫩的幼苗，还需要精心浇灌、护理，使其茁壮成长，枝繁叶茂；其次，在学科的认识方面若与其他学者的观点不完全相同，请告诉我们，我们会谦虚谨慎，真诚与您商榷；同时，著书期间必然要查阅和采用大量的著作成果与资料，在这里我们真诚地向相关作者表示衷心的感谢，若有遗漏和不到之处，恳请谅解。

我们总是有一种满足，那就是与旅游活动结缘；我们总是有一种责任，那就是更加透彻地探索旅游的科学内涵；我们总是有一种欣慰，那就是在旅游学科建设方面能够徜徉于旅游的海洋里享受其中的愉悦和美感。

真诚祝愿我们这支年轻的团队能够通过共同努力，在旅游科学的大潮中，留下一点闪光的纪念。

辛建荣

2011 年 6 月

前　言

改革开放以来，我国旅游业快速发展，产业规模不断扩大，产业体系日趋完善。而从旅游商品这一旅游业重要组成部分的发展来看，我国距世界旅游强国还有较大差距。旅游商品是旅游经济发展的重要组成部分，其发展水平是衡量旅游业发展的重要标准之一。据统计，在旅游业发达的国家和地区，旅游购物收入一般占旅游业总收入的40%以上，如新加坡占59.6%，美国占54.7%，法国占52.1%。相比之下，我国所占比例较小，距离发达国家差距较大。

我国具有丰富的旅游商品资源，拥有大量优质的旅游购物赖以发展的物质和文化基础，科学有效地开发旅游商品，大力发展旅游购物，对提升我国旅游业的经济效益，促进世界旅游强国的目标实现，具有十分重要的现实意义。本书正是为适应这种需要而编写的，它强调理论与实用相结合，注重理论的简约明确，强调理论新意及科学合理的理论框架；内容尽量与国际国内的新观念、新数据、新资料接轨，强调现代性和实用性，既可作为高等院校旅游专业本科生的必备教材，也可适用于高职高专学生使用，还可作为旅游研究人员、旅游商品经营者的参考用书。

全书共分 11 章，第一二章为理论基础，阐述旅游商品的定义及外延等基本理论；第三四章分别介绍旅游商品的两大类内容，即凸显外部性的旅游景观及设施商品和实物性的旅游购物商品；第五至第十一章从技术、经济、管理、文化、环境等多角度，系统地阐述了旅游商品的品种、开发与创新、市场营销、质量及管理、旅游商品标准及标准化、旅游商品与文化及环境等内容。

辛建荣教授为本书第一编著，并编写了第一章、第二章；路科（牡丹江师范学院）编写了第三章、第五至第九章；魏丽英（牡丹江师范学院）编写了第四章、第十章、第十一章。全书由辛建荣教授统稿。

在编写本书过程中，曾经查阅并引用了诸多作者的论著、文献、报道及统计资料，除了书后列出的参考文献外，可能仍有一些未能列入，请原作者原谅。在此向所有这些论著及成果的作者表示真诚的谢意！

由于编写时间的仓促和编者的水平有限，书中难免存在一些缺点和谬误，恳请各位同仁和读者不吝赐教，以便在修订时加以改正。

编著者

2011 年 6 月

目　　录

第一章 旅游商品概述

【学习目标】

● 了解旅游商品不同于一般商品、产品的特征

● 明确旅游商品的概念及构成

● 掌握旅游商品使用价值的本质和结构层次

● 把握旅游商品发展的未来趋势

【知识要点】

● 旅游商品的概念

● 旅游商品的特征

● 旅游商品的使用价值

旅游商品是旅游经济发展的重要组成部分，其发展水平是衡量旅游业发展的重要标准之一。然而目前用于统计的关于旅游商品销售的指标多是旅游购物收入。国际旅游组织专家指出，旅游购物收入占旅游总收入的百分比，是对一个地区旅游业成熟度评价的重要标准；据统计，在旅游业发达的国家和地区，旅游购物收入一般占旅游业总收入的40%以上，如新加坡占到59.6%，美国占到54.7%，法国占到52.1%，而相比之下国内地区这一比例较小。这里所谈的旅游购物收入包括哪些内容，是否可以使用旅游商品收入来代替？我们通过学习本章的知识来寻找答案。

第一节 旅游商品及其本质

随着旅游业的蓬勃发展，旅游商品的研究愈来愈受到政府部门及理论界的关注。旅游商品属于商品构成的一部分，具备一般商品的属性，又有不同于一般商品的特性。因此我们要明确旅游商品的概念、特征及构成等内容，首先要

了解商品的概念及其本质。

一、商品及其本质

商品是人类社会生产力发展到一定历史阶段的产物，是用于交换的劳动产品。恩格斯曾明确指出，商品首先是私人产品。但是只有这些私人产品不是为自己的消费，而是为社会的消费而生产时，它们才成为商品。

商品具有使用价值和价值两种基本属性。商品生产者有目的的具体劳动，形成商品的使用价值，而抽象劳动则形成商品的价值。

（一）商品的概念

现代的商品概念可以用商品球模型[①]（图 1-1）来形象地表示，它包括四个层次的内容。

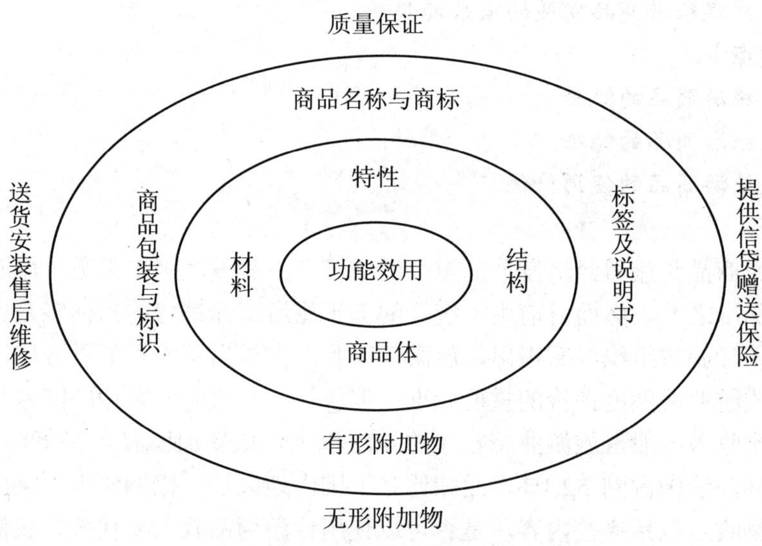

图 1-1　现代商品概念模型

1. 商品的功能和效用

消费者购买商品的最终目的并非是购买商品本身，而是购买商品的功能和效用。商品的功能和效用是指商品为满足消费者的一定需要所能提供的可靠的、必须的职能或效用，例如洗衣机的功能和效用是清洗衣物，空调的是调节室内温度，验钞机则是验证钞票的真伪等。商品正是通过在消费过程中所提供的功能和效用来满足消费者需要的。

① 万融.商品学概论[M]. 3 版. 北京：中国人民大学出版社. 2005:5.

2. 商品体

是商品功能和效用的物质载体，是人们利用原材料，通过有目的、有效的劳动投入而创造出来的具体劳动产物。

3. 有形附加物

商品的有形附加物包括商品包装与标识、商品名称、商标及注册标记、专利标记、质量和安全及卫生标志、环保标志、商品使用说明标签、检验合格证、使用说明书、保修卡、购货发票等。

4. 无形附加物

商品的无形附加物是指人们购买有形商品时所获得的各种附加服务和附加利益。例如购买房产或汽车等大额消费品时所提供的信贷服务，购买家用电器等商品时所提供的送货上门、安装调试、售后维修等服务，规定期限内由商家或第三方所提供的保险服务等。如何完善并创新商品无形附加物是很多商品生产者和经营者关注的重要问题，这样不仅可以为消费者提供更多的实际利益，更有利于企业在激烈的市场竞争中突显自己商品的优势，提高企业及自身商品的竞争力。

（二）商品的特征

商品区别于物品和产品具有如下特征。

1. 商品是具有使用价值的劳动产品

自然界中存在的许多天然物品虽然具有使用价值，但因其并非劳动产品，因而不能称其为商品，例如阳光可以提供光明和温暖，空气可以供人呼吸，雨水可以浇灌农田等，但它们都不能称为商品。此外，失去了使用价值的劳动产品也不能算作商品，例如失效的药品，变质的食品等。

2. 商品是供他消费的劳动产品

商品是供别人消费的，即供社会消费的，而不是供生产者或经营者自己消费的。马克思曾经指出，谁用自己的产品来满足自己的需要，他生产的就只是使用价值，而不是商品。要生产商品，他不仅要生产使用价值，而且要为别人生产使用价值，即生产社会的使用价值。

3. 商品是为交换而生产的劳动产品

商品对于生产者或经营者来说并没有直接的使用价值，而只是交换价值的物质承担者，只有通过市场交换才能实现对于生产者或经营者与消费者的双重使用价值。需要注意的是，一种产品究竟是否为商品，并不能在依据经济理论进行认定后才进入市场交换，而往往是先进入市场进行交换，然后再被承认为商品。例如以往只承认物质形态的劳动产品才能成为商品，而现代社会中各种纷杂的如知识形态产品、劳务形态产品、资金形态产品等一旦进入市场进行交换，所形成的各种科技成果、各类服务、股票及债券等也都成为商品。

二、旅游商品概念及特征

目前国内旅游学者们对旅游商品概念做了一些研究，但总体而言尚未形成统一的认识，各种概念之间界限模糊，在实际应用及学术讨论过程中仍常常出现互相替代的称谓。

（一）研究现状

目前国际上的旅游组织机构等研究体只是对旅游购物给出了的概念性的范畴阐释，尚未对旅游商品（tourism commodity）这一概念给出明确的定义，如世界旅游组织对旅游购物支出的定义是“旅游者做准备或者在旅途中购买的物品（不包括服务和餐饮）的花费”，其中包括衣服、工具、纪念品、珠宝、报刊书籍、音像资料、美容及个人物品、药品等。不包括任何一类游客出于商业目的而进行的购买，即为了转卖而做的购买。韩国观光公社指出旅游购物的对象和范围除了以传统的生产方式利用国内生产资料所生产出来的土特产、工艺品和旅游纪念品等之外，还包括各种各样的日常用品。

而在国内，从上世纪 80 年代末期以来，众多学者如周达人（1988）、张爱国（1990）、王克坚（1991）、张文祥（1992）、陶汉军（1994）、田伦（1998）、樊姝玉（1999）、张文敏（2000）、李艳（2001）、黄继元（2004）、苗学玲（2004）、钟志平（2005）、刘敦荣（2005）、陈胜容（2006）、资春花（2008）、郭鲁芳（2008）、王泓砚（2009）、张勇（2010）等对旅游商品概念做了深入探讨，给出的定义有 20 余个，下面列举 10 个有代表性的定义（按阐述年代排序）。

周达人（1988）指出：旅游商品是一个综合的概念，它指的不是旅游者在旅游过程中所购买的某项产品或服务，也不是指他所购买的产品和服务的简单叠加；它指的是一个只在旅游活动中实现，由一系列单元产品和服务所组成的商品群。这些单元产品和服务有机地联系着、紧密地配合着，融汇贯通，不可分割。而对这些产品和服务的消费，在时间上有明显的时序性，在空间上有明确的定点性。

张文祥（1992）认为：现代旅游商品包含旅游者在旅游准备阶段和旅游过程中购买的一切实物产品（作为商品的形态，它具有便于携带的特色）。

田伦（1998）指出：旅游者为旅游购买的或在游览过程中购买的实物商品都称为旅游商品。

张文敏（2000）认为：旅游商品是针对旅游者设计的，是旅游者为旅游而购买的或在旅游过程中购买的，具有旅游文化内涵的实物商品。

苗学玲（2004）则认为：旅游商品（或称旅游购物品）是指由旅游活动引起旅游者处于商业目的以外购买的，以旅游纪念品为核心的有形商品。

刘敦荣（2005）认为：旅游商品是指供给者为满足旅游者需求，暂时出卖观赏权、体验权、使用权、享受权，而提供的具有使用价值和价值的有形旅游劳动物品与某些无形社会人文资源和各种无形服务的总和。

钟志平（2005）认为：旅游商品是指旅游者因旅游而产生购买的，其所有权发生转移的，含有旅游信息或旅游地文化内涵的劳动产品，不包括以商业性或投资性的购买对象。

陈胜容（2006）认为：旅游商品是旅游者在旅游活动中出于非商业性目的而购买的实物性商品，它不包含维持旅游活动所必需的生活用品。

郭鲁芳（2008）认为：旅游商品是旅游者在旅游准备阶段、旅游过程中以及旅游结束返程途中出于非商业和非投资目的而购买的、以旅游用品和旅游纪念品为主体的一切实物商品。

张勇（2010）认为：旅游商品就是旅游购物品，特指旅游用品、旅游纪念品、旅游消费品等，它属于旅游产品的一部分。

（二）定义分歧

纵观以上定义，我们可以发现众多学者对于旅游商品的概念存有较大分歧，主要有以下几点。

1. 旅游商品是否包含无形的旅游服务

根据商品学的最新观点，现代社会中各种纷杂的产品如知识劳务形态产品、形态产品、资金形态产品等一旦进入市场进行交换，所形成的各类服务、各种科技成果、股票及债券等也都成为商品。因此部分学者将旅游服务列入旅游商品中，如张爱国（1990）、王克坚（1991）、田里（1994）、刘敦荣（2005）等；另有学者坚持认为旅游商品是有形的实物产品，是以物质形态存在的实物，如田伦（1998）、张文敏（2000）、苗学玲（2004）、陈胜容（2006）、郭鲁芳（2008）、张勇（2010）等。

2. 旅游商品购买行为的时间段界限

有的学者认为旅游商品只包括在旅游活动中购买的，如陶汉军（1994）、李艳（2001）、陈胜容（2006）；有的学者认为旅游商品是在旅游准备阶段和旅游活动过程中购买的，如张文祥（1992）、田伦（1998）、张文敏（2000）、苗学玲（2004），钟志平（2005）等。

3. 旅游商品的结构组成

第一种观点明确指出旅游商品是以物质形态存在的实物，其使用价值的实现依托旅游商品所有权由生产者、经营者向旅游者的转移，如张文祥（1992）认为旅游商品作为商品的形态，它具有便于携带的特色；李艳（2001）认为旅游商品包括旅游纪念品、文物古玩及仿制品、实用工艺品、土特产、特种工艺美术品、旅游日用品等。陈胜容（2006）持另外一种观点，认为旅游商品是第一种观点中除去日用品之外的实物性商品，即“不包含维持旅游活动所必需的生活用品”。刘敦荣（2005）持第三种观点，恰与上两种观点相反，认为旅游者购买所有权的物质商品，不属于旅游商品的范畴，而旅游商品是只暂时出卖观赏权、体验权、使用权、享受权的有形旅游劳动物品与某些无形社会人文资源和各种无形服务的总和。

4. 旅游商品是否为旅游者而特殊设计生产

张文敏（2000）认为只有为旅游者而特殊设计生产的才是旅游商品，“旅游商品是针对旅游者设计的”；刘敦荣（2005）的观点则在某种程度上符合这一方向，因其将旅游纪念品这一专为旅游者设计的商品排除在了旅游商品范畴之外。其他大多数学者认为旅游者购买的商品即为旅游商品，同一种商品既可以是旅游商品，也可以不是旅游商品，关键在于其消费主体与购买目的。

（三）旅游商品概念界定

将旅游商品从商品中划分出来以区别其他商品并进行研究，所选择的分类标志为产业源，即以旅游业为范围分离出不属于该行业的其他商品。根据经济学的商品观点，“商品是具有使用价值的劳动产品，是供他人消费且是用于交换的劳动产品”，那么首先界定出旅游业的劳动产品范畴，然后再以商品的特征条件进行分析，即可界定出旅游商品的准确范畴。

劳动产品是指人类劳动创造出来的社会产品，旅游业的劳动产品即是旅游经营者为满足旅游者在旅游活动中的各种需要，面向旅游市场提供的各种产品组合，主要包括旅游业当中的支柱性企业交通业、住宿业、饮食业、旅游吸引（物）业、旅游商品业和旅行社等企业的产品。目前尚有部分学者基于旅游产品是不用于流通交换的旅游劳动物品，认为并不存在旅游产品，如刘敦荣（2005）、陈胜荣（2006）、张勇（2010）等。而实际上区分劳动产品与商品的分界是交换这一行为过程，劳动产品和商品的区别，关键看其是否通过了交换过程。用来交换的劳动产品不一定都能成为商品；如果劳动产品通过了交换过程（换回了货币）就转化为商品，如果劳动产品没有通过交换过程（没有卖出去）仍然是劳动产品而不是商品。所以产品是生产出来的，商品是交换出来的。由此可见，旅游产品是存在的，且与旅游商品具有区别性，旅游商品从属于旅游产品，旅游产品的范围要明显大于旅游商品。

我们可以将旅游者在外出过程中享用的旅游产品分为私有产品和公共产品两部分。其中，旅游者所消费的旅游业支柱性企业及其他相关旅游企业的产品，是旅游产品中可以在市场上进行交换的部分，其价值通过市场价格体现，该部分旅游产品是有可能成为旅游商品的。而旅游者在旅游过程中免费享用的目的地公共游憩地、高质量的自然环境资源和高品质的人文环境资源等则属于公共产品，包括自然环境资源（如空气、水、土地等）、公共基础设施（废水处理、供水、垃圾收集系统、信息设施等）、服务于当地居民和旅游者的地方设施（医院、饭馆、银行、汽车租赁等）和周围景观（城镇景观）等公有资源属于公共产品①。该部分旅游产品不参与市场交换，其价值无法以价格体现，不会成为旅游商品。

另外，虽然现代广义的商品学观点已将服务列为商品内容之一，但就目前旅游业发展来看，旅游业中的服务产品具有一定的特殊性，它更多地以其他有形旅游商品的无形附加物形式出现，在绝大多数情况下尚未作为一种单独旅游业劳动产品参与市场交换，如餐饮住宿服务附加在饭店设施商品中，旅游交通服务附加在交通设施商品中，旅游咨询、讲解服务附加在景观商品或旅行社组合商品中等。随着旅游业的不断发展，我们也不排除将来更多细分的旅游服务种类成为单独参与市场交换的劳动产品而转化为旅游商品，但就目前的旅游业发展而言，旅游商品应遵从狭义的商品概念，重点指有形的旅游商品。

因此，旅游商品是指因旅游活动引起旅游者处于商业目的以外购买的，且由旅游供给者为满足旅游者需求提供的各种物质和文化产品的总和，包括有形和无形的旅游吸引物品及相关接待设施、旅游纪念品、旅游实用品。

（四）旅游商品特征

首先，旅游商品具备一般商品不同于普通物品、产品的基本特征：旅游商品具有使用价值和价值，是为满足旅游者需求而生产的劳动产品；旅游商品是供他人消费的，而不是供生产者、经营者自己消费的；旅游商品是为交换而生产的。

除此之外，旅游商品因其使用价值的特殊性又具备不同于一般商品的特征，具有显著的审美性、文化性、时空性、纪念性、收藏性、流通性等特征。

---

① Briassoulis，H. Sustainable tourism and the question of the commons[J]. Annals of Tourism Research，2002，29(4):1065-1085.

1. 观赏性

旅游商品提供给旅游者的是一种超越惯常生活环境的体验和感受，满足的是旅游者对物质和精神生活不同层面的更高级追求，因此无论旅游有形商品还是无形商品在设计、开发生产过程中都处处体现着美学价值，以供旅游者观赏，进而迎合旅游者的消费需求。

对于旅游商品的不同组成部分，提供给旅游者不同的观赏内容。旅游景观商品在其自身物质和文化特征基础上向旅游者展现天然物体的自然美、历史建筑的人文美、民俗风情的文化美等；旅游设施商品利用其物质载体使旅游者在消费过程中享受高档的奢华美、现代的科技美、古老的历史美等；旅游购物商品凭借其材料、工艺、包装设计等环节使旅游者感受不同的视觉美、触觉美、听觉美、嗅觉美等；而旅游服务商品则在旅游从业人员自身素质的基础上向旅游者展现姿态美、声音美，甚至更高层次的心灵美等。

2. 文化性

旅游活动是旅游者在正常的物质生活基础上的精神文化追求，文化因素是旅游者出行旅游的最主要动机，旅游活动的本质即属于一种文化现象，而旅游商品则是这种文化现象过程的媒介物，因此旅游商品本身就具备满足旅游者文化追求的有用性和功效，这也是旅游商品文化性特点的体现。

3. 时空性

旅游商品的时空性特征可以分为季节性和地方性两个层面。

一方面，旅游商品具备很强的季节性，因为旅游活动主要受旅游者的闲暇时间和金钱支配，绝大多数的旅游者受闲暇时间的影响选择在假日出游导致旅游活动的淡旺季现象明显，如我国目前“五一”、“十一”黄金周的旅游井喷现象；还有部分旅游景观商品的消费受到自然季节气候因素的影响，如北方的冰雪旅游等。旅游商品也因此受到时间和季节的影响而具有淡旺季的特征。这种现象在旅游业两种发展趋势的影响下正逐步改善，一种就是国家带薪假日的改革，使假期更趋向于平均分散，缩小淡旺季间的时间差；另一种就是旅游商品品种的丰富，更趋向于适合各季节游玩，从而淡化自然气候的影响。

另一方面，旅游商品的地方性体现在旅游商品凝聚了某区域内的自然与文化要素而形成的独特性吸引力上，这是旅游商品生存的前提及生命力的保障，也是旅游者消费的宗旨所在，如海南省的海滨景观商品体现的是热带滨海区域的自然资源特征和社会经济特征，苗银藏饰等旅游商品体现的是少数民族地区的独特资源、加工工艺和民族风情特征等。但需要注意的是，目前存在的一些旅游商品的“飞地生产”和“飞地销售”现象在某种程度上淡化了旅游商品的这种地方性，特别是旅游纪念品的市场空间是存在一定的界限条件的。对应旅游吸引物的关联体系所开发的系列旅游纪念品可以跨区域销售，甚至远距离“飞地销售”，但必须限制在该关联体系中的单体旅游吸引物的地域影响范围内，这样才不会导致其地方性的弱化。

三、旅游商品的形态结构体系

旅游商品与一般商品一样，具有三种形态结构，即旅游核心商品、旅游有形商品、旅游无形商品。

（一）旅游核心商品

指旅游者购买的为实现其最终追求目的的商品，例如旅游者购买的游览黄山，通过对黄山的观赏实现自身对自然山体美的追求；旅游者购买的海滨度假，通过沙滩漫步、海滨戏水实现自身消除工作疲劳的目的；旅游者购买的参观历史博物馆，通过实际展品与导游讲解达到丰富个人知识的目的等。

旅游商品的这种有用性和功效是旅游商品最主要的核心组成部分，它可能存在于有形商品之中，也可能存在于无形商品之中，主要通过旅游者在消费过程中的亲身体验来获得。

（二）旅游有形商品

是指旅游商品中具有物质形态的部分，依据在市场交换过程中旅游商品是否发生所有权转移，旅游有形商品又分为两种形态：一种是只暂时出卖观赏权、体验权、使用权的旅游景观和设施商品，如旅游景区/点、旅游交通设施、旅游住宿设施等；另一种是出卖商品所有权的旅游购物商品，如旅游纪念品、旅游日用品、旅游食品等。

旅游有形商品是旅游商品的主体组成部分，是整个旅游活动过程的物质构成，也是旅游无形商品借以销售的物质媒介。

（三）旅游无形商品

指市场交换过程中不具备物质外壳实体形态的旅游商品，即非物质形态的旅游商品，如民俗风情体验、非物质文化遗产欣赏、旅游接待服务、旅游讲解服务等。

需要注意的是旅游核心商品往往也体现为无形的非物质形态的商品，但其本质是一种体验和感受，是对旅游商品消费行为过程的凝练。而旅游无形商品却是旅游商品消费过程的组成部分，是旅游核心商品消费的基础组成部分。

第二节　旅游商品的使用价值

一、商品的使用价值

商品的使用价值具有广义和狭义之分，通常人们说的商品使用价值是指狭义的商品使用价值，即指商品对于其使用者（包括社会）的意义、作用或效用。它反应了商品属性与人或社会需要之间的某种满足关系。然而商品又不能等同于一般的物品，它是通过交换满足他人或社会需要的劳动产品，因而从交换双方进行思考，广义的商品使用价值具有二重性。

其一，商品对其生产者、经营者而言，没有直接的消费使用价值，但有间接的使用价值，即可以用来交换并获取利益，此时商品成为交换价值的物质承担者。马克思把这种使用价值称为形式使用价值。

其二，马克思把商品对其消费者和用户所具有的直接的消费使用价值称为实际使用价值。它是由具体劳动赋予商品以各种有用性而产生的，是商品的实际效用在消费过程中所表现出来的满足消费者需要的作用而形成的。

商品的形式使用价值反映了商品有关属性与人们的交换需要之间的满足关系。而商品的实际使用价值反映了商品有关属性与人们的消费需要之间的满足关系。

二、旅游商品的使用价值及结构系统

（一）旅游商品的使用价值

旅游商品从属于商品，因此从广义上而言也具有双重的使用价值。

一方面，旅游商品相对于其生产者和经营者而言，没有直接的显著的作用和功效，而通过市场交换获得利益可以实现间接的交换使用价值，即马克思所说的形式使用价值。此外由于旅游商品结构组成的特殊性，旅游商品中的景观商品、设施商品的生产和改善可以为生产者、经营者提供某些潜在的实际使用价值，例如景区营造的优美环境、旅游饭店提供的典雅的建筑设施、现代旅游交通工具的更新换代等，使旅游商品的生产者和经营者享有特殊的生产经营环境，获得潜在的审美或愉悦功效，属于一种潜在的实际使用价值。

另一方面，旅游商品相对于旅游者而言，能够使旅游者通过旅游商品的消

费过程实现审美愉悦、精神放松、心理猎奇、自我实现等需要的满足，此即为旅游商品的直接的消费使用价值，也即马克思所说的实际使用价值。它是由旅游商品生产者、经营者的具体劳动产生的，在旅游过程中满足旅游者需要而形成的。

需要注意的是，旅游商品与一般商品的实际使用价值有所不同。消费者在享有一般商品的使用价值时通常是通过享有商品的所有权来实现的；而旅游商品中部分构成者如景观商品等其实际使用价值的形成是在消费过程中，通过出让商品的观赏权、体验权、使用权等来满足旅游者的消费需要而形成的。旅游者在享有该类旅游商品的实际使用价值时获得的是商品的观赏或使用体验、经历和回忆，而并不享有商品所有权，即不能依个人意志改变、改动或再次出让商品。

（二）旅游商品使用价值的结构系统

旅游商品使用价值是一个具有复杂结构的系统，包括众多不同的方面、不同的层次和不同的要素。我们可以将其分为静态和动态的两类系统。

1. 旅游商品使用价值的静态系统

把旅游商品使用价值作为一个静态的系统来研究，可以发现其构成包括不同种类和不同层次的使用价值。从满足旅游者需要的性质来看，包括旅游商品的物质使用价值和精神使用价值，例如旅游者在饭店中享受食物时的基本生理需求满足及由食物的精美和用餐环境的优雅而得到的心理需求满足等；从主体的社会层次来看，包括旅游商品的个人使用价值和社会使用价值，如景观商品对某旅游者而言的满足其观赏需要的个人使用价值，而其对城市环境改善或社会环保教育而言的作用与功效则属于社会使用价值层次；另外还有，如从客体的层次来看，包括旅游商品的个体使用价值和群体使用价值；从主客体发生作用的地位来看，包括旅游商品的主要使用价值和次要使用价值；从主客体发生作用的性质来看，包括旅游商品的正使用价值和负使用价值；从实现的客观实际来看，包括旅游商品的现实使用价值和潜在使用价值等。

全面、系统、科学地认识和了解旅游商品使用价值的静态结构，有助于把握旅游商品在交换和消费过程中所体现的综合价值，更有利于旅游商品的生产、交换、消费等各方面的目标选择。

2. 旅游商品使用价值的动态系统

旅游商品的使用价值实现要经历两个必须的过程，交换过程和实际消费过程，即首先实现旅游商品的形式使用价值，然后实现旅游商品的实际使用价值，把这个过程称为旅游商品使用价值的动态系统。该动态系统包含三个基本要素，即旅游消费需求、旅游商品、旅游商品的使用价值。三要素之间紧密联系，互相促进，相辅相承，形成周而复始不断循环的往复动态系统。通过市场调研获得旅游消费需求；经过设计、开发、规划、建设生产而形成旅游商品，此时形成潜在的旅游商品使用价值；再通过销售、消费而转化实现旅游商品的形式使用价值和实际使用价值；然后再过渡到新的旅游消费需求进行下一次循环往复，见图 1-2 所示。

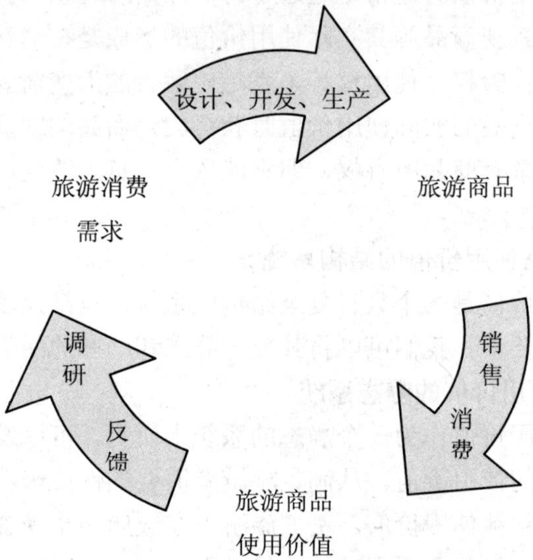

图 1-2 旅游商品使用价值的动态系统

第三节 旅游商品的发展历程及未来趋势

一、旅游商品的发展

随着人类社会经济的不断发展，旅游活动由原来的少数人进行变成了现在的大众化活动，由此促进的一批迅猛发展的经济企业和滋生的一批新兴辅助行业，围绕着“食、住、行、游、购、娱”等旅游要素共同组成了一个产业群，现已得到各界人士的广泛认可而称其为旅游业，旅游商品即随着旅游业的产生发展应运而生。

世界旅游业的中心是经济发达的欧美国家，但随着亚太经济的发展正向这一地区转移。众多国家重视旅游业的发展并将其列为国家经济发展的支柱性产业，而在我国旅游业也已成为了国家经济发展的新的增长点。中国是世界旅游资源丰富的大国，国家制订了一系列的政策正促使我国由资源大国向旅游强国转变。世界旅游组织预测，到2020年中国将成为世界第一旅游大国。因此旅游商品有着广阔的发展空间。

但我们同时也不得不认识并重视，我国的旅游商品发展还存在很多问题，如旅游商品的发展忽视质量、创新，品牌效应弱，各地的旅游商品在长期发展过程中变化不多，长进不大，随着大众旅游的发展虽有量的增长，却鲜有质的提升；旅游商品的附件文化内涵、科技含量、地方特色均显不足，缺少在同类产品中激发旅游者购买欲望的亮点和卖点。随着旅游消费者日渐成熟，品味日益提高，个性化需求愈趋丰富，旅游消费的个性意愿正相对强化等。

除此之外，日新月异的社会经济发展也给旅游商品发展带来了许多机遇与挑战，如交通运输的便捷，商品的大流通，网购的兴起等一系列新的经济现象给旅游商品的发展带来新的挑战；旅游业的转型升级、旅游消费层次的细分化、旅游行为方式的多元化等亦给旅游商品的发展提出了新的研究课题等。

二、旅游商品的主题化发展趋势

从供给角度看，主题其实是一种市场细分，它避免或减少了重叠性市场的竞争；从需求角度看，主题反映了旅游者对某种旅游商品的期待，能满足不同需求的旅游者；从旅游商品自身看，主题在赋予其特色的同时，抓住了特定的市场。所以主题能增强旅游商品的竞争力，为其获得较长时间的市场垄断，且有利于活跃与繁荣旅游商品市场。

旅游商品的主题化发展也是随着旅游业的主题化发展而产生的。与观光游相比，主题游更能体现人们体验、休闲的需要。目前国内的主题旅游发展还处于初级阶段，而在旅游发展成熟的国家，主题旅游市场已经非常细化，主题旅游商品发展趋于成熟。例如除了综合性的旅行社，还有许多专业旅行社，如专门经营高尔夫旅游、游学旅游等。

虽然国内的主题旅游和发达国家相比还不够成熟，但已经成为一种趋势。以前主题旅游位于“金字塔”的顶端，但随着我国旅游市场档次的不断提高，和发达国家的差距不断缩小，主题旅游逐渐成为越来越多人的选择，各种相应的主题旅游商品也日渐丰富。

国家旅游局自 1992 年以来开始推出中国主题旅游年活动（表 1-1），推出经过市场考验的、成熟的旅游节庆活动和精品路线等，展开了大规模的旅游市场促销活动。一方面吸引更多的海外游客来华旅游；另一方面使国内公众对我国旅游商品有更清楚的了解，使旅游业真正成为中国国民经济新的增长点。

全国各地也在每年相应的主题下开展主题旅游活动，或者另外选择主题开展主题旅游，如湖北省和武汉市旅游局推出“2010 年广东人游湖北主题旅游年”活动。活动以“体验世界速度，感受楚风汉韵”为口号，武汉借高铁之势，向广东人端出 2010 年主题旅游盛宴。如 2010 年中国武汉东湖国际梅花节、武汉市旅游局将招募 20 名“广东人游武汉”春季旅游大使、在珠三角地区开展“春色武汉”系列推广活动等。

表 1-1　中国主题旅游年

序号	时间	主　题
1	2010	中国世博旅游年
2	2009	中国生态旅游年
3	2008	中国奥运旅游年
4	2007	中国和谐城乡游
5	2006	中国乡村游
6	2005	中国红色旅游年
7	2004	中国百姓生活游
8	2003	中国烹饪王国游
9	2002	中国民间艺术游
10	2001	中国体育健身游
11	2000	神州世纪游
12	1999	中国生态环境游
13	1998	华夏城乡游
14	1997	中国旅游年
15	1996	中国度假休闲游
16	1995	中国民俗风情游
17	1994	中国文物古迹游
18	1993	中国山水风光游
19	1992	中国友好观光年

总体而言，主题化旅游已经成为一种趋势，旅游商品的正确发展方向即应顺应这种趋势，在确定的主题下进行设计开发，为凸显主题而服务。

【案例 1–1】

英国旅游将向主题化发展

日前，英国旅游局中国区副经理李彦珺女士接受采访时表示，根据不同主题,把英国的几个地区连线开展主题深度游将是未来英国旅游发展的一个趋势。

作为欧洲旅游市场的单独旅游目的地，英国开放相对比较晚，并且需要独立签证加上旅游范围广。这些特征也就决定了英国的旅游多以一地游为主，即使与其他旅游目的地开展连线游，英国游所占部分至少也在 1/3 以上。

据介绍，目前市场上已有多种英国旅游产品，如以历史遗产为主题的文化之旅，将古堡、庄园融入线路中，有很强的文化韵味；购物也是很多人到英国旅游的主要行程目的。在产品类型上，李彦珺表示，英国一地游在市场上的推广很成功。而主题化的深度线路则是未来英国游发展的又一趋势，根据不同主题的旅游，将英国不同的地区连线，如以高尔夫为主题等，现在旅游局正在联合一些旅行社对相应产品进行小范围实施。

同时李彦珺表示，中国是英国旅游局在战略上很重要的市场，现在中国到英国的旅游市场还处于刚刚起步阶段，具有较大的发展潜力。

（**资料来源**：北京商报，2009–09–10）

【案例 1–2】

瑞士国家旅游局中国区主任包西蒙先生表示，瑞士国家旅游局在中国市场主打的“2010 瑞士绿色正当红”旅游主题与世博会瑞士国家馆“城市与乡村的互动”这一理念不谋而合。注重可持续发展理念和人地和谐相处思想的绿色旅游方式，如鼓励游客使用瑞士快捷安全的公共交通系统、参加低碳环保的免费自行车城市观光、入住山区特色的节能环保酒店、融入阿尔卑斯山用徒步的方式与自然亲密接触等元素都将是今年旅游宣传的重点。

三、旅游商品的国际化发展趋势

中国是世界上著名的旅游大国，每年接待大量的国外游客到中国旅游，也组织大批的国内游客出境旅游，出入境旅游活动的迅猛发展，使旅游商品愈来愈受到更多国际化因素的影响，旅游商品的国际化发展已经成为必然的趋势。

在旅游商品国际化发展过程中，需要注意的主要问题就是文化的差异和语言的障碍，在旅游商品进行设计开发时需要考虑两个方面的问题。第一，考虑其他国家和地区的民俗禁忌，如以欧美旅游者为销售对象的旅游商品中避免出现“13”序号或图案，为穆斯林旅游者提供旅游服务商品时避免使用左手等。第二，考虑如何便于与国际旅游者进行文化交流与信息传递，如在景观商品设计开发时借助与国外同类顶级旅游商品的比附，在旅游设施商品开发时充分利用国际通用标准元素，在旅游服务商品生产时注意提高服务人员外语水平和国际礼仪修养等。

四、旅游商品的虚拟化发展趋势

旅游商品的虚拟发展主要包括虚拟生产和虚拟销售两方面，指旅游商品经营企业采用有别于传统的新型经营方式，在组织形式上突破单体界线，充分利用自身最大优势，借助外力进行整合弥补，从而实现最大效率地发挥旅游企业有限资源作用的目标。现代企业的合作经营模式及旅游电子商务的飞速发展为旅游商品的虚拟化生产与销售提供了最有力的支持。

无论从旅游景观商品和设施商品开发生产的资源共享，还是从旅游购物商品的外部加工，或是旅游服务商品的外包，以及旅游商品的网络销售等方面来看，旅游商品的虚拟发展都已成为一种愈演愈烈的趋势。这一趋势形成的主要原因是旅游者丰富多样的个性化需求与旅游企业追求规模效益之间的矛盾所产生的。

一方面，从旅游者的角度来看，这一市场群体结构复杂，没有明显界限，随着旅游业的发展，旅游市场需求呈现出越来越剧烈的个性化与多样化趋势。这一现象使旅游商品生产者、经营者面对的挑战则表现为旅游商品的多品种、小规模、富变化，旅游商品的这些特征才能适应不同时期、不同旅游者的不同需求。

另一方面，从经济学角度来看，旅游商品的发展与普通商品一样要追求规模经济。因此对任何一个旅游商品生产企业而言，规模经济与旅游商品的多样性必然存在相互矛盾。

而旅游商品的虚拟发展恰好可以解决这一矛盾。旅游商品的虚拟生产通过多个旅游商品生产、经营企业的合作，围绕一个具体的任务或目标来进行资源组合，将各种经营资源活动化，一旦目标实现或改变，随即重新组合虚拟的各个职能部门，如此既可以充分发挥企业合力的优势，又能够最大程度地满足市场需求变化。旅游商品的虚拟销售则通过电子商务方式，充分利用供应链管理思想将旅游产业链条上的各种商品系统组合，以快捷的现代科技方式及时满足旅游者的需求，并使旅游组合商品达到最大丰富程度，尽可能地满足旅游者多样化的需求。

【思考题】

1. 如何理解旅游商品的科学概念？
2. 试述旅游核心商品、旅游有形商品、旅游无形商品之间的关系。
3. 如何正确理解旅游商品使用价值的本质？
4. 面对旅游商品的发展趋势我们应关注哪些问题？

第二章　旅游商品分类

【学习目标】

- 理解旅游商品分类的作用
- 了解旅游商品分类的原则和方法
- 掌握旅游商品的分类体系及特征

【知识要点】

- 旅游商品分类原则
- 旅游商品分类方法
- 旅游商品的分类体系

【案例引导】

繁杂的旅游商品类别

目前，全国各地区在举办各种旅游商品展会、评选、设计大赛时，所罗列的参展参会旅游商品类别繁杂不一，这种现状十分不利于旅游商品的科学合理发展。

例 1：2009 年山东举办的“黄河口杯”山东省旅游商品展

该次展会主要目标如下。(1)“黄河口杯”2009 山东省旅游商品展。(2)“好客山东”游客最喜爱的山东省标志性旅游商品评选展示。(3) 第五届山东省民间手工艺制作大师展示评选和代表作品展示。(4) 2009～2010 年度山东省旅游休闲购物十佳品牌展示评选方案中列出的参展范围包括以下几类：旅游装备；旅游用品；旅游纪念品；旅游创新作品。

例 2：2010 中国义乌国际旅游商品博览会

该次博览会的主要目标以“拓展旅游产业功能，推动旅游商品发展，促进国家内需增长”为办展宗旨，合作交流，注重经贸，全面提升中国国际旅游商品博览会的国际化、专业化、市场化、品牌化水平。推动我国旅游商品走向国际市场，促进我国旅游产业全面、快速、健康发展。

方案中列出的参展范围包括以下几类：旅游装备品；旅游交通工具；游艺设备；园艺设备；酒店用品；航空用品；旅游时尚用品；旅游纪念品；旅游食品；旅游职业装；旅游服务。

这样的展会还有很多，不一一枚举。从例 1 的展会目标看，如果仅为实现区域性的旅游商品展示和评比，参展的旅游商品分类具有地方性和实用性，是符合分类方法宗旨的。从例 2 的办会目标看，为促进全国旅游商品发展，提升旅游商品国际化水平，若参展范围的分类不具备全国甚至国际的可比性，那就失去了分类的意义。

第一节 旅游商品分类及其作用

一、旅游商品分类概述

随着社会经济的不断发展和人类劳动产品的极大丰富，世界范围内的商品不断呈现出日新月异的发展态势，旅游商品亦在旅游业不断迅猛发展的推动下日益丰富繁杂。在物质生活富足和精神需求深化的促进下，旅游者的旅游需求朝多样化、个性化、新奇化的方向发展，促使传统型的旅游商品不断更新换代，创新型的旅游商品接连开发面市，整体上而言旅游商品的品种结构和市场结构日益复杂。为了能够更好地进行旅游商品的生产、经营及管理，对旅游商品进行科学、系统地分类是一项十分必要的工作。

旅游商品分类是指根据旅游业发展及旅游市场管理的目标，为满足旅游商品生产、流通、消费活动的全部或部分需要，选择适当的旅游商品属性或特征作为分类标志，将旅游商品集合体科学、系统地逐次划分为大类、中类、小类、细类，乃至品种、细目的过程。我们以普通商品举例，如表 2-1 所示。

表 2-1 商品分类表

门类	大类	中类	小类	品类	种类	商品	品种
消费品	食品	食粮	乳与乳制品	奶	牛奶	饮用牛奶	全脂饮用牛奶
消费品	日用工业品	家用化学品	肥皂、洗涤剂	肥皂	浴皂、洗衣皂	香皂	力士香皂

旅游商品的许多属性或特征可以选择用来作为分类标志，例如旅游商品的物理属性（旅游纪念品的可移动性或景观商品的不可移动性）、生产企业（旅游饭店商品、旅游交通商品、旅游娱乐商品）、功能用途（旅游纪念品、旅游食品）、原材料、加工工艺等。对旅游商品进行分类，既要考虑旅游商品的属性、特征，也要考虑旅游业发展或旅游市场管理的需要和要求，有时还要考虑旅游者的购物习惯和特殊需求，甚至不同国家和地区市场群体的文化背景和传统习俗等。

二、旅游商品分类的作用

随着经济全球化和信息技术的迅速发展，旅游业在世界范围内以迅猛的形势飞速发展，在世界众多国家和地区被列为支柱性产业和战略性发展产业。在此发展过程中，旅游者的消费需求越来越个性化、复杂化。旅游生产者为满足旅游者的需求，所生产的旅游商品种类日趋增多，因而旅游商品的分类作用也越来越大。

进行旅游商品科学合理的分类，不仅能为政府旅游相关各部门、旅游相关各行业和企业实施各项管理活动提供平台，也为实现旅游的现代信息化管理奠定了科学基础；此外旅游商品的分类还有利于旅游商品标准化的进一步实施和旅游商品质量标准的制定，有利于旅游商品的日常经营管理和顾客选购、消费旅游商品；甚至拓展来看，旅游商品的分类在教育和科研的发展方面能够促进旅游商品的研究和教学工作深入开展。具体来说有以下几点。

（一）旅游商品的分类为实现旅游业的经济管理现代化奠定了基础

统一的旅游商品编制，为旅游商品的开发、生产、销售、创新，以及统计工作顺利进行创造了极为重要的条件。无论从政府各旅游相关部门的宏观管理，还是从旅游相关各行业和企业的日常管理来看，统一的、具有可比性的旅游商品分类都是进行管理规范、信息化发展、创新发展的基础。

（二）旅游商品的科学分类有利于旅游商品标准化的实施和旅游商品质量标准的制定

通过科学的、统一的旅游商品分类，可使旅游商品的名称和类别统一化、标准化，从而可以避免同一种旅游商品在不同行业和部门的商品名称、计量单位、评价标准等不统一，而导致质量管理、价值判定、统计分析等各种方面的困难；而在具有统一的分类种目下，容易制定强制性或形成公认性评价标准，在此基础上可以全局划一地施行政府部门的宏观管理，因地制宜地进行生产部门的运营管理，从而加强全局性旅游商品的产、供、销调控，提升区域性旅游商品的开发、创新水平，有利于旅游商品的国际化贸易提高，以及提高旅游商品的现代管理水平和经济效益。所有这些都应建立在商品科学分类的基础上。

（三）旅游商品的科学分类便于生产者的规模化生产和旅游者的便捷选购

在旅游商品的生产环节中，旅游商品的科学分类及相应质量标准的制定，可以为旅游商品的规模化生产提供依据，提高旅游资源利用效率，且增强旅游商品的质量保证。

在旅游商品的销售环节中，通过科学的旅游商品分类和编制目录，能有秩序地安排旅游市场供给以及合理地布置旅游购物场所，从而便于旅游者的选购。尤其在旅游商品日益繁杂和旅游信息化高速发展的今天，科学地规划旅游电子商务平台，能够更加有效实现旅游者消费需求的及时响应，实现旅游业供应链的优化运作。

（四）旅游商品的科学分类有利于开展旅游商品的研究和教学

随着旅游业的飞速发展，以及信息化的促进，旅游者的需求日趋个性化和复杂化。旅游电子商务的出现为旅游生产者最大限度地满足各种旅游者需求提供了可能。基于旅游电子商务的旅游业供应链运作可以实现旅游者需求的即时响应，并充分按照旅游者需求提供旅游商品供给，因此导致旅游商品品种日趋繁多，用途各异，性能及特征不同。只有在科学分类的基础上，将众多的旅游商品从个性特征提炼归纳为同类特征，才能深入分析和了解类属旅游商品的性质和使用性能，研究旅游商品质量和品种及其变化规律，从而为旅游商品质量的改进和提高、品种的创新和研发、市场的预测和营销等方面提供科学的依据和理论指导。同时这也是进行旅游商品教学，实现知识传递和传道解惑的前提。

第二节　旅游商品分类的原则和方法

一、旅游商品分类的基本原则

对旅游商品进行分类是为了实现上述的分类作用，我们在分类过程中需要遵守一些基本的原则，这些原则是建立科学旅游商品分类体系的重要依据。为了使旅游商品的分类能满足相关部门管理的需要、适应现代社会信息化的发展，以及满足某种特定的目的和需要，在进行旅游商品分类时必须遵循以下几点原则。

（一）明确分类的旅游商品范围

首先我们应该明确欲分类集合体的包括范围，在相对时空范围内封闭的集合体内依据不同分类标志进行特征归属和类别划分，否则面对开放无序的集合，进行何种分类都不具备理论意义。

尤其是目前理论研究相对存有较多不确定性的旅游业，对于旅游商品的概念界定尚存有较大争议，如第一章所论述，目前存有对旅游商品集合体不同的范围界定。现实情况中，世界上不同国家地区、不同历史阶段，旅游商品所包括的范围也不完全相同，因此旅游商品分类时首先要明确分类的旅游商品集合体所包括的范围，商品分类才有意义。

本书所做的旅游商品分类及下文中列出的旅游商品分类体系，皆是基于对于旅游商品概念的独立认识和界定而完成的，即现阶段在中国旅游商品的范围，指因旅游活动引起旅游者处于商业目的以外购买的、由旅游供给者为满足旅游者需求提供的各种物质和文化产品的总和，包括有形和无形的旅游吸引物品及相关接待设施、旅游纪念品、旅游实用品。

（二）提出旅游商品分类的明确目的

旅游商品的分类是为了满足一定的需求，或者是旅游政府部门的宏观管理、统计分析，或者是旅游生产企业的经营运作、创新研发，或者是为了便于旅游者的消费，或者是为了科学研究等。无论是出于何种分类目的，旅游商品的分类都要从实现目的的趋达性出发，例如政府部门的分类有利于旅游商品的规章制定和宏观产、购、销管理等；行业的分类有利于旅游商品生产、销售，或者从企业的经营习惯出发，最大限度地方便消费者的需要；科学研究的分类有利于旅游商品生产、变化规律的揭示等。无论上述哪种分类都必须在明确的目的和特有的要求下进行，并保持旅游商品在分类上的科学性。

（三）选择适当的分类标志

对旅游商品进行分类时，分类标志的选择至关重要。它必须能够满足分类的目的、要求，保证分类清楚，使分类具有科学性、系统性。

旅游商品分类后的每一种品种，只能出现在一个类别里，或每个下级单位只能出现在一个上级单位里；在某一旅游商品类别中，不能同时采用两种或多种分类标准进行分类。分类要体现出目的性、层次性，使分类结构合理。

同时还需注意，必须选择最稳定的属于本质性的特征作为分类标志。

二、旅游商品分类的方法

通常普通商品分类时采用的方法有线分类法和面分类法两种。在建立商品分类体系或编制商品分类目录中，常常结合采用这两种分类方法。进行旅游商品的分类，也需要结合使用这两种分类方法。

（一）线分类法

线分类法也称层级分类法，是将确定的旅游商品集合总体按照一定的分类标志，逐次地分成相应的若干个层级类目，并排列成一个有层次的、逐级展开的分类体系。它的一般表现形式是大类、中类、小类、细类等，将分类对象逐层地具体进行划分，各层级所选用的分类标志可以不同，各个类目之间构成并列或隶属关系。线分类法属传统的分类方法，使用范围最广泛，国际贸易和我国商品流通领域中，许多商品分类均采用线分类法[①]，如表 2-2 所示。

表 2-2　旅游商品线分类法举例

大类	中类	小类	品类
旅游购物商品	旅游纪念品	陶瓷器	青瓷
		丝织刺绣品	宋锦
		文房四宝	端砚
	旅游实用品	旅游用品	帐篷
		旅游食品	饮料

（二）面分类法

面分类法又称平行分类法，是把分类的旅游商品集合总体按不同的分类标志划分成相互之间没有隶属关系的各个分类集合（面），每个分类集合（面）中都包含了一组类目。将某个分类集合（面）中的一种类目与另一个分类集合（面）中的一个类目组配在一起，即形成一个新的复合类目，[①] 如表 2-3 所示。

表 2-3　旅游景观商品面分类法举例

景观形成	存在形式	具体内容
自然景观旅游商品	有形景观旅游商品	山体景观旅游商品
人文景观旅游商品	无形旅游吸引物商品	水体景观旅游商品
		古城景观旅游商品
		节庆景观旅游商品

面分类法具有结构柔性好，对机器处理有良好的适应性等优点，但不能充分利用容量，组配的结构太复杂，不便于手工处理。目前一般都把面分类法作

① 万融. 商品学概论[M]. 3 版. 北京：中国人民大学出版社.2005:5.

为线分类法的辅助。

第三节 旅游商品的分类体系及特征

一、现有旅游商品的分类体系分析

对于普通商品的分类体系目前已有丰富的研究，可以简单归纳为以下几种。第一，基本分类体系。按商品的基本使用价值，即商品用途为分类标志。第二，国际标准分类体系。采用国际公认的分类标志进行划分。例如《海关合作理事会商品分类目录》（CCCN）、《联合国国际贸易标准分类》（SITC）、《商品名称和编码协调制度》（HS）等。第三，国家标准分类体系。从国家宏观需求出发进行设置。例如《全国工农业产品（商品、物资）分类与代码》等，建立统一核算制度，实现信息自动化管理。第四，各种应用分类体系。以实用性为原则，满足消费者需要进行分类。

由于旅游商品理论研究的争议性，旅游商品目前还没有科学的、较为公认的分类体系，目前已有的研究成果中使用较为普遍的是中华人民共和国国家标准《旅游资源分类、调查与评价》（GB/T18972—2003）中的相关规定：将旅游商品资源的分类结构分为“主类”、“亚类”、“基本类型”3 个层次，如表 2-4 所示。

表 2-4 旅游商品资源分类表

主 类	亚 类	基本类型
G 旅游商品	GA 地方旅游商品	GAA 菜品饮食 GAB 农林畜产品及制品 GAC 水产品及制品 GAD 中草药材及制品 GAE 传统手工品及制品 GAF 日用工业品 GAG 其他物品

资料来源：中华人民共和国国家标准《旅游资源分类、调查与评价》（GB/T18972—2003）

其他还有钟志平（2007）在上述体系基础之上以购物类旅游资源为集合体

制定的相关分类体系，见表 2-5。他认为购物类旅游资源应该比旅游商品资源涵盖面要广，它包括旅游商品生产、交换和消费过程相关的自然和社会环境因素，有些购物类旅游资源可作为独立购买对象（单独商品），有些是集合型购物类旅游资源（包括旅游商品和购物环境），有些旅游商品的生产过程也可以作为旅游吸引物，有些生产过程与销售是紧密联系在一起的。因此他将购物类旅游资源分为 1 个主类、3 个亚类、14 种基本类型。

表 2-5　购物类旅游资源分类表

主类	亚类	基本类型			
购物旅游资源	旅游商品	菜品饮食	农林畜产品与制品	水产品与制品	旅游日用品
		中草药材及制品	传统手工产品与工艺品	旅游用品	其他物品
	旅游购物设施	市场及购物中心	著名店铺	庙会	
	其他	古老的商品生产设施	古老的商业习俗	传统商品生产过程	

此外，石美玉（2006）在其著作《旅游购物研究》中也给出了一种旅游商品分类体系，她基于对旅游商品的范围界定——旅游者所购买的与旅游活动相关的一切实物商品，它既是旅游者的经济消费品，又是文化消费品，是经济与文化的统一体——把旅游商品划分为 4 个大类及若干细类，见表 2-6。

表 2-6　旅游商品分类表

大类	细类	小　类
旅游纪念品	旅游景点型纪念品	文物复制、仿制品等
	事件依托型纪念品	事件纪念品、活动纪念品
	名优特产品	雕塑、织绣、编织、漆器、金属、花画、陶瓷，以及其他工艺品，旅游食品
	名牌产品	国家性代表商品、地方性代表商品
旅游日用消费品	轻工产品	玻璃搪瓷陶瓷制品、化工日用品、日用五金电器产品、文体用品、毛皮革制品
	纺织产品	针棉纺织品、丝绸及丝绸复制品、毛纺织品
旅游专用品	服装、户外器材	略
其他商品	免税商品	略

上述研究在旅游商品发展过程中体现了一定的理论和应用价值，但在现代

旅游业飞速发展的实践中仍有一些缺陷与不足。

第一，依据目前对于旅游商品概念的理论研究成果，科学、系统地进行旅游商品的研究不应该把具有明显商品特征的旅游景观（吸引物）排除在旅游商品集合体之外，因此国标标准分类体系和第三种旅游商品资源分类体系存在一定的局限性。

第二，在第二种分类体系中，以购物类旅游资源作为集合体，其中所包含的购物对象既有旅游者购买所有权的商品（如菜品饮食、农林产品等），还包括旅游者仅购买使用权（如旅游设施等）或仅作为购物环境的物象（如庙会等），又将它们统一在购物类别之下，产生了概念混淆，不利于研究的深入。

二、构建新的旅游商品的分类体系

（一）旅游商品范围界定

根据旅游活动运行过程，可以将旅游业所涉及的所有劳动产品划分为私有产品和公共产品两大类。其中旅游者所消费的与旅游业相关行业及企业的产品，如餐饮住宿产品、交通产品、景观产品等是旅游产品中可以在市场上进行交换的部分，其价值可以通过市场价格体现，这部分旅游产品属于个人或组织私有，参与市场交换，可能成为旅游商品，是旅游商品范围内的组成部分。

而旅游者在旅游过程中免费享用的目的地公共游憩地、自然环境资源和人文环境资源等则属于公共产品，具有较强外部性。自然环境资源（如空气、水、土地等）、公共基础设施（废水处理、供水、垃圾收集系统、信息设施等）、地方基础设施（医院、银行、汽车租赁等）和周围环境景观（城镇景观）等公有资源属于公共产品。该部分旅游产品不参与市场交换，其价值无法以价格体现，不会成为旅游商品，因此排除在旅游商品分类体系之外。

此外，还有争议较大的旅游服务产品。旅游业中的服务产品具有一定的特殊性，它更多地以其他有形旅游商品的无形附加物形式出现，在绝大多数情况下，尚未作为一种单独旅游业劳动产品参与市场交换，如餐饮住宿服务附加在饭店设施商品中，旅游交通服务附加在交通设施商品中，旅游咨询、讲解服务附加在景观商品或旅行社组合商品中等。因此在目前的旅游商品分类体系中，旅游服务也不包含在旅游商品分类体系之中。

因此旅游商品分类体系的范围包括旅游景观商品、旅游设施商品、旅游购物商品等内容。

（二）旅游商品分类体系构建

依据本书的旅游商品概念体系，以旅游商品在实际消费过程中的所有权是否转移为分类标志设定旅游商品分类体系，将旅游商品分为 2 个主类、4 个亚类、16 种基本类型（表 2-7），若干详细小类将在第三、四章详细介绍。

表 2-7　旅游商品分类体系

主类	亚类	基本类型
旅游景观及设施商品	旅游景观商品	自然景观旅游商品
		人文景观旅游商品
	旅游设施商品	食宿接待设施商品
		娱乐接待设施商品
		交通设施商品
		其他旅游设施商品
旅游购物商品	旅游纪念品	陶瓷器
		丝织刺绣品
		漆器
		金属工艺品
		玉石木竹雕刻
		文房四宝
		绘画及工艺画
		其他民间工艺品
	旅游实用品	旅游用品
		旅游食品

三、旅游景观、设施商品及特征

景观是一种物象存在状态，自然景观不以人的意志转移而存在，人文景观在人类群体某种目标之下以功能状态存在，景观本身并不作为旅游商品，但在投资者或开发主体进行人为介入后，经过以销售为目标、以审美为功能的开发、规划、设计、包装、组合过程后，景观就成为了旅游景观商品。

在旅游景观商品的销售过程中，以及旅游经济活动正常运行的过程中，还必须辅有相应的设施设备来保证景观商品销售和旅游活动运行的正常进行。这些设施设备中有的属于社会公共基础设施，有的属于专门行业设施。在景观商品销售及旅游活动运行过程中起辅助作用的公共基础设施（如废水处理、供水、垃圾收集系统、信息设施等）等公有资源属于旅游公共产品。该部分旅游产品不参与市场交换，其价值无法以价格体现，不会成为旅游商品。而其他的设施设备例如交通设备、饭店建筑及住宿餐饮设施等，往往组合在整体旅游产品中参与旅游产品交换，并且有固定价格体现，因此成为了旅游设施商品。

旅游景观商品及旅游设施商品在参与旅游产品交换过程中，体现出了一些共同的特征，可从以下三点予以分析。

（一）可重复使用性

旅游景观商品及旅游设施商品都是非专属、非一次性消费品，具有较强的公共性，任何旅游者在条件许可时都可以进行消费，但这两种旅游商品也并非必然永久使用品。

旅游景观在现代旅游可持续发展的观念促进下，依据实践效果具有相对时间内的长久使用性，但是也不能排除自然不可抵御的破坏或消除隐患。

旅游设施商品依据物质能量守恒定律具有一定时间限度内的使用期限，但在旅游业的运营及旅游商品消费的意义范围内，其使用期限并非设施设备原有的生命周期，而应是在确保旅游者安全和旅游产品整体质量的标准下进行更新淘汰。

（二）使用区域范围的相对固定性

旅游景观具有地域固定性，一般情况下旅游景观不可实现地理意义上的区域转移，但节庆、会展、体育赛事等特殊旅游景观商品除外，如奥运会的举办等。

旅游设施商品一般伴随旅游景观（吸引物）商品使用销售，所以也具有相对意义上的地域固定性，如饭店建筑等设施、游乐设施等一旦固定并不转移，即使旅游交通设施也有固定的运营区域，并非随意改变。

（三）所有权的非转移性

旅游景观商品与旅游设施商品的最主要特征即所有权的非转移性。旅游者付费参与旅游活动，购买的旅游景观商品仅只是观赏权、体验权、感知权等，购买的旅游设施商品仅只是使用权、享用权等，而旅游景观商品及设施商品的所有权最终并未在旅游者与旅游经营者之间发生转移。

四、旅游购物商品及特征

传统的旅游购物品概念把旅游购物品仅仅理解为旅游工艺品和纪念品。这种狭隘的传统旅游购物品概念，已不能适应现代旅游市场发展的需要，现代旅游业发展的迅猛势头，早已远远突破了这个概念所涵盖的范围①。现代旅游业经济活动中的旅游购物商品已经远远突破了纪念品、工艺品及土特产品，它的

① 刘惠余.旅游购物品开发与营销[M].昆明：云南大学出版社，2007：5.

范围已经从纪念品拓展到首饰、珠宝、香水等奢侈品，从工艺品拓展到服装、鞋帽、户外必需品等实用品，从土特产品拓展到其他食用品等。因此从发展的观点来看，旅游购物商品应包括旅游者在旅游过程中所购买的具有满足旅游需求意义的实物性商品。

国内学者刘敦荣（2005）依据旅游商品是不出卖所有权的观点，认为旅游购物品是购买了商品所有权的一般物质商品，而不是属于旅游商品的范畴。张文敏（2000）也认为只有为旅游者而特殊设计生产的才是旅游商品，旅游商品是针对旅游者设计的。

其实从基本属性来看，旅游购物商品同普通商品一样具有经济学意义上的使用价值和价值两种属性。但我们既然站在旅游业的角度来分析旅游商品，就不能忽略从旅游业经营的角度而体现的旅游购物商品的一些特殊特征。

（一）旅游购物商品具有特殊的服务对象

普通商品是为了保证日常居民的日常生活基本需要而生产和经营的物质产品。而旅游购物商品从整体上而言，是旅游目的地为了满足非常住居民进行观光、游览等活动而购买的满足某种需求的物质产品。普通商品的服务对象是当地常住居民，而旅游购物商品的服务对象是现实旅游者。

（二）旅游购物商品有独特的销售网点分布规律

普通商品的销售网点分布通常位于城乡居民区，交通便捷区，目的是方便居民购买。而旅游购物商品销售网点一般分布在旅游接待中心城市的商业繁华地段、旅游风景点、饭店及机场等旅游业供应链节点地域内，目的是方便旅游者购买。

（三）旅游购物商品的经营具有季节性和敏感性

旅游购物商品不像普通商品那样不易受其他因素影响，居民日常生活需要具有稳定性，所以普通商品的经营稳定性较强。旅游购物商品则易受旅游客流量的相关影响因素决定，在旅游淡旺季、政治动荡、经济滑坡、气候灾害等不稳定因素影响下，旅游客流量的变化直接导致旅游购物商品的经营状况的好坏差异。

【案例】

楚雄彝族服饰的旅游价值及开发

楚雄彝族服饰资源多姿多彩，作为民俗旅游资源的重要组成部分，蕴藏着相对独特的旅游价值，颇具开发潜力。

一、楚雄彝族服饰资源的旅游价值

从游客需求角度分析，楚雄彝族服饰资源的旅游价值主要体现在旅游活动观光、购物和娱乐三大环节中，它能满足游客需求的核心部分。其功能和价值具体体现在以下四个方面：一是服饰构景能满足游客视、听享受；二是彝族服饰能满足游客购物需求；三是制作体验能满足游客求奇休闲享受；四是文化吸纳，满足游客多元旅游需求。

二、楚雄彝族服饰资源旅游开发设想

同别的旅游资源开发一样，楚雄彝族服饰资源开发，其目的也是为了发挥和实现它的旅游价值，出发点和目标都指向旅游市场。

（1）在自然、原生态中，保护、开发特色鲜明的楚雄彝族区域景观，展示楚雄彝族服饰的迷人风采。目前，楚雄彝族服饰作为一种旅游资源开发，尚处于起步阶段。考察、分析楚雄彝族区域景观的旅游开发、利用和经营状况，就不难发现这个问题。楚雄彝族区域景观应是风景和风情有机交融的地域空间综合体，但许多彝族区域景观“情”“景”分离现象十分严重，游客来到彝族聚居村落，却未能一睹身着彝族服饰的同胞。而在风景中一旦缺失了与之相协调的人的身影，风情也就无从谈起。显然，在风情展示中，楚雄彝族服饰虽有登台亮相的机会，但却未能实现其应有的旅游价值，或作为歌舞表演的舞台装，而屈居附庸的位置，或被淹没于习俗演示的动作行为之中，也同样被忽视。耐人寻味的是，在某些被用于旅游开发的彝族区域，彝族同胞们已在自发地利用着他们的服饰资源，他们装扮起来，与游客合影。这就启发了我们的思路：我们是否能够营造一个自然的彝族风情实景，以显示其服饰的价值？

（2）有组织地选择开发彝族韵味浓厚、市场前景看好的彝族服饰商品，合理实现楚雄彝族服饰的商品化。许多外来游客都希望购买几件楚雄彝族服饰商品或工艺品，这从楚雄彝族服饰店铺、街肆的情景中就可见一斑。但往往是看的多，买的少。这不能怪游客太挑剔，实在是粗制滥造过多，既无艺术美感，又难以体现彝族文化的内涵，缺乏应有的物质（穿着）、精神（珍藏或馈赠）价值。

因此在有条件的地方，各级政府应出台相关政策，帮助、支持擅长楚雄彝族服饰加工、制作工艺的民间人士创建规模适当的传统作坊，吸纳有志于本民族服饰传承的青年人，有组织地选择开发彝族韵味浓厚、市场前景看好的彝族服饰商品，合理实现楚雄彝族服饰的商品化。这样一方面增加了经济收入，另一方面传承、弘扬了本民族服饰文化。

（3）设立以满足外来游客亲手制作体验的楚雄彝族服饰生产场所，传授技

术，传播文化。旅游体验是一种综合性的体验，在这种体验过程中旅游者可以在观赏风景中获得审美愉悦，可以在与人交往中品味多彩人生，可以在积极模仿其他角色的过程中发现和发展自我，也可以在旅游消费过程中享受世俗之乐。尝试参与制作楚雄彝族服饰，既是模仿过程又是消费过程，它以技术的习练和模仿为起点、形式，以文化的理解和感悟为目标、内容。这种场所可以单独设立，也可从正规作坊中开辟一角，以达到人才、技术共享。

【案例分析】文中进行开发的彝族服饰是否属于旅游商品，依据是什么？

【思考题】

1. 旅游商品分类原则有哪些？
2. 试述旅游景观商品及设施商品的特征。
3. 如何正确理解旅游购物商品和普通商品的区别？

第三章　旅游景观及设施商品

【学习目标】

- 理解景观及景观商品含义
- 理解旅游设施商品含义
- 了解旅游景观商品及设施商品分类

【学习目标】

- 旅游景观的概念
- 旅游景观商品的概念及分类
- 旅游设施商品的概念及分类

第一节　旅游景观及设施商品概述

一、旅游景观及设施商品概念

（一）旅游景观商品的概念

1. 景观的概念

景观（landscape），一般指某地区或某种类型的自然景色，也指人工创造的景色森林景观。泛指自然景色、景象。无论国内还是国外，景观都是一个较为复杂的概念。

地理学家把景观作为一个科学名词，定义为一种地表景象，或综合自然地理区，或是一种类型单位的通称，如全国科学技术名词审定委员会从地理学角度给出的定义：反映统一的自然空间、社会经济空间组成要素总体特征的集合体和空间体系。包括自然景观、经济景观、文化景观。

艺术家把景观作为表现与再现的对象，等同于风景；而建筑师则把景观作为建筑物的配景或背景；生态学家把景观定义为生态系统或生态系统的系统（如

Naveh，1984，Forman，1995）。

旅游业内，旅游学家把景观当做资源。

综上来看，目前对景观的理解一般有以下几种含义。

（1）某一区域的综合特征 包括自然、经济、人文诸方面。

（2）一般自然综合体 是指地理各要素相互联系、相互制约有规律地结合而成的具有内部相对一致性的整体。大如地圈（即景观圈，是由构成地理的组成部分所构成的一个完整的综合体），小如生物的群落（是地表自然条件最单一地段，通过能量和物质交换使生物群落同它所赖以生存的环境成了一个相互制约的综合体），它们均可分为不同等级的区域或类型单位。

（3）区域概念 是个体区单位，相当于综合自然区划等级系统中最小的自然区，是地域上相对一致和形态结构上同一的区域。

（4）类型概念 用于任何区域分类单位，指相互隔离的地段按其外部的特征的相似性，归为一类型单位，如草原景观、森林景观等。

本书中探讨旅游景观商品所使用的景观适用于最后一种含义。

2. 景观的特征

第一，景观是一个具有美学意义和吸引力的区域环境，包括自然、社会、经济、文化等子系统在内的复合系统。

根据地带规律，景观系统的地域分异使得处于相同地带的景观区域系统，具有相同的或相似的自然、或社会、或经济、或文化的特点。

第二，景观具有整体性特征。

作为一个系统，是自然、社会、经济、文化等众多要素（子系统）组成的整体，各要素之间相互联系、相互制约，受“系统整体性”规律的作用。因此景观不是简单意义上的“旅游资源”，而是特定区域内相互关联的自然现象总体、人文现象总体（包括社会、经济现象），以及自然与人文现象相互作用而形成的具有美学（精神激励）意义和吸引力的区域总体环境。具有每个子系统在孤立状态时所不具有的整体功能和结构。

第三，景观是一个开放的动态系统。

由旅游资源及旅游社会经济资源组成的景观，是旅游业发展的必要条件或重要条件，但只有通过提供一定的设施条件和旅游服务使旅游资源与旅游者在一定区域有机结合起来，以满足旅游者不断增长的物质与精神上的需要，将旅游资源转化为财富，才能实现旅游产品的生产和销售，以获取一定的社会效益和经济效益。

3. 旅游景观商品的概念

景观本身是一种物象存在状态，按照人类社会群体的参与情况可分为自然景观和人文景观。自然景观不以人的意志转移而存在，人文景观在人类群体某种目标之下以功能状态存在。无论以何种状态存在的景观，其本身并不作为旅游商品，但在投资者或开发主体进行人为介入后，经过以销售为目标、以审美为功能的开发、规划、设计、包装、组合过程后，景观就成为了旅游景观商品。

因此旅游景观商品是指由旅游供给者为满足旅游者消费需求，以某种景观为对象进行开发、规划、设计、组合、包装并宣传而形成的，对旅游者具备吸引力的各种物质和文化旅游产品的总和。

（二）旅游设施商品的概念

1. 旅游设施的概念

在旅游经济活动正常运行的过程中，必须辅有相应的设施设备来保证其他旅游商品的销售和旅游活动的整体运行。这些设施设备中有的属于社会公共基础设施，有的属于专门行业设施，它们都属于旅游设施。

因此旅游设施指以旅游者为服务对象，参与旅游经济活动运行的一切设备总和。其中既包括公共基础设施，也包括部门产业设施。

2. 旅游设施商品的概念

在旅游活动运行过程中起辅助作用的公共基础设施（如废水处理、供水、垃圾收集系统、信息设施等）等公有资源属于旅游公共产品。该部分旅游产品不参与市场交换，其价值无法以价格体现，不能作为旅游商品。而其他的设施设备例如交通设备、饭店建筑及住宿餐饮设施等，往往组合在整体旅游产品中参与旅游产品交换，并且有固定价格体现，因此可以称为旅游设施商品。

旅游设施商品可以定义为：在旅游过程中，为满足旅游者消费需求而以使用权和享受权等参与市场交换的各种设备设施的总和。

二、旅游景观及设施商品的分类

（一）景观的分类

景观一词内涵极其丰富，人们从不同的角度研究可以得出不同结论，因此对景观可以从不同的角度对其进行分类。例如从时间的角度，可以分为现代景观、历史景观等；从资源类型的角度，可以分为山体景观、水体景观、气候景观、生物景观等；从地域范围的角度，可以分为巨型景观、中型景观等。

但在研究和实践中，人们往往根据人与自然的融合度，将景观分为自然景观与人文景观两大类型。

自然景观即天然景观，是指那些未受到或只受到人类轻微影响的，基本保持原有自然面貌而尚未发生明显变化的景观。如地文景观、水域景观、生物景观、气候气象景观等。

人文景观，是相对于自然景观而言的，指那些在人类活动直接影响和长期作用下，使自然面貌发生明显变化的，以及完全由人类活动形成的景观。如历史遗址、建筑园林、民俗风情、都市景观等。

（二）旅游景观商品的分类

旅游景观商品的分类依据景观分类，可以划分为自然景观旅游商品和人文景观旅游商品。

自然景观旅游商品主要包括地文景观旅游商品、水域景观旅游商品、生物景观旅游商品、气候气象景观旅游商品等。

人文景观旅游商品主要包括遗址遗迹景观旅游商品、建筑设施景观旅游商品、人文活动景观旅游商品等。

（三）旅游设施商品的分类

一种是按照旅游设施的角色地位划分，可以分为旅游景观辅助设施商品和其他旅游设施商品。前者主要指位于旅游景观附近为旅游者提供设施服务的设施商品，后者指在旅游景观之外的为旅游者提供服务的设施商品。

另一种是按照旅游设施的功能划分，可以分为食宿接待旅游设施商品、娱乐接待旅游设施商品、旅游交通设施商品，以及其他旅游设施商品。

【阅读材料】

旅游设施与服务设施规划

叶昊　崔莉

旅游服务设施是指为旅游者的游憩、观光以外的活动提供服务所须凭借的物质条件。旅游服务设施，通常在旅游开发投资中占很大比例，规划建设不当会浪费巨额资金，对生态环境和视觉环境产生严重污染。旅游服务设施规划是根据旅游接待体系规划所提出的要求，配合旅游线路组织的规划要求和土地开发、生态环境保护的要求，科学选址与合理安排服务设施，并为基础设施规划提供依据。

一、规划原则和要点

1. 原则

接待服务设施规模合理、档次齐全、布局合理；建筑风格与当地旅游区的地理背景、乡土风貌以及临近建筑等相协调；接待服务设施的建设不仅要满足旅游者的需要，同时也要能够为当地居民服务，改善当地居民的生活环境，提供当地居民也能参与的健康向上的文化娱乐场所。

2. 要点

（1）住宿条件

生态旅游者出游的最大动机，是出自内心地对自然地带的野生动植物感兴趣，与其他类型旅游者需要的服务设施不同，因此用于住宿的野营地的规划设计与建设显得尤为重要。野营地主要为游客提供短期住宿设施，它的设施要求比长期休养住宿地低，主要体现在各项设施以适用、满足实际需求为原则，不追求城市、现代等风格，同时突出林区或景观风格，与周边自然风景相协调，既体现山林野趣又做到舒适、洁净、雅致。在实践当中，需要改造的内容，主要保留原有主体建筑，并根据客源预测对其规模进行扩大，以及对已有设施加以维修和改造，调整客房结构和改善客房质量等。

（2）娱乐活动设施的建设

生态旅游服务设施的娱乐设施主要结合健身运动进行。例如建设羽毛球、乒乓球、单双杠等小型运动设施，并提供球拍、护腕、球类的销售和出租。由于没有足够的空间，较大面积的运动场地可以选择野营区附近的台地，对土地进行平整后建造。

（3）生活服务设施和管理服务人员

应当在野营地及管理处分别安置 2~4 部公用电话，电话亭的外表要和周围环境相协调。在管理处建一个医疗保健中心，增加医疗保健项目，聘请专门的医疗保健医生负责管理处的医疗保健工作，为前来休闲保健的游客提供保健服务，同时给游客在旅游中、登山、娱乐等活动中受伤或一些急性病提供急救和治疗。请专业人士对服务人员进行培训，要求他们掌握基本的服务用语、态度和着装。要求服务员热情大方、和蔼可亲、不卑不亢，处理问题及时果断，不怕麻烦，为游客着想，掌握游客心理。经过培训提高服务人员的工作效率，明确个人分工。培养对当地景点熟悉的有一定导游知识和应变能力的导游员。在旅游旺季适当增加服务人员数量。

二、完善基础设施

旅游服务设施规划的实现，需要有相应的基础设施的支撑。主要包括给水工程、污水工程、水利与排水工程、供电工程、电信工程、供热工程等。在生态旅游服务设施标准，在生态保护、回收与循环利用、使用材料等方面具有更高的要求，并且随着科技的发展不断更新。

1. 给水工程规划

给水规划的内容包括用水量标准及生活、生产用水总量计算；水资源供需平衡、水源地选择、供水能力、取水方式、净水方案及制水能力；输水管网及配水干管布置；加压站位置和数量；水源地防护措施等。

2. 污水工程规划

排污系统对旅游环境质量的影响很大，对当地居民的生活和健康也有明显的影响，旅游目的地必须配置一定的污水排放与处理设施，以保证不对环境造成污染。污水工程的内容包括确定排水制度；确定污水类型、污染源位置，测算污水总量；制定不同地区的污水排放标准；排污管、渠系统规划布局，确定污水泵站及其位置；污水处理设施布局、规模、处理等级以及综合利用的措施。

3. 水利工程规划

水利工程规划在旅游目的地具有特殊的地位，其完整的规划内容如下：确定水源类型；划分排水区域，测算雨水总量；确定水量平衡方案；排水管、渠系统规划布局，确定主要泵站及位置；划定洪泛区范围，制定保护管理措施；水网、水位及河道疏通安排；水利工程设施安排，如水库、水渠、挡洪及分洪设施等。

4. 供电工程规划

供电工程规划的内容包括：用电量指标、总用电负荷、最大用电负荷、分区负荷密度；供电电源选择；变电站位置、变电等级、容量、输配电系统电压等级等。

5. 电信工程规划

电信工程规划的内容有各项通信设施的标准和发展规模（包括长途电话、市内电话、电报、电视台、电视接受、无线电台、微波通信、光缆等）。

6. 供热工程规划的内容包括测算供热负荷，确定供热方式；划分供热区域范围，布置热电场；热力网系统，敷设方式；联片集中供热规划。

以上只是简单的规划，就生态旅游而言，需要尽可能利用高效节能的设施材料，减少基础设施建设，无论是基础建设还是内部装修，必须全过程全方位支持生态环境保持与优化。

第二节　旅游景观商品

一、自然景观旅游商品

（一）地文景观旅游商品

主要类别包括山丘、谷地、石地、滩地、断层、褶曲、地层剖面、钙华与泉华、矿脉与矿石积聚地、生物化石点、凸峰、独峰、峰丛、石（土）林、奇特与象形山石、岩壁与岩缝、峡谷段落、沟壑地、丹霞、雅丹、堆石洞、岩石洞与岩穴、沙丘地、岸滩、地震遗迹、陷落地、火山与熔岩、冰川堆积体、冰川侵蚀遗迹、岛区、岩礁等。

（二）水域景观旅游商品

主要类别包括观光河段、暗河河段、古河道段落、观光游憩湖区、沼泽与湿地、潭池、悬瀑、跌水、冷泉、地热与温泉、观光游憩海域、潮现象、击浪现象、冰川观光地、长年积雪地等。

（三）生物景观旅游商品

主要类别包括林地、丛树、独树、草地、疏林草地、草场花卉地、林间花卉地、水生动物栖息地、陆地动物栖息地、鸟类栖息地、蝶类栖息地等。

（四）气候气象景观旅游商品

主要类别包括日月星辰观察地、光环现象观察地、海市蜃楼现象多发地、云雾多发区、避暑气候地、避寒气候地、极端与特殊气候显示地、物候景观等。

二、人文景观旅游商品

（一）遗址遗迹景观旅游商品

主要类别包括人类活动遗址、文化层、文物散落地、原始聚落、历史事件发生地、军事遗址与古战场、废弃生产地、交通遗迹、废城与聚落遗迹、长城遗迹、烽燧等。

（二）建筑设施景观旅游商品

主要类别包括教学科研实验场所、康体游乐休闲度假地、宗教与祭祀活动场所、园林游憩区域、文化活动场所、建设工程与生产地、社会与商贸活动场所、动物与植物展示地、军事观光地、边境口岸、景物观赏点、祭拜场馆、展示演示场馆、体育健身馆场、歌舞游乐场馆、佛塔、塔形建筑物、楼阁、石窟、长城段落、城（堡）、摩崖字画、碑碣（林）、广场、人工洞穴、建筑小品、传统与乡土建筑、特色街巷、特色社区、名人故居与历史纪念建筑、书院、会馆、特色店铺、特色市场、陵区陵园、墓（群）、悬棺、桥、车站、港口渡口与码头、航空港、栈道、水库观光游憩区段、水井、运河与渠道段落、堤坝段落、灌区、提水设施等。

（三）人文活动景观旅游商品

主要类别包括地方风俗与民间礼仪、民间节庆、民间演艺、民间健身活动与赛事、宗教活动、庙会与民间集会、饮食习俗、特色服饰、旅游节、文化节、商贸农事节、体育节等。

第三节 旅游设施商品

一、食宿接待旅游设施商品

食宿接待旅游设施商品，主要指旅游饭店、宾馆、酒店等旅游企业的建筑物及其一些相关配套的可见性的服务设施设备。具体包括以下几点：

- 饭店、酒店的餐厅、客房主体建筑；
- 餐厅内的桌、椅、餐具等设施；
- 客房内的床、沙发、茶几、电视、灯具等起居设备；
- 客房内的面盆、浴缸、花洒等盥洗设备。

这些设备设施的安全卫生性、寿命可靠性、环境友好性等直接影响其他旅游商品的质量和销售，也会对旅游者的消费感起到重大影响作用。

二、娱乐接待旅游设施商品

娱乐接待旅游设施商品，主要指为旅游者提供娱乐活动而设置的种种设施设备，包括以下两点：

- 与食宿接待设施辅助设计的位于饭店、酒店内的康乐设施；
- 专用娱乐场所内的配套设备，如 KTV 内的相关设备、保龄球馆内的相关设备、高尔夫球场内的相关设备等。

这些娱乐接待设施商品不仅可以作为旅游景观商品的重要补充，而且随着旅游业的发展和旅游活动类别的复杂化，娱乐接待设施商品将愈来愈有倾向独立走向舞台迎接休闲娱乐的旅游者。

三、旅游交通设施商品

主要是指为旅游者提供旅游活动各节点之间位置转移服务的种种设备设施。就目前的科技发展水平而言，可以将旅游交通设施商品分为空运、陆运、水运和特色运输四类。

- 空运设施商品主要指航空公司提供的产品；
- 陆运设施商品主要指铁路客运、公路客运产品；
- 水运主要指海洋航线和内河航线产品；
- 特色运输主要指位于旅游目的地或旅游景区/点内的，具有地方或民族特色的交通运输产品，例如北方冬季的狗拉雪橇、马拉爬犁，内蒙古草原上的骑马，中原地区的四抬、八抬大轿，山体景区内的滑竿，水体景区内的皮筏等。

四、其他旅游设施商品

旅游活动过程中往往还涉及到许多其他的设施设备，主要指具有公共服务性质的间接地为旅游者提供服务的种种设备设施。包括现代通信、给水供电、安全防护、摄影摄像、商场销售、信息咨询等。缺失这些设备设施，旅游活动无法正常进行，因此这些间接服务于旅游者的设备设施可以称之为外围旅游设施商品。

【案例】

新加坡将发展世界级旅游设施与产品

新加坡政府将拨款20亿新元设立旅游发展基金，以在10年内发展世界级旅游基础设施和产品。这一消息是新加坡贸工部高级政务部长维文近日透露的。

新加坡旅游局局长林梁长说，旅游局已制定旅游业策略发展计划。这项计划将确保旅游业在未来保持竞争力，继续作为新加坡经济的支柱。当局将公布有关计划的细节。

维文强调，旅游业今年的表现非常好。至于度假胜地的地点，至今仍未有定案，业者建议的地点有圣淘沙和滨海南。

维文强调，新加坡要发展设有赌场的综合度假胜地，赌场只是度假胜地的一小部分。这个度假胜地应提供全面服务，包括主题乐园、国际表演、时尚商店、会议中心等。他说：“如果我们确实要开设赌场，我们就要成为世界上最豪华、最安全和最棒的消闲场所。”

【思考题】

1. 什么是旅游景观商品？
2. 什么是旅游设施商品？
3. 旅游景观商品的划分方法有哪些？
4. 旅游设施商品按设施的功能划分为哪几类，包括什么？

第四章　旅游购物商品

【学习目标】

- 了解旅游购物与旅游购物商品的概念
- 掌握旅游购物商品的分类
- 了解旅游纪念品与旅游实用品的相关知识

【知识要点】

- 旅游购物与旅游购物商品的概念
- 旅游购物商品的特征及分类
- 旅游纪念品的种类
- 旅游用品的种类
- 旅游食品的种类

第一节　旅游购物商品概述

一、旅游购物商品定义

（一）旅游购物的概念

国外对于旅游购物的定义有以下几种。

1. 世界旅游组织对旅游购物的定义

世界旅游组织对旅游购物支出的定义："旅游者做准备或者在旅途中购买的物品（不包括服务和餐饮）的花费，其中包括衣服、工具、纪念品、珠宝、报刊书籍、音像资料、美容及个人物品、药品等。不包括任何一类游客出于商业目的而进行的购买，即为了转卖而做的购买。"

2. 韩国观光公社的定义

韩国观光公社对旅游购物进行的研究认为①，旅游购物的对象及范围除了以传统的生产方式利用国内生产资料所生产出来的土特产、工艺品、旅游纪念品等之外，还包括各种各样的商品，如比客源地的产品价格更便宜、更优质的化妆品、家电及进口商品等。因此旅游购物的对象不应局限在当地土特产品上，还应包括进口商品在内的一切可能被销售的商品。

3. 许甲中的定义

韩国观光研究院的许甲中（1999）认为，旅游购物是指游客在旅游目的地或在旅游过程中购买商品的活动以及在此过程中附带产生的参观、游览、品尝等一切行为。这种解释是从旅游者行为的角度考虑的，强调旅游购物不是单纯的类似于日常的购买商品，而是与观光、游览、休闲结合在一起的伴随行为。

在我国国内，到目前为止也没有达成关于旅游购物概念的统一共识。

国内旅游统计年鉴和海内外旅游者抽样调查中广泛使用“旅游收入”这一概念，它主要是指游客（入境游客和国内游客）在旅游过程中支付的一切旅游支出。

此外国内学者刘敦荣（2005）曾指出，旅游购物是指旅游者在旅游过程中，购买具有地方特色、民族特色的物质商品或纪念品、工艺品的行为活动和过程。

而较为权威性的定义是由全国旅游标准化技术委员会提出，国家旅游局和上海社会科学研究院旅游研究中心负责起草，并由国家技术监督局颁布的中华人民共和国国家标准《旅游服务基础术语》中“旅游购物”的定义：旅游者在旅游过程中购买商品的活动，这些商品一般具有纪念、欣赏、保值、馈赠意义或实用价值。主要包括旅游纪念品、旅游工艺品、旅游食品、旅游用品和其他商品五大类。

（二）旅游购物商品的概念

对于旅游购物商品的研究，国内一般把它称为旅游购物品。

江苏社科院徐汇荣认为，旅游购物品是指旅游工艺品、旅游纪念品、旅游用品和旅游食品。这些商品都需要有地方特色，主要表现在特色的原料、特色的设计和特色的包装上。

杭州大学旅游学院陈纲认为，旅游购物品本身也是一种吸引物，它包括旅游者在旅游准备阶段和旅游过程中所购买的实物商品。

中国人民大学郭宝森认为，旅游购物中的商品在一般商品的一定使用价值

① 韩国观光公社.关于旅游购物商品的实证分析及改善方案[R].首尔：韩国观光公社,1998.

与价值相统一的基础上，还必须通过更多和更复杂的劳动，即在已具有一般形态的商品之上，还要凝聚和耗用更多的人类智慧与劳动，从而形成旅游购物商品的三性（即实用性、纪念性、艺术性）、三风（风俗、风情、风物）等特殊的造型、色调、功效、美感与实用价值之后，才能成为旅游者喜欢并愿意购买的旅游购物品。

上海社会科学院陶家宽认为：过去我们对旅游购物品的认识和表述上，一般都很强调旅游购物品的纪念性，在范围上往往局限于传统工艺品，而对于旅游者在旅游过程中所购买的用品和食品，往往不把它当做旅游购物品对待，这种对旅游购物品的认识具有片面性和狭隘性。

综上所述，结合第二章中所分析的旅游购物商品区别一般商品所体现的特性，旅游购物商品是指旅游者在旅游过程中，为满足由旅游动机伴随产生的各种需求而购买的商品，主要包括旅游纪念品、旅游实用品等。

（三）旅游购物商品的地位与作用

目前已经具有统一认识的观点是旅游购物可以增加外汇收入和提供就业机会，促进地方经济发展。对于旅游购物及旅游购物商品在旅游业中的地位和作用，国内外众多学者提出了许多观点。

Law（1992）通过一些案例说明购物甚至已经变成当地旅游吸引物的最重要因素[①]，以此确定了购物及旅游购物商品在旅游业中的重要地位。

王大悟、魏小安（2000）认为，旅游购物与旅游者直接发生联系，是旅游业的基本行业，这一行业应称为旅游用品和纪念品销售行业。

韩国旅游观光社的研究[②]表明，旅游购物已不是旅游中的附带活动，它成为与住宿、游览同等重要的一项活动。游客在选择旅游目的地时，越来越关心能否购买到称心如意的商品，商品质量、价格能否符合要求，而其最后评价旅游活动时购物成为重要的项目。

刘惠余（2007）指出，旅游购物商品在旅游业中处于重要地位，发挥着重要作用，具体体现在四个方面。

第一，旅游购物品销售收入是旅游总收入的重要构成。

第二，扩大旅游购物品销售是优化旅游产业结构的重要环节。

第三，健全的旅游购物品产销体系是旅游的重要补充。

第四，高品位的旅游购物品可以形成旅游资源。

---

① 威廉·瑟厄波德.全球旅游新论[M].张广瑞，译.北京：中国旅游出版社，2001：417.

② 韩国观光公社.关于旅游购物商品的实证分析及改善方案[R].首尔：韩国观光公社，1998.

综上所述，旅游购物是旅游业的重要组成部分，旅游者中不乏因购物需求而产生旅游动机而实行旅游消费的，而且旅游购物往往是衡量一国旅游业发展水平的重要标准之一。全世界旅游业发达的国家旅游购物收入都占旅游业总收入的 50%以上，如新加坡占到 59.6%，美国占到 54.7%，法国占到 52.1%。可见，作为旅游购物的对象旅游购物商品在旅游业的发展中具有重要的地位。因此我们首先要对旅游购物商品有全面地了解和把握，进而研究和揭示其发展规律，提高我国旅游购物收入在总收入的比例，促进实现我国的世界旅游强国目标。

二、旅游购物商品的分类

对于旅游购物商品的类别划分，不同学者和研究文献中有众多划分结果。其中范围较全、概括性较强的国家标准《旅游服务基础术语》中将旅游购物商品分为旅游纪念品、旅游工艺品、旅游食品、旅游用品和其他商品五大类。

依据旅游购物商品在旅游者旅游过程中满足各种需求的归结性，将旅游购物商品按照旅游体验忆象和旅游活动实需两个系属划分为旅游纪念品和旅游实用品两大类，将旅游工艺品和其他特色商品（如国外免税商品等）归入旅游纪念品，将旅游食品和旅游用品统称旅游实用品。具体详见下面章节内容。

第二节　旅游纪念品

旅游纪念品，指旅游者为了留下美好的记忆和怀念或者准备带回去作为礼品馈赠亲友，而在旅行游览过程中购买的富有纪念意义的劳动产品[①]。具体有如下种类。

一、陶瓷器

（一）陶器

是以陶土为原料，经过配料、成型干燥、烧制而成的器物总称。

陶器一般有质地不纯、不透明、吸水性较高及烧成温度较低的特征。陶器多数不上釉，但也有施釉（主要为含铅量较高的低温釉）的陶器。

① 黄运武.新编财政大辞典[M].沈阳：辽宁人民出版社，1992:640.

由于黏土所含杂质及成分的不同以及烧成温度、烧制方法的差异，陶胎坯体呈红、灰、黑、青、白、褐、棕等颜色。陶器按其用途可分为日用、艺术和建筑、冥器等类，是人类创造的第一个新物质。陶器生产是人类最早的手工业劳动之一。

陶器的起源可追溯到新石器时代早期。其最早的源头可能还更早。据目前的考古材料可知，我国最早的陶器出现在1万多年前，如在江苏溧水县神仙洞出土了距今11 200年的陶片；在河北白洋淀地区也发现有近万年的陶片；在江西万年县仙人洞、河北武安县磁山、河南新郑县裴李岗、广西桂林甑皮岩以及甘肃秦安县、大地湾文化等，都发现了距今七八千年的陶器，如陶罐、陶碗等。

人类在长期的用火实践中，认识到黏土经火烧过之后可变成硬块，并逐渐发明了陶器。最早的陶器是仿制人类常见的其他质地的器物，如蓝子、葫芦和皮袋等，并逐渐演变成独具特色的器皿、陶塑等。其制作工艺也从最初的泥条盘筑、捏制向慢轮、快轮发展，为瓷器的发明奠定了坚实的基础。

陶器的发明，是人类历史上最早通过火的作用，改变一种物质的物理性质的创造性劳动。它的发明和制陶业的兴起，不仅加速了生产力的发展，而且使人类烹煮熟食、改善生活更加方便，提高了人类生活质量，是我国古代文明的重要组成部分。

陶器的制作：用黏土成型，经过700~800℃炉温焙烧而成，多数无釉，少数上釉。

陶器的发明，标示着人类历史上最早通过火的作用，使得一种物质改变成另一种物质的创造性活动。标志着新石器时代开始，人类的定居生活更加稳固。

中国主要陶器产地：江苏宜兴、广东石湾、安徽界首、山东淄博、湖南铜官、云南建水、甘肃天水、河北唐山。

（二）瓷器

指以高岭土、长石和石英为原料，经混合、制坯、加工成形，干烧制而成的一种制品。古代又称窑器。

瓷器可上釉或不上釉。具有坯体洁白，质地坚硬细密，表面光洁，断面具不吸水性，较薄者呈半透明，敲击时音响清彻等特点。

瓷器可分为硬瓷和软瓷两大类。

硬瓷指胎釉中含高岭土量较多，长石及其熔剂含量较少，高温黏度大，产品不易变形、吸水率低，瓷及釉属硬度高的一类瓷器。传统的中国瓷器即属此类。

软瓷则指由于胎中含熔块成分多，烧成温度较低，产品极易变殂，硬度和强度都较差的一类瓷器。软瓷是16~17世纪在欧洲发展起来的。

瓷器是我国古代的伟大发明之一。在河南、河北、湖南、湖北、江西、江苏、浙江等地区的东汉晚期墓葬和遗址中出土的瓷器品类大多是日用器皿。常见的有碗、盘、钵、盆、盏、洗、壶、罍、钟、瓿等，还有数量不多的砚、唾壶和五联罐最为多见，壶次之。有些瓷器仅以青釉素裹。多数器物制以印弦纹、水波纹、麻布鞋纹、网纹、窗棂纹、杉叶纹、方格纹、重三角纹、蝶形纹或贴印铺首为饰。

我国是世界上最早发明瓷器的国家。商代就已出现原始瓷器。其间经过西周、春秋、战国和秦代，至东汉时期即已烧制出成熟的青瓷和黑瓷。以后经过各个历史时期的不断发展，我国制瓷技术不断提高，产量和品种日趋增多，产区不断扩大，生产瓷器的名窑遍及全国各地。如唐代的越窑、邢窑；宋代的“定、汝、官、哥、钧”五大名窑；元代的德化窑；明清时期的“瓷都”景德镇窑等，都曾经在历史上名噪一时。所生产的瓷器，无不以其精巧的工艺，优美的造型和素雅、艳丽的色彩而蜚声中外。仅以烧制不同釉色的瓷器而论，历代就有许多独具代表的品种，如唐代的青、白釉；宋代新创的釉上红彩，釉上红、绿、黄加彩及白地釉下黑花、结晶釉兔毫及鹧鸪斑、铜红釉、玳瑁釉及剪纸贴花；元代著名的元青花、釉里红；明代的甜白釉、斗彩、娇黄、五彩；清代的郎窑红、豇豆红、天蓝釉、珐琅彩、粉彩等等。中国在世界上享有“瓷国”之誉。

瓷器的制作：材料主要是高岭土，烧制温度在1 200℃以上。

中国六大瓷器产地：江西景德镇、湖南醴陵、福建德化、浙江龙泉、山东淄博、河北唐山。

【阅读材料4–1】

高岭土及其传说

高岭土具有白度高、质软、易分散悬浮于水中、良好的可塑性和高的黏结性、优良的电绝缘性能；具有良好的抗酸溶性、很低的阳离子交换量、较好的耐火性等理化性质。因此高岭土已成为造纸、陶瓷、橡胶、化工、涂料、医药和国防等几十个行业所必需的矿物原料。

做瓷器用的瓷土，现在世界上都把它叫做“高岭土”，这高岭土据说最初因出产在景德镇的高岭村得名。在很久很久以前，高岭村有一家姓盛的穷苦夫妻，他们佃了大地主张剥皮的几亩薄田，一年到头，风里来，雨里去，好不容易打下一点儿粮食，可张剥皮的阎王账一翻，算盘珠一响，就会给刮去了。他们靠着红薯、萝卜和野菜当餐，日子苦得就像黄连一样。盛家夫妻日子过得虽然清苦，但心地却特别善良。听到谁家揭不开锅，他们就宁愿自己挨饿，也要省出点口粮送去。因此村里人都称他们是“好心的盛家”。

有一年冬天，天气特别寒冷，北风吹过来，就像刀子刮人一样。这一天清早，大风凛冽，雪花纷飞，盛家男人正抱着一捆柴禾，准备送到前村的一个孤苦伶仃的高老太婆家去。他打开屋门，只见屋檐下躺着个儿白发苍苍的老公公，这老公公衣衫破烂，满脸焦黄，冻得在瑟瑟发抖，嘴里还不停地发出痛苦地唤叫。

盛家男人见了，急忙放下柴禾，走上前把老公公扶进屋里。他一边脱下自己的破棉袄，披在老公公身上，一边忙喊妻子倒碗热水来。盛家男人问：“老公公，你是哪个村的？这大冷的天，出门来做什么？”那老公公深深地叹了口气，答道：“我家住在很远的地方，因为给地主老财逼得没办法，只好出外投亲，没想到病倒在这里。”男人一听，忙安慰说：“老公公，你莫急，病了，现在就在我家养病，等好了，开了春再走吧！”那老公公感动地点点头。这时盛家妻子端来了一碗热开水，送到那老公公跟前，请他喝下暖暖身子。老公公摇摇头说：“我实在饿得吃不消了，想喝碗热粥，不知有没有？”

这对夫妻听了，感到很为难，因为他们家的米缸，早就空了，拿什么熬粥呢？盛家妻子正想对老公公直说，但她男人看到老公公饥饿痛苦的样子，心中实在不忍，就暗把妻子一拉，走进厨房，悄悄地说：“你去张剥皮家里借一升米来，熬粥给老公公喝吧。”妻子一听要她去张剥皮家借米，吓了一跳！提起这张剥皮，高岭村方圆几十里，谁不知他是个吸血的蚂蟥，叮人是越叮越深，不吸饱血是死不松口的。谁也不敢上他家去借东西。

盛家男人见妻子犹豫，又推了她一把，要她快去。妻子借来米，男人生火熬粥，一会儿工夫，一大碗香喷喷，热腾腾的米粥端到了老公公的面前。老公公见了，也不客气，一口气就把粥喝了下去。说也奇怪，老公公把这碗粥一喝下去，原来焦黄的脸，顿时红润起来，精神也好了，病也好像烟消云散了。这时，老公公站了起来，把破棉袄还给盛家男人，说：“你们真是名不虚传的好心的盛家。我没有什么好报答你们，我走后，你们可到村后东南面的松山顶上一口气挖它个九九八十一锄，那时就有办法偿还张剥皮的一升米了。”老公公说罢，抬脚走了。

盛家夫妻听了，感到十分奇怪，他们想：老公公躺在屋里，怎么会知道他们上张剥皮家借了米，莫非他是神仙不成？待夫妻俩出屋再看，那老公公早已不见踪影。回到屋里，盛家夫妻真的扛起锄头，上村后东南面的松山顶，奋力举锄挖了起来。一锄，二锄……三十、四十……挖到那九九八十一锄时，奇迹出现了，那黑沉沉的泥土，一下变成了白花花的，盛家男人用手捧起来，一捏，哈！软乎乎得就像糯米粉一样，再捧到鼻子尖闻闻，竟是香喷喷的，捏一点放进嘴里尝尝，又是甜滋滋的，跟真的糯米粉一模一样。

这下可乐坏了盛家夫妻俩。他们想到村里穷苦人家正在受苦挨饿，就兴冲冲地跑回村去，把穷苦人都叫了来，挑起大筐、小桶，熙熙攘攘地来到松山顶，大伙动手，锄呀、挖呀、装呀、挑呀，挖去一层，立刻又长出一层……这时候，穷人们那个欢乐劲就不用说啦！穷人们兴高采烈地将“糯米粉”各自挑回家去，有的做汤圆，有的做糍粑，真像过年一样。

这事被张剥皮知道了。他急急忙忙爬上松山顶一看，瞧得眼也红了，嘴也馋了。他把一帮家丁叫来，团团围住松山顶，把穷人们赶下山，并且在四周钉上“张府”的木牌，说这松山是他家祖传的宝山，谁要再到松山来挖糯米粉，就要送官究办。穷人们听了，无不气恨。再说张剥皮叫人挖了一大筐，抬回家去做汤圆，汤圆做好了，张剥皮把全家都叫到大厅前，手捻着他那几根胡须，得意洋洋地说：“今天我请客，大家尽量地吃，吃完了，我们还可以上山去挖。哈哈！这下我可发大财了。”说着，张剥皮带头吃起来。

张剥皮囫囵一口就吞下了一个汤圆，汤圆刚落肚，就双手捧住肚子，妈呀！马上倒在地上打起滚来。家里人走前一看，哪里有什么汤圆，碗里的汤圆全变成了石头，张剥皮肚子里有块石头，痛得他呼天叫地，一直闹到天亮，便活活地被疼死了。张剥皮一死，高岭村的男女老少可高兴了。盛家夫妻又领着穷人们上了松山顶，到了山顶一看，发现原先挖出来的“糯米粉”全部变成了石头。这时大家就更恨张剥皮了。

这天晚上，盛家夫妻在梦里，只见老公公又来到跟前，说：“松山顶上的石头，可以拿来做瓷器，做成的瓷器能跟玉器一样的值钱哩！”第二天清早，盛家夫妻就和全村的穷人们来到了松山顶，只见满山全都是银光闪闪的土石，盛家夫妻按照那老公公嘱咐的话，将挖起的土石做成一个个碗和杯的坯子来，放进窑里一烧，果然个个晶莹洁白，真像玉器一样。高岭村的穷人们把这些玉器般的瓷碗、瓷杯挑到镇上去卖，百姓们看了，都是喜爱万分，一忽儿就被抢购一空。

从此高岭村的穷人们在盛家夫妻的带领下，改行挖土建窑烧瓷器了。松山因地处高岭，就改名叫高岭山，山上的瓷土，就叫做高岭土了。

（三）陶器与瓷器区别

人们总是把瓷与陶相提并论而称之为“陶瓷”，这种提法反映了陶和瓷都是火与土的艺术。由于陶器发明在前，瓷器发明在后，所以瓷器的发明，很多方面受到了陶器生产的影响。如人们对火的性能的掌握和对黏土特点的充分认识等。但陶与瓷无论就物理性能，还是就化学成分而言，都有本质的不同。

1. 陶器和瓷器的主要区别表现

（1）陶器的胎料是普通的黏土，瓷器的胎料则是瓷土，即高岭土（因最早发现于江西景德镇东乡高岭村而出名）。

（2）陶胎含铁量一般在3%以上，瓷胎含铁量一般在3%以下。

（3）陶器的烧成温度一般在900℃左右，瓷器则需要1 300℃的高温才能烧成。

（4）陶器多不施釉或施低温釉，瓷器则多施釉。

（5）陶器胎质粗疏，断面吸水率高。瓷器经过高温焙烧，胎质坚固致密，断面基本不吸水，敲击时会发出铿锵的金属声响。

除以上所举，陶与瓷的不同之处还表现在陶器的发明并不是某一个国家或某一地区的先民的专门发明，它为人类所共有，只要具备了足够的条件，任何一个农业部落、人群都有可能制作出陶器。而瓷器则不同，它是我国独特的创造发明，尔后通过海路和陆路大量输出到海外，才使制瓷技术在世界范围遍及。因此瓷器是我国对世界文明的伟大贡献之一。

通俗地讲，用陶土烧制的器皿叫陶器，用瓷土烧制的器皿叫瓷器。陶瓷则是陶器，炻器和瓷器的总称。凡是用陶土和瓷土这两种不同性质的黏土为原料，经过配料、成型、干燥、焙烧等工艺流程制成的器物都可以叫陶瓷。

2. 中国当代陶器与瓷器的产地

陶器：江苏宜兴、广东石湾、安徽界首、山东淄博、湖南铜官、甘肃天水、河北唐山、河南洛阳等。

瓷器：江西景德镇、湖南醴陵、福建德化、浙江龙泉、山东淄博和河北唐山等。

中国三大瓷都：景德镇、醴陵（釉下彩餐具）、德化（白瓷塑）。

景德镇四大名瓷：青花瓷、青花玲珑瓷、粉彩瓷、高温颜色釉瓷。

陶都宜兴紫砂器：江苏宜兴所产的紫砂器创始于宋代，至明清时代有了很大发展。紫砂器是使用质地细腻、含铁量高的特殊陶土烧制的无釉细陶器，呈赤褐、江黄或紫黑色；造型美观，色彩古朴，淡雅，是精致的手工工艺品。

3. 中国主要陶瓷工艺制品和艺术品介绍

（1）宜兴紫砂器

创始于宋代，明清大发展，含铁很高。根据地质学家的考察，宜兴紫砂器所用陶土，在地质上为泥盆纪时代的一套紫红色含铁石英砂岩，含铁粉砂岩、含铁粉砂质页岩等。

（2）洛阳仿唐三彩

唐三彩为唐代釉陶，是一种低温铅釉的彩釉陶器，盛行于初唐，产于洛阳。因常采用黄、绿、褐等色釉，在器皿上构成花朵、斑点或几何纹等各种色彩斑斓的色釉装饰，故称为三彩。

其制作过程是采用经过精炼的白黏土制胎，两次烧成的。它首先用 1 000℃左右的高温烧成陶胎，挂釉后再经过 900℃ 左右的焙烧。因为它用料精细，制作规整，所以不变型，不裂缝，不脱釉。

早期唐三彩也有单色彩如蓝釉、绿釉和双色釉，也有深绿、翠绿、褐色、棕色、蓝色等。釉的着色原理是其中含有铜、铁、钴、锰等金属氧化物。釉中铅质助溶剂使釉汁在烧制中流淌，形成丰富诡丽的变化。所谓三彩泛指釉色的变化多端，并非只有三种颜色。

唐三彩主要用作陪葬明器，有器物类和俑像类。器皿的种类很多，有水器、酒器、饮食器、文具以及建筑模型等，式样新颖，色彩绚丽。人物主要有妇女、文官、武士、伎乐、牵马俑、胡俑、天王等，大体根据其社会地位，刻画出其不同的性格和特征。贵妇则面部胖圆，肌肉丰满，梳各式发髻，着彩缬服装；文官则彬彬有礼；武士则勇猛英俊；胡俑则高鼻深目；天王则怒目凶狠。动物有鸟、狮、骆驼、马、牛等。其中以马的塑造表现最为出色，有的扬足飞奔，有的徘徊伫立，有的引颈嘶鸣，有的俯首舔足，表现出各种生动的姿态。

唐三彩在初唐时期制作较为简单，品种也较少，多在挂釉后加以彩画。盛唐时期是唐三彩的极盛时期，品种丰富，制作精美，产量很大。天宝以后数量逐渐减少。安史之乱以后，其制作进入后期阶段，逐渐衰落。

解放后，洛阳唐三彩恢复了生产，在传统的基础上，改进原料的配方，提高烧成温度，使产品质量更加提高，产品畅销国内外。现代著名艺人有高松茂等。三彩釉工艺对宋三彩及时清三彩釉都有影响。日本也仿制成所谓“奈良三彩”、朝鲜仿制成所谓“新罗三彩”。迄今为止发现烧造唐三彩的窑址有河南巩县，陕西铜川，河北内邱。

（3）淄博美术陶瓷

淄博是位于鲁中部的新兴工业城市，是古齐国的都城，是驰名世界的瓷都之一。这里生产的琉璃品和陶瓷制品不仅享誉国内外，而且有着悠久的历史传统。在美术陶瓷的生产方面，不论在造型和装饰上都具有较高的水平。

宋代问世的“雨点釉”和“茶叶米釉”，至今仍被各国视为珍品。尤其是雨点釉，被誉为中国之奇、陶瓷之谜。此外还有“云霞釉”、“红金晶釉”、“鸡血红釉”、“金星釉”和几十种黑釉系窑变花釉。

雨点釉，又称雨点瓷、油滴瓷，在黑色的釉面上均匀地布满了银白色的小圆点。圆点小如米粒，盛茶时金光闪闪，盛酒则银光熠熠，映日视之，晶莹夺目，曾有“尺瓶寸盂视为无上之品，茗瓯酒盏叹为不世之珍”之说。雨点釉在日本称“天目釉”。这种瓷的茶具，是日本茶道中无与伦比的上品。

另一种名贵釉——茶叶末釉，是一种含有结晶矿物的无光釉。古人称赞说：“茶叶末，黄杂绿色，娇嫩而不俗，艳于花，美如玉，最养目。”用这种釉制作的各种文具、瓶、罐，釉色纯正，古朴典雅。

【阅读材料 4–2】

雨点釉的故事

有史记载，宋朝是淄博瓷业的鼎盛时期。当时日用陶瓷和工业瓷的生产已具备相当规模，成为中国北方最大的制瓷中心。博山一带近百里窑场，商贾往来，车水马龙。雨点釉在这样的背景下诞生了。

雨点釉，作为外衣装点在陶器上，呈现出均匀的放射状结晶点，酷似雨点坠入水中迸出的水圈花斑，由此而得名。至元代，雨点釉随战争的风烟而消失。

20 世纪 30 年代，博山一个叫侯相会的年轻窑工把雨点釉这一工艺传了下来。尽管幼年丧母，家境贫寒，侯相会却以自己是窑工的后裔而骄傲，潜心做一名制釉人。为了研制雨点釉，他省吃俭用，到处收集标本，借款买了十几件出土的黑釉器物。听说古董商梅容轩对古瓷有研究，便托人找其虚心请教。开始，梅见他不过是个穷窑工，态度冷淡，但很快被他执着追求的精神所感动。尤其发现他有丰富的实践经验，便产生兴趣，表示愿意合作。便向侯相会详细介绍了雨点釉的历史、产品特点等情况，并提供了自己收集到的古瓷标本。还承诺成功后，由他专销。从此侯相会作为终生追求，不达目的誓不罢休。从原料配制、造型特点、施釉方法、烧成控制，逐一探索。为了找到这种釉子的原料，他几乎走遍了博山的山山水水和烧制黑釉产品的大小窑厂，不止一次的到外地采集材料，然后一种一种试验。这样日复一日，年复一年的苦心钻研，终于在 1936 年的一次试验中，烧出了接近古代的雨点釉产品。

日本入侵后，日商为得到雨点釉的制作技术，曾派专家建厂，出高薪聘侯相会，都被拒绝。后来又倚仗军势，多次逼迫他交出配方、工艺技术资料。并亲自到他的家中看侯相会制作，边看边记但总未得要领。最后，便派日本浪人砸了侯相会的作坊，拿走了所有的原料和半成品。为了保住这一技术，从此侯相会的作坊关门歇业，直到全国解放才在政府的关怀下重新发展起来。

（4）景德镇名瓷

江西景德镇是中国的瓷都。景德镇所产的瓷器向来有如此美誉："白如玉、薄如纸，明如镜，声如磬"。

景德镇从汉朝开始生产陶器；魏晋南北朝逐步发展到生产瓷器；唐代出现"假玉器"之称的白瓷；宋代景德年间，设置官窑，景德镇也由此得名。

景德镇四大传统名瓷有青花瓷、青花玲珑瓷、粉彩瓷、高温颜色釉瓷。以下主要介绍一下青花瓷。

青花是我国陶瓷装饰中发明较早的方法之一。在窑器"以青如尚"，单色青釉为主的基础上，景德镇的陶工们创造性地吸收了外地经验，改革了色釉，并且不满足于刻花，印花纹饰。他们丢掉了使用过多世纪的刻花刀、印花模，把我国人民最善于驾驭的毛笔用到瓷器上，使它显示出独特的功能。历史上，在景德镇劳动人民所创造的丰富多采的陶瓷装饰中，尤以"青花"的影响为大。它是中国瓷器中突出的产品，在陶瓷工艺美术史上占有一定的地位。

青花瓷的出现据说是陶工们曾用毛笔彩绘了黑花和釉黑红，经过辛勤的劳动实践，找到了钴土矿，陶工们又用毛笔把它彩绘在坯件上，再在绘了花纹的坯件上罩了一层白釉。这样比以往的印、刻花更鲜明的"青花"，就在景德镇特有的瓷器上出现了，这就是青花瓷器。

青花所用的钴青料，最初是一种自西域输入的称作 "Smalte"的含钴的琉璃色的玻璃，后来才改用一种天然出产的黑祸色矿物（即钴土矿，我国叫做它"珠明料"，日本称作"吴须"，把这种原料磨得极细加茶水使其成为墨汁般的乌黑东西，然后在坯上绘画。

（5）醴陵釉下彩瓷

产于湖南醴陵，其特点为釉面犹如罩上一层透明的玻璃罩，无铅毒、耐酸碱、耐磨擦、洁白如玉、晶莹润泽，长期存放花纹保持原来色彩。

釉下彩瓷是我国一种传统的陶瓷装饰艺术，是我国瓷器艺术百花苑中一枝异花奇葩，它集胎质美、釉色美、工艺美、形体美、彩饰美于一体，具有高度的美学价值和文化意义。20 纪初，著名人士熊希龄等改良工艺，创造了釉下五彩瓷，他先用墨勾线，然后用桃红、海碧、金茶等几十种釉下颜料，采用"平混"、"接色"、"深浅"、"罩色" 分水技法彩绘于坯上，罩釉高温烧成，烧后墨迹挥发，而呈现白线彩色花纹。醴陵釉下五彩瓷已成为湖南陶瓷的象征。人们通常所说的醴陵釉下彩瓷，就是指釉下五彩瓷器。

2008 年，“醴陵釉下五彩瓷烧制技艺”入选“第二批国家级非物质文化遗产名录”。陈扬龙，为该项目代表性传承人。

（6）德化白瓷

福建德化，中国著名白瓷产地，与景德镇、醴陵并列为中国三大瓷都。

法国人对明代德化白瓷赞誉为“中国白”，他们认为这是“中国瓷器之上品”。德化白瓷因其产品制作精细，质地坚密，晶莹如玉，釉面滋润似脂，故有“象牙白”、“猪油白”、“鹅绒白”等美称，在我国白瓷系统中具有独特的风格，在陶瓷发展史上占有重要地位，在国际上有“东方艺术”之声誉，更被誉为“世界白瓷之母”。

德化著名制瓷大师辈出，如何朝宗、林朝景、张寿山、陈伟、林希宗、林孝宗等一代瓷雕大师。其中尤以何朝宗雕塑观音出名，他的观音像形态万千、丰润饱满，为广大百姓所喜爱。

（7）龙泉青瓷

龙泉是浙江省历史文化名城，以出产青瓷著称。龙泉青瓷历史上享有美名：“青如玉、明如镜、声如磬”。日本人称之为“砧青瓷”，欧洲人把龙泉青瓷叫“雪拉同”，阿拉伯人称“海洋绿”，国人则赞其有“雨过天青”之雅，更有“类玉”、“类冰”之青质，兼得苍天、青山、绿水、碧玉之万般灵秀，正可谓“雨过天青云破处，梅子流酸泛绿时”。

龙泉青瓷产品有两种。

一种是白胎和朱砂胎青瓷，著称“弟窑”或“龙泉窑”。另一种是釉面开片的黑胎青瓷，称“哥窑”。

“弟窑”青瓷釉层丰润，釉色青碧，光泽柔和，晶莹滋润，胜似翡翠。有梅子青、粉青、月白、豆青、淡兰、灰黄等不同釉色。

“哥窑”青瓷以瑰丽、古朴的纹片为装饰手段，如冰裂纹、蟹爪纹、牛毛纹、流水纹、鱼子纹、膳血纹、百圾碎等加之其釉层饱满、莹洁，素有“紫口铁足”之称，与釉面纹片相映，更显古朴、典雅，堪称瓷中珍品。

龙泉青瓷于 2009 年 9 月 30 日正式入选联合国教科文组织的世界非物质文化遗产保护名录。

【阅读材料 4–3】

中国青瓷——雪拉同

在英语词汇中，有一个单词 celadon，专门指称中国青瓷。其词源来自于法语“雪拉同”。而“雪拉同”原是著名舞剧《牧羊女亚司泰来》中男主人公的名字。这里有一个真实而动人的故事。

16世纪晚期，法国巴黎盛行罗可可艺术，非常讲究新艺术的别致精美风格。这时，一个阿拉伯商人从中国购了一批龙泉青瓷来到巴黎。

阿拉伯商人与巴黎市长是好朋友。这一天，市长在官邸为女儿举行婚礼。婚礼非常华丽，热烈，隆重，巴黎的达官贵人、名流淑女，群贤毕至。随着优美的音乐，台上演着舞剧《牧羊女亚司泰来》。

阿拉伯商人提着一只精致的皮箱来到市长官邸，向市长、新娘、新郎道喜。他打开皮箱，取出一件龙泉青瓷摆在市长面前，说：“先生，这是我送给新娘的结婚礼物。”市长面露喜色，捧起青瓷，仔细观赏。瓷器通体流青滴翠，玲珑剔透，幽雅静穆。市长眉色飞扬，啧啧称奇：“美极了！美极了！美得无与伦比！”

新娘十分喜爱，问道：“尊敬的先生，这么漂亮的宝贝从哪里来的啊？”

“东方的古国中国。”

“太美了！它叫什么名字？”

“这个……”

阿拉伯商人拍拍脑门，摇了摇头：“对不起，小姐，我忘记了它的名字了。”

“嗳，真可惜，这么漂亮的宝贝竟然没有名字。”

此时，市长高兴地喊起来，“女士们，先生们，请过来观赏中国的宝贝。快过来看看，为它取个世界上最美丽，最动听的名字。”

贵宾们纷纷围上来，争相观看，啧啧称赞，一时间，许多美妙的赞辞落到了这件青瓷的身上。但市长对宾客们取的名字并不满意。正在这时，舞台上传来优美的情歌。市长往舞台上瞟了一眼，雪拉同与他的情人牧羊女边歌边舞，雪拉同身上那件碧青华丽的衣裳，飘忽在市长眼前，异常美丽。他心中豁然一亮，雪拉同的衣裳与中国的宝贝相似，雪拉同的艺术形象与中国宝贝具有异曲同工之妙。于是他把青瓷高高举起，大声嚷道：“雪拉同，中国的雪拉同！”

此后，龙泉青瓷——“雪拉同”的美名蜚声欧洲。欧洲人以“雪拉同”作为最珍贵的礼品赠送朋友，表示相互的深情厚意，如同雪拉同与牧羊女那样的纯洁高尚的爱情。

二、丝织刺绣品

是以蚕丝为原料的纺织品和刺绣品的总称，主要包括织锦、刺绣、缂丝三大类。

（一）织锦

中国古代传统用彩色经纬丝提花织成各种图案花纹的熟丝织品。云锦、蜀锦、宋锦并誉为中国三大名锦。

1. 云锦

因锦纹如云而得名；产于江苏南京；始织于南朝，明清尤盛。特点：使用大量金线装饰，织品明丽辉煌，光彩夺目。

南京云锦集历代织锦工艺之大成，位于中国古代三大名锦之首。元、明、清三朝先后在南京设立过“以官领之，以授匠作”的官立织造机构。

云锦具有悠久的历史和独特的民族风格与特色，价格昂贵。其昂贵的原因是其图案精致，工序复杂和完成工序均由手工制作而成，且制作缓慢。

2009 年 9 月 28 日，联合国教科文组织保护非物质文化遗产政府间委员会第四次会议上，云锦作为中国蚕桑丝织技艺入选世界非物质文化遗产。

2. 蜀锦

产于四川成都，因四川简称蜀而得其名。起源于战国时期，在汉代就很发达，宋元时期成为著名品种，距今已有 2 000 余年的历史。

蜀锦织造技艺是国家级非物质文化遗产之一。特点：质地坚韧，五彩缤纷，富有独特地方风格和构图。蜀锦因其历史悠久，工艺独特，被列入中国三大名锦。

汉朝时成都蜀锦织造业已经十分发达，朝廷在成都设有专管织锦的官员，因此成都被称为“锦官城”，简称“锦城”；而环绕成都的锦江，也因有众多民众在其中洗濯蜀锦而得名。

2009 年 9 月 28 日，联合国教科文组织保护非物质文化遗产政府间委员会第四次会议上，蜀锦作为中国蚕桑丝织技艺入选世界非物质文化遗产。

3. 宋锦

中国传统的丝制工艺品之一。相传始织于宋代而得其名；产于江苏苏州；又名重锦——其经线分为面经和地经两重。

产品分大锦、小锦、彩带等数种。宋锦色泽华丽，图案精致，被赋予中国“锦绣之冠”。

2009 年 9 月 28 日，联合国教科文组织保护非物质文化遗产政府间委员会第四次会议上，宋锦作为中国蚕桑丝织技艺入选世界非物质文化遗产。

4. 其他名锦

壮锦：与云锦、蜀锦、宋锦并称中国四大名锦，据传起源于宋代，是广西民族文化瑰宝。壮锦主要利用棉线或丝线编织而成，图案生动，结构严谨，色彩斑斓，充满热烈、开朗的民族格调，体现了壮族人民对美好生活的追求与向往。主要产地为广西靖西、忻城、宾阳等县。

土家锦：是湖南、湖北、四川、贵州毗邻地区土家族生产的传统手工织锦，当地称“打花”。因主要用作铺盖（被面）亦常称为“土花（打花）铺盖”，土家语称“西兰卡普”。传统土家锦以棉线为经，各色棉、毛、丝等纤维为纬，斜型腰机，通经断纬手工挑织，彩纬满铺显花。纹饰大多采用各种花鸟虫草走兽和生活用具，经抽象概括为象征性和几何形图案，配色浓烈鲜艳，有粗犷、朴质、敦厚、绚丽的民族风格。

黎锦：海南岛黎族民间织锦，堪称中国纺织史上的“活化石”，历史已经超过 3 000 年，是中国最早的棉纺织品。早在春秋战国时期，史书上就称其为“吉贝布”，其纺织技艺领先于中原 1 000 多年。元朝黄道婆将黎族的纺纱、织布等技术加以改进传播到内地，迅速推动了长江下游棉纺业的发展，掀起了被海内外学者称誉的持续数百年的“棉花革命”，使棉织品取代麻织品成为生活必需品，黄道婆也成为中国纺织业的始祖。黎族织锦图案主要反映黎族社会生产、生活、爱情婚姻、宗教活动以及传说中吉祥或美好形象物等内容，体现出妇女的审美意识、生活风貌、文化习俗、宗教信仰及艺术积累等文化现象。

（二）刺绣

是针线在织物上绣制的各种装饰图案的总称，是中国民间传统手工艺之一。苏绣、湘绣、粤绣和蜀绣并称为“中国四大名绣”。

1. 苏绣

产于江苏苏州、南通一带；代表作双面绣《猫》。

苏绣，以苏州为中心包括江苏地区刺绣品的总称，它是在顾绣的基础上发展而来的。说到这里，不得不先要说说顾绣，因为它对中国东部近、现代的刺绣影响太大太深了。苏绣作品的主要艺术特点：山水能分远近之趣；楼阁具现深邃之体；人物能有瞻眺生动之情；花鸟能报绰约亲昵之态。苏绣的仿画绣、写真绣其逼真的艺术效果是名满天下的。因此人们在评价苏绣时往往以“平、齐、细、密、匀、顺、和、光”八个字来概括。

2. 湘绣

产于湖南长沙一带；代表作狮、虎。

湘绣，以湖南长沙为中心的刺绣产品的总称。长沙城里的商人们为了满足一批因镇压太平军而发迹的新贵，开设了“顾绣庄”，不久又以湘绣之名压倒了顾绣。湘绣的特点是用丝绒线（无拈绒线）绣花，其实是将绒丝在溶液中进行处理，防止起毛，这种绣品被当地称作“羊毛细绣”。

湘绣也多以国画为题材，形态生动逼真，风格豪放，曾有“绣花花生香，绣鸟能听声，绣虎能奔跑，绣人能传神”的美誉。湘绣人文画的配色特点以深浅灰和黑白为主，素雅如水墨画；湘绣日用品的色彩艳丽，图案纹饰的装饰性较强。又发展创研出“双面全异绣”，使世人连声惊叹：“堪称世界绝技”。

3. 粤绣

产于广东省；代表作《百鸟朝凤》。

粤绣，广东地区刺绣品的总称。相传最初创始于少数民族——黎族，先前绣工大多是广州、潮州男子，为世所罕见。主要有衣饰、挂屏、褡裢、屏心、团扇、扇套等绣品。在艺术上，粤绣构图繁密热闹，色彩富丽夺目，施针简约，绣线较粗且松，针脚长短参差，针纹重叠微凸。常以凤凰、牡丹、松鹤、猿、鹿以及鸡、鹅为题材。

粤绣的另一类名品是用织金缎或钉金衬地，也就是著名的钉金绣，尤其是加衬高浮垫的金绒绣，更是金碧辉煌，气魄浑厚，多用作戏衣、舞台陈设品和寺院庙宇的陈设绣品，宜于渲染热烈欢庆的气氛。

4. 蜀绣

产于四川成都；代表作《熊猫》、《芙蓉鲤鱼》。

蜀绣，亦称“川绣”，指以成都为代表的四川刺绣。蜀绣的历史也很悠久，据晋代常璩《华阳国志》中记载，当时蜀中的刺绣已十分闻名，并把蜀绣与蜀锦并列，视为蜀地名产。蜀绣的纯观赏品相对较少，以日用品居多，取材多数是花鸟虫鱼、民间吉语和传统纹饰等，颇具喜庆色彩，绣制在被面、枕套、衣、鞋及画屏。

清中后期，蜀绣在当地传统刺绣技法的基础上吸取了顾绣和苏绣的长处，一跃成为全国重要的商品绣之一。蜀绣用针工整、平齐光亮、丝路清晰、不加代笔，花纹边缘如同刀切一般齐整，色彩鲜丽。

5. 其他名绣

顾绣：又称“露香园顾绣”。它起源于明代（1368—1644）松江地区（今上海市）的顾氏家族，因顾氏后裔精于刺绣，绣品精美典雅，技法独到，常用于家中陈设和馈赠亲友，因此称之为“顾绣”，素来享有“画绣”的美誉，是中国织绣工艺中的奇葩。

京绣：又名“宫廷绣”或“宫绣”，其历史可追溯到唐代，主要是为供奉宫廷、帝王、侯爵服饰之用。清代“宫廷绣”最为兴旺，特别是光绪年间更是名扬海内外，曾并列为清代四小名绣之首（京绣、鲁绣、汴绣、瓯绣）。京绣作为“燕京八绝”（即景泰蓝、玉雕、牙雕、雕漆、金漆镶嵌、花丝镶嵌、宫毯、京绣八大工艺）之一，还曾和现在“四大名绣”中的“苏、湘、顾”并称为“四大绣”，可见其当时的辉煌，但现在人们只知“苏、粤、湘、蜀”而不知有“京”。

瓯绣：又称画帘，是浙江温州的地方传统艺术，产于瓯江地区，也是浙江“三雕一绣”特种工艺品之一，由中国传统刺绣发展而来。它是我国出口名绣之一，不仅被国内喜爱人士珍藏，还被作为国礼赠送。瓯绣的品种很多，除各式画片、挂屏等装饰品外，还有台布、戏装、枕套、被面等实用品。

鲁绣：山东生产的刺绣品，它所用的绣线大多是较粗的加捻双股丝线，俗称“衣线”，故又称“衣线绣”。曾流行于山东、河北、河南等地，其绣品不仅有服饰用品，也有观赏性的书画艺术品。鲁绣风格较其他绣不同，多以暗花织物作底衬，以彩色强捻双股衣线为绣线，采用齐针、缠针、打籽、滚针、擞和针、镇绣(辫子股针)、接针等针法，选取民间喜闻乐见的人物、鸳鸯、蝴蝶和芙蓉花等内容，莲花罕为题材。

汴绣：起源于宋代（960—1127），当时开封作为北宋的国都，称作“汴梁”，也作“汴京”，是当时世界政治、经济、文化交流中心，而刺绣在北宋年间是手工业中一个重要行业，所以当时称作“宫廷绣”的刺绣就有了“汴绣”之称。汴绣与苏绣、湘绣、粤绣、蜀绣合称为中国五大名绣，素有“国宝”之称。它以绣工精致，针法细密，图案严谨，格调高雅，色彩秀丽而著称，以绣制中国名、古画著称于世，绣品古朴、典型、细腻，以绣制北宋画家张择端的《清明上河图》为代表作。

汉绣：主要流行于荆沙、武汉、洪湖一带，以楚绣为基础，融汇南北诸家绣法之长，揉合出了富有鲜明地方特色的新绣法。它的用针有别于四大名绣，采用一套铺、平、织、间、压、缆、掺、盘、套、垫、扣的针法，以“平金夹绣”为主要表现形式，分层破色、层次分明，对比强烈。追求充实丰满、富丽堂皇的热闹气氛，绣品可以枝上生花，花上生叶，叶上还可出枝，充分体现了“花无正果，热闹为先”的美学思想，呈现出浑厚、富丽的色彩。

苗绣：指苗族民间传承的刺绣技艺，主要流传在贵州省黔东南地区苗族聚集区，是苗族历史文化中特有的表现形式之一，是苗族妇女勤劳智慧的结晶。文化中特有的表现形式之一，是苗族妇女勤劳智慧的结晶。苗族服饰的刺绣工艺有其独特性，如双针绣、锁绣、绉绣、辫绣、破纱绣、丝絮贴绣、锡绣等，图案在形式和造型方面，大量运用各种变形和夸张手法，表现苗族创世神话和传说，从而形成苗绣独有的艺术风格和刺绣特色。

（三）缂丝

缂丝（英文：K’o-ssu、Kesi 或 Chinese silk tapestry），也称克丝、刻丝，

采用通经断纬织出花纹的丝织品，主要产于江苏苏州一带。

缂丝是中国丝绸艺术品中的精华，我国传统的丝织工艺品之一。这是一种挑经显纬显现花纹，形成花纹边界，具有犹如雕琢缕刻的效果，且富双面立体感的丝织工艺品。缂丝的编织方法不同于刺绣和织锦。它采用“通经断纬”的织法，而一般锦的织法皆为通经通纬法，即纬线穿通织物的整个幅面。

宋元以来一直是皇家御用织物之一，常用以织造帝后服饰、御真（御容像）和摹缂名人书画。因织造过程极其细致，摹缂常胜于原作，而存世精品又极为稀少，是当今织绣收藏、拍卖的亮点。常有“一寸缂丝一寸金”和“织中之圣”的盛名。

2009 年 9 月 28 日，联合国教科文组织保护非物质文化遗产政府间委员会第四次会议上，缂丝作为中国蚕桑丝织技艺入选世界非物质文化遗产。

三、漆器

用漆涂在各种器物的表面上所制成的器具及工艺品、美术品等，一般称为“漆器”。漆器是中国古代在化学工艺及工艺美术方面的重要发明。

中国古代所用漆，是漆树分泌的一种汁液，经日晒脱水后，即成为可作涂料的熟漆。同时常在漆中加入桐油一类干性植物油，也可在漆中调色，以便涂饰花纹，绘制图案。

作漆器时，以木、竹蔑、麻布等为胎骨，然后以漆涂其外表，干燥后即可使用。涂漆既可保护器物，经久耐用，又可使其美观。

在中国，从新石器时代起就认识了漆的性能并用以制器。历经商周直至明清，中国的漆器工艺不断发展，达到了相当高的水平。中国的炝金、描金等工艺品，对日本等地都有深远影响。

我国现存古代漆器的经典著作——《髹饰录》，明代黄成著，为我国现存惟一古代漆工专著。书中典型地反映了我国古代手工造物的独到思想、天人合一的哲学观、精致尚古的审美观和敬业的工匠精神。

书分乾坤两集：上集讲漆器制造的原理、工具、方法，列举了各种漆器可能产生的毛病和原因；下集叙述漆器分类和各种漆器的几十种装饰手法。该书总结了我国古代漆器工艺的丰富经验，是现存最早的一部漆器工艺的专著。

（一）漆器技法与种类

从漆器的发展来看，一般可以分为一色漆器、罩漆、描漆、描金、堆漆、填漆、雕填、螺钿、犀皮、剔犀、款彩、戗金、百宝嵌等。

一色漆：是不加任何纹饰的漆器，宫廷用具常用此法。

罩漆：是在一色漆器或有纹饰的漆器上罩一层透明漆。明清宫殿中的宝座、屏风多用罩金髹。

描漆：包括用漆调色描绘及用油调色描绘的漆器。

描金：在漆器表面，用金色描绘花纹的装饰方法。描金在黑漆地上最为常见，其次是朱色地或紫色地。也有把描金称做“描金银漆装饰法”的。如北京故宫博物院藏的万历龙纹药柜。

堆漆：不用漆灰而用不同于地漆色的漆制作花纹的一种髹饰技法。现作堆漆可有胶制材料，可贴金和涂彩，含义较为广泛。以北京故宫博物院藏的黑漆云龙纹大柜为代表。

填漆：是用填陷的色漆，以干后磨平的方法来装饰漆器。

雕漆：在堆起的平面漆胎剔刻花纹的技法。我国雕漆始于唐代，历史上以元代嘉兴西塘的最为著名，现代主要产地有北京、扬州、天水、徽州等。雕漆大多用鲜明的朱漆，故又名“剔红”。雕漆常以木灰、金属为胎，用漆堆上，少则八九十层，多则一二百层，是待半干时描上画稿，施加雕刻的一种髹饰技法。一般以锦纹为地，花纹隐起，精丽华美而富有庄重感。它是明清漆器中数量较多的一种，如北京故宫博物院藏的嘉靖龙纹方胜盒。

螺钿：亦作"螺填"、"螺甸"，是贝壳薄片制成人物、鸟兽、花草等形象嵌在雕镂或髹漆器物上的装饰技法。

犀皮：是在漆面做出高低不平的底子，上面逐层刷不同色漆，最后磨平，形成一圈圈的色漆层次。

剔犀：通称“云雕”，是在胎骨上用两三种色彩有规律地逐层积累，然后剔刻几何花纹。款彩是在漆面上刻花减地，而后着色，用来装饰大而平的漆面，常见的实物是屏风和立柜。

戗金：又称沈金、枪金，是一种在漆器上刻划出金色线条、细点的装饰技法，此技法在明朝时十分盛行，曾在元朝时传入室町时代的日本，日本称之为“沈金”。

百宝嵌是用各种珍贵材料如珊瑚、玛瑙、琥珀、玉石等做成嵌件，镶成五光十色的凸起花纹图案，明代开始流行，清初达到高峰。

斑漆：是两晋南北朝漆饰的一种技法，古时用它作为车乘的装饰。此法因系用两种以上色漆，互相交错，呈现各种花纹，犹如动植物上面的斑纹而得名。

（二）著名漆器产地及品种

我国著名的漆器产地有北京、福建福州、江苏扬州、四川成都（雕嵌填彩）、山西平遥（推光）、贵州大方（皮胎）、甘肃天水（雕填）等地。

1. 北京雕漆

与江西景德镇瓷器、湖南长沙湘绣，一同被称为“中国工艺美术三长”。

北京雕漆工艺过程十分复杂，要经过设计、制胎、涂漆、描样、雕刻、磨光等十几道工序，各工序技艺要求都很高。其中雕刻是最主要的工序。

雕刻的刀法，过去主要是平雕，现在大量的是浮雕、镂空雕、立体圆雕等。

雕漆的配色也很讲究，过去只有黑、红、黄、绿 4 种颜色，现在发展到白、杏黄、茶红、粉红等 20 多种。

雕漆产品都具有防潮、抗热、耐酸碱、不变形、不变质的特点，深受人们喜爱。

2. 福州、宜春脱胎漆器

福州脱胎漆器是具有独特民族风格和浓郁地方特色的艺术珍品，与北京的景泰蓝、江西的景德镇瓷器并称为中国传统工艺的“三宝”，享誉国内外。

宜春位于江西省西部，自古以来以盛产漆器而闻名。宜春脱胎漆器的生产纯属手工操作，先制成模型，再以棉布、绸布、夏布裱在模型上，涂上调配好的液漆，待阴干后脱下内胎，然后填灰、上漆，再进行打磨、推光、装饰，前后要经过数十道工序才能制成。

脱胎漆器特点：不怕水浸，耐温，耐酸，耐碱，耐腐蚀。

3. 扬州镶嵌漆器

清康乾时期，著名漆艺师卢映之、王国琛、卢葵生、夏漆工等把雕漆和百宝镶嵌结合起来，形成了扬州独特的雕漆嵌玉名贵品种，极具欣赏性，远销世界 60 多个国家和地区，深受国内外各界人士的欢迎。

4. 郑州桐木漆器

郑州的桐木漆器由来已久，迄今已有 2 000 多年的历史。它是以桐木作底胎，以中国大漆作涂料，沿用传统的民间技艺，制作出的各种工艺性很强的装饰品。其特点是不变形、不崩裂、耐酸碱、耐腐蚀、耐热性能高。

四、金属工艺品

指用金、银、铜、铁、锡等金属材料，或以金属材料为主辅以其他材料，加工制作而成的工艺品。具有厚重、雄浑、华贵、典雅、精细的风格。金属工艺品主要产于北京、上海、江苏、四川、云南、浙江、山东等地。

中国古代著名的金属工艺品有商代的青铜器、战国的金银错、唐代的铜镜和首饰、明代的宣德炉、清代的景泰蓝。中国的藏、蒙、苗等少数民族的金属工艺品也很著名。

（一）花丝镶嵌

又叫“细金工艺”。实为“花丝”和“镶嵌”两种制作技艺的结合。花丝选用金、银、铜为原料，采用掐、填、攒、焊、编织、堆垒等传统技法。镶嵌以挫、锼、捶、闷、打、崩、挤 、镶等技法，将金属片做成托和爪子型凹槽，再镶以珍珠、宝石。

花丝镶嵌工艺早在春秋时就已有雏形，在明代达到高超的艺术水平，清代有了更大的发展，名品不断涌现，很多成为宫廷贡品。主要产地有北京、四川成都，河北等地。

花丝镶嵌以北京最精。分实用品，称“件活”；陈设品，名“摆件”。

1. 实用品

有手镜、花插及各种各样的盒、瓶、缸等，造型小巧玲珑。

2. 摆件

大体分为四种传统类别为炉薰、动物、建筑物、人物。

北京的花丝镶嵌具有明显的宫廷风格，雍容华贵、典雅大方、珠光宝气、富丽堂皇、做工精细、造型新颖优美，多饰以吉祥纹样和传统民族图案，在行业内和国内外都有深远的影响，现已列为北京非物质文化遗产。

（二）景泰蓝

与福建脱胎漆器、江西景德镇瓷器一同称为“中国传统工艺三绝”。

景泰蓝，又名“铜胎掐丝珐琅”，是一种瓷铜结合的独特工艺品，制造历史可追溯到元朝，明代景泰年间（1450～1456 年）最为盛行，又因当时多用蓝色，故名景泰蓝。

景泰蓝以紫铜作坯，制成各种造型，再用金线或铜丝掐成各种花，中充珐琅釉，经烧制、磨光、镀金等工序制成。景泰蓝造型特异，制作精美，图案庄重，色彩富丽，金碧辉煌，具有鲜明的民族特色，是我国传统的出口工艺品。

【阅读材料 4–4】

景泰蓝的来历传说

景泰蓝是一种富有民族特色的北京工艺品。这种工艺品为什么叫景泰蓝?在民间有这样一段传说。

某朝北京皇宫内在一天夜里起了一场大火，把摆满奇珍异宝的金銮殿烧成了一片灰烬。皇上大怒，就拿宫女、太监们撒气儿，有的挨棍棒，有的进牢门，有的被砍头。皇上撒够了气儿，就吆喝来一帮人，给他从灰烬中过筛过箩地清点宝贝。忽然，有个太监捧来了一只瓶子，接着又一个太监捧来一个小罐儿。皇上一见，紧锁的双眉一下子舒展开了。咦！这是什么宝贝？怎么从来没有见过呀！他询问左右近身侍臣，也都连连摇头。只见这瓶子和小罐儿，色彩斑斓、晶莹闪耀。

皇上爱不释手，当即传下一道圣旨，调集京城能工巧匠，限期三月仿造成，如若不然，决不轻饶。皇上的圣旨一下，这下子可忙坏了京城里的“九九八十一”家手工艺作坊的工匠们了。大伙儿围着两件奇宝翻来转去看了半天，只见这瓶罐上是用金银作胎，胎外裹着一层瓷釉，瓷釉间又有金丝缠绕。这样精美的宝贝是怎样制作出来的呀！大伙儿揣摸来揣摸去，怎么也揣摸不出个所以然来。

工匠们可真犯难了，只好各自盘算各自的主意，有的用铜或铁撼成圆圈，抠胎型；有的在胎型上一圈又一圈地绕金银丝；可是甭管怎么鼓捣，那胎型和金银丝就是不能粘连在一起。至于那绚丽的彩釉是怎么烧结的，更是摸不出个门道。日子一天天过去了，急得大伙浑身出汗，眼冒金星，心里憋闷透了。

一天正当有位老工匠双眉紧锁，对着瓶罐冥思苦想，两眼紧盯着瓶罐琢磨时，看着看着，忽然，那瓶罐放射出五彩的光环，旋转起来，越旋转越快。猛然间，光环中现出一个头戴珠翠、身披彩衫、脚踏祥云的美丽仙女。她抑扬顿挫地说道：“宝瓶如花放光采，全凭巧手把花栽，不得白急花不开，不经八卦蝶难来，不受水浸石磨苦，哪能留得春常在。”老工匠听了那仙女的话，一时弄不明白是什么意思，想问问，却张不开口，说不出声来。眼看着那仙女一闪身就溶进光环中不见了。他心急如焚，迈腿就追，只听见“哗啦”一声，把身边的瓶罐撞倒，把他吓出一身冷汗，睁开朦胧的双眼，原来刚才做了一个梦。

这梦做得可真蹊跷，他赶忙把身边的几个工匠喊来，把梦中遇到的事讲给大伙听。大伙儿听了都觉得挺奇怪，于是，你一言我一语地议论开了。

这个说：“那头两句说的，是夸这瓶罐好呗！可后几句是什么意思呀？”一个机灵的小伙子抢着说：“仙女说的‘不得白急花不开’，这话很明显，是让咱们得有‘白急’，这‘白急’是什么呀！”一听这话，老工匠恍然大悟：“噢，是不是指中草药‘白芨’呀！”“对，准是。您想，白芨用水一泡，跟粘胶似的，过去,我们就用它来粘东西。咱们干嘛不用它来粘接胎上的金丝？不妨试试看。”

另一老工匠说：“还有‘不经八卦蝶难来’，这又是怎么个意思呢？”“这句的意思是不是说，那宝瓶上的五颜六色釉彩，如彩蝶纷飞，”一个中年工匠若有所思地说，“莫不是象李老君用八卦炉炼仙丹的办法炼出彩釉，再烧结到金丝上的呀！”“唉呀！那梦中仙女，别不是炼石补天的女娲娘娘，显灵指点咱们，叫咱们搭起八卦炉熔炼石头。”又是那个机灵的青年工匠抢着说。“嗯、嗯，是有点儿意思。”老工匠手捋着胡须，连连点头，“你们想啊，皇宫那把大火，不就是把金銮宝殿里收藏的各种宝石金银都烧熔在一起的吗？这珍奇的宝贝瓶罐兴许就是这么烧出来的呢！”

“还有，那水浸石磨，不用说就是嘱咐咱们烧结之后，还得像琢玉一样，把那瓶罐经过磨砺才会大放光彩呀！”就这样，工匠们紧张地搭起了八卦炉，捡来石头和金银铜铁锡的粉末放进去。

经过七七四十九个时辰的冶炼，果真熔炼出来了晶莹的七彩釉色。那白芨把丝和胎牢牢地黏接在一起。宝瓶终于制作出来了！从这以后，凭着工匠们的灵心巧手，北京开始有了前所未见的彩釉金银丝瓶。但是，在那时候，不管制作多少，全归皇宫所有，所以人们就管它叫“宫庭艺术”。

因为这种珍品是皇宫里一场大火烧出来的，有些人就管它叫做“奇宝烧”。到了明朝代宗朱祁钰时候，他特别喜欢这种工艺品，因此传旨大量制作，工艺水平提高很快。由于当时正是景泰年间（1450～1456 年），产品又大多以孔雀蓝色为主，所以人们就把这种工艺品叫做景泰蓝。这个称呼就一直传下来了。

五、玉石木竹雕刻

（一）玉雕

1. 玉雕简介

玉，实际是优质的石。玉石的种类非常多，有白玉、黄玉、碧玉、翡翠及玛瑙、绿松石、芙蓉石等。玉石经加工雕琢成为精美的工艺品，称为玉雕。

玉雕是中国最古老的雕刻品种之一。玉石历来被人们当做珍宝，在中国古代，玉被当做美好品物的标志和君子风范的象征。玉雕的品种很多，主要有人物、器具、鸟兽、花卉等大件作品，也有别针、戒指、印章、饰物等小件作品。中国的玉雕作品在世界上享有很高的声誉。

中国玉器的主要产地有北京、上海、广州、辽宁、江苏、新疆等地。

2. 玉雕流派

中国当代玉雕工艺，从大的流派来说，可分为南北两派：北派以北京为代表，涵盖辽宁、天津、河北、部分河南、新疆等北方各省市；南派则包括长江沿岸及以南地区，并分为几个支派，包括以上海为代表的“上海工”，以苏州为代表的“苏州工”，以扬州为代表的“扬州工”，此外还有“广东工”和“福建工”。

（1）北京玉雕

北京玉雕的技艺源远流长，深厚精湛，在制作上量料取材，因材施艺，尤以俏色见长。北京玉雕的质地坚硬、晶莹细腻，色彩绚丽，玲珑剔透，雕刻十分注重造型，具有宫廷艺术的风格。

（2）扬州玉雕

扬州本地并不产玉，但古代扬州的便利交通及富庶市民却为玉雕的形成与发展创造了便利条件。

扬州玉雕使用的玉料有新疆的白玉、青玉、碧玉，辽宁的岫玉、玛瑙、黄玉，江苏的水晶，湖北的绿苗、松耳石，广东的南方玉及巴西的玉石，缅甸的翡翠，阿富汗的青金，加拿大的碧玉和日本的珊瑚等。

扬州玉器分炉瓶、人物、花鸟、走兽、仿古、山子雕 6 个类别，品种齐全，花色繁多，创造性地将阴线刻、深浅浮雕、立体圆雕、镂空雕等多种技法融于一体，形成了“浑厚、圆润、儒雅、灵秀、精巧”的基本特征，以其独有的艺术魅力著称于世。

2006 年 5 月 20 日，扬州玉雕经国务院批准列入第一批国家级非物质文化遗产名录。

（3）南阳玉雕

以技巧的灵活及色泽显贵著称于世，被誉为“中国玉雕之乡”，在中国玉文化发展史上占有极其重要的地位。

南阳玉雕选用原料非常丰富，除使用南阳独山玉（又称南阳玉或南玉，产于南阳市独山，为全国四大名玉之一）外，还有辽宁岫玉、缅甸翠玉、阿富汗白玉、加拿大碧玉、俄罗斯白玉以及珊瑚、玛瑙、芙蓉石、水晶石、紫晶石、红蓝宝石等 150 多个玉种。

南阳玉雕代表作《卧龙出山》，利用独玉色彩丰富、鲜素一体的特点，严谨布局，巧用俏色，雕刻精细，气势雄伟，它重 3.8 吨，长 2.5 米，高 1.6 米，是我国目前最大的巨型玉雕，是不可多得的艺术瑰宝。

由南阳独山玉雕刻而成的，被誉为“国之瑰宝”、重 3 500 公斤的玉器“渎山大玉海”，是元代忽必烈犒赏三军时盛酒的器物，是中国历史上出现最早最大的巨型玉雕，为中国划时代的艺术珍品，也是世界宝玉石发展史上罕见的杰作。

（二）石雕

1. 中国八大名石

（1）寿山石

因产于福建寿山而得名。以叶蜡石为主要组成的一种矿物石料。呈玻璃光泽，具油脂感。分透明、半透明、不透明三种。质地致密细腻，脂润柔和。

寿山石品种极多，质透明如冻的称“寿山冻”；纯净如羊脂的称“白芙蓉”。按出处有田坑、水坑、山坑寿山石，而以田坑石和水坑石最佳。

田坑石脱离石脉而独立成块，多年一直埋于沙土中，略透明，肌里有极细密的萝卜纹，其黄色的称田黄，白色的称白田，黑色的称黑田，粉红色的称红田，均是寿山石中的上品。其中田黄分橘黄、熟栗黄、枇杷黄及金黄等，极其珍贵，为寿山石中的极品。

水坑石的特征是结晶石，呈透明或半透明冻状，称寿山冻，常显萝卜纹状结晶，有鱼脑冻、黄冻、鳝草冻、桃花冻、牛角冻、豹皮冻等，是水坑寿山石中的佼佼者。

山坑石则是寿山石中最普及的石料。

寿山石与青田石、巴林石、昌化石并称为“中国四大名石”。

（2）青田石

因产于浙江青田而得名。以叶蜡石为主要组成，共生矿物有石英、刚玉、红柱石、高岭石和少量蓝晶石、绿石等。呈玻璃光泽，均质块状，半透明至不透明，少数透明。质地致密细腻、温润光洁、坚韧耐热、莹洁如玉。颜色鲜艳亮丽，丰富多彩，其地色有青白、灰、红、粉、橙、黄、黄绿、翠绿、紫蓝、深蓝、棕褐、黑色等。

名贵品种有灯光冻、蓝青田、封门青、竹叶青、芥菜绿、山炮绿、黄金耀；奇石有龙蛋、封门三彩、夹板冻、紫檀冻等均极其珍贵。其中蓝青田也称之为封门三蓝（蓝星、蓝带、蓝花），是青田石大家族中颇有代表性的品种。龙蛋石外壳为一层深褐色的硬石，内藏青、黄色冻石，十分名贵。

（3）巴林石

因产于内蒙赤峰市巴林旗而得名。以叶蜡石为主要组成的一种矿物石料。呈腊状光泽，分半透明、微透明和不透明三级。其地色有白、粉、黄、橙、灰、绿、黑等色，以白如玉的羊脂冻为上品。

它色泽斑斓，纹理奇特，质地温润。既具寿山石古朴凝重的材质，也具青田冻石通灵细润的质感，成为众多石材中难得的品种。

巴林石大体上可分为鸡血石、福黄石、冻石和彩石。巴林鸡血石是巴林石中最具魅力的品种，其石质温润坚实，色彩对比强烈，石上斑斑血迹聚散有致，犹如红霞映月，锦上添花。

巴林福黄石与寿山田黄石不分伯仲，被称为“姊妹石”，其质地透明而柔和，坚而不脆，色泽纯黄无暇，集细、洁、润、腻、温、凝六大要素于一身，凤毛麟角，珍贵至极。

巴林冻石质地细润，通灵清亮，颜色妩媚温柔，亮丽生辉，似婴儿之肌肤，娇嫩无比。

巴林彩石其色彩图案以天然见长，常伴有人物、动物、花鸟、山水等天然图案（亦称奇石），色彩艳丽多姿，纹理惟妙惟肖，鬼斧神工地表现了大自然的奥妙，水草花便是其中最美妙的一种。

（4）昌化石

因产于浙江临安昌化镇而得名。以叶蜡石为主要组成。呈油脂光泽，半透明至不透明，极少数透明。有水坑和旱坑之别，水坑所产石质细腻，旱坑所产石质干燥坚顽，且含有比铁还硬的砂钉，因此昌化石以水坑所产为贵。

按色分有白冻（或称鱼脑冻）、田黄冻、桃花冻、牛角冻、砂冻、藕粉冻等，均为优良品种。其中以带殷红如鸡血的鸡血石最为珍贵，它是含有辰砂矿物呈鸡血红色的致密块状体，辰砂石呈条状、血斑状、血滴状分布，其石质温润坚实，斑斑血迹聚散有致，犹如红霞映月，锦上添花，被称为国之瑰宝，是制作印章的上品。

昌化鸡血石和寿山田黄、青田灯光冻合称为“印石三宝”。

昌化石质地纤密温润，似玉非玉，韧而涩刀，石质比青田石、寿山石硬。昌化鸡血具有鲜红艳丽、晶莹剔透的天生丽质，少量含砂丁及杂质，为昌化石之精品。

（5）鸡血石

因含殷红如鸡血的辰砂（HgS）而得名。石中红色部分为血，血色以外部分为地。蜡状或油脂光泽。按其地的颜色，并结合色型和透明度可分为羊脂冻、芙蓉冻、藕粉冻、杨梅冻、红冻、黄冻、灰冻、黑冻、多色冻，以及瓷白地、红花地、水草花、花生糕、大红袍、红帽子等品种。血形呈细脉状、条带状、团块状、斑点状和云雾状等散布于地上。具有鲜红艳丽、晶莹剔透的天生丽质。

中国鸡血石按其产地分为昌化鸡血石和巴林鸡血石。

昌化鸡血石产于浙江昌化县的玉岩山，是辰砂与高岭石、地开石、叶蜡石等多矿物共生的集合体。辰砂（朱砂）是血的主要成分，有鲜红、大红、紫红、暗红、淡红等。石质显脆，但其血色鲜活纯正，亮丽生辉，有“南血之称”。

巴林鸡血石产于内蒙古巴林旗，主要由辰砂与叶蜡石等共生而成，其组成比昌化鸡血石单纯。其血色妩媚温柔，艳丽多姿，质地温润细洁，透明度好，坚而不脆，有玉肌感，以冻石地为主，通灵清亮，不含砂丁，有“北地之称”。

（6）石榴石

石榴籽是石族矿物的总称。因其晶体形态和颜色酷似石榴果中的石榴籽而得名。宝石学又称紫鸦乌（意即似深红发紫的红宝石）。

透明至微透明，光性异常，色泽晶莹艳丽，无解理。颜色随成分而异，有血红、紫红、暗红、玫瑰红、橙、黄、绿、蓝绿、翠绿、褐、黑等色。外观颜色浓艳略带黑色者为石榴石族中的佳品，透明翠绿色的钙铁榴石亦是名贵品种。石榴石中也有星光及猫眼宝石，是具较高价值的品种。

（7）孔雀石

因其颜色和纹理酷似孔雀尾羽上斑点绿色及花纹而得名。有草绿、孔雀绿、翠绿、暗绿和深天蓝色等。

其品种有普通孔雀石、宝石孔雀石、孔雀石猫眼石、青孔雀石。其中宝石孔雀石是极罕见的单晶体。孔雀石饰品不追求纤细和玲珑，而主要体现其颜色与花纹之美。

（8）绿松石

因色形酷似碧绿的松果而得名，宝石名为松石，又称土耳其玉。一般不透明，质地细腻，韧性相对较差。它多呈鲜艳的蓝色、蔚蓝色（天蓝色）、淡蓝色、绿蓝色、苹果绿色或带绿的浅灰色。天蓝、碧绿且质地纯净密实，颜色均一，光泽柔和者为上品，极为罕见。

绿松石按质地有以下品种：透明绿松石、块状绿松石、蓝缟绿松石、铁线绿松石、磁松石、斑点松石等。其中透明绿松石极为罕见，价值很高。磁松石光亮如瓷器，质优价高。

湖北省郧阳地区是世界上著名的绿松石主要产地，被称为“东方的绿松石之乡”，盛产的绿松石料面纯净，质地细腻，色泽艳丽。

2. 中国六大石雕之乡

（1）山东省嘉祥

自古嘉祥“家家闻锤响，户户操钎忙”。嘉祥石刻技艺精湛，风格奇异，是历代官府向朝廷进贡之精品。

嘉祥石刻以当地盛产的天青石为主原料，辅以大理石、汉白玉等名石珍玉，选料考究，做工精细，规格不一，品种繁多，主要以雕刻龙亭龙柱、琼楼玉阁、飞禽走兽、人物花草及仿古器皿为擅长。既有古老艺术魅力，又有典雅明快的现代艺术风格，在海内外享有“巧夺天工”、“石破惊天”之盛誉。1996年，山东省嘉祥县被定名为“中国石雕之乡”。

嘉祥石雕代表作品：河南开封宋都御街 30 吨巨型保朝大象，散发出传统艺术的韵味；立于日本足利市泗水町的大型孔子行教像，是世界孔子像之最；美国旧金山博物馆收藏的“袖珍麒麟”，曾荣获中国首届工艺品奖和中国宋庆龄基金会金奖；安放在韩国仁川市别立山下的大佛，高 36 米，由 763 块石头组成，气势宏大。

（2）浙江省温岭

温岭是我国四大石雕之乡之一，石雕的文化和历史源远流长。最早起步于宋代，至明代嘉靖年间，石雕工艺已盛极一时。台州民间曾流传“黄岩蜜橘雁荡松，太平石工天台钟”的民谣。

（3）福建省惠安

惠安，地处福建东南沿海中部，与台湾隔海相望，被文化部授予“中国民间艺术（雕刻）之乡”、被中国工艺美术协会授予“中国石雕之都”。

惠安雕艺源远流长，源于黄河流域的雕刻艺术融中原文化、闽越文化、海洋文化于一体，汲晋唐遗风、宋元神韵、明清风范之精华，形成精雕细刻、纤巧灵动的南派艺术风格，与建筑艺术交相辉映，成为中华优秀传统文化的一朵奇葩。

惠安石雕分为圆雕、浮雕、沉雕、影雕等几大类。沉雕主要用于建筑墙面的装饰及碑塔、牌坊、摩崖石刻、匾额、宅居楹联等，以线的造型为主要特色，要求线条劲挺有力，柔顺畅达。

（4）浙江省青田

青田石雕历史源远流长，可以追溯到殷商时期。1995 年和 1996 年青田分别被国务院有关部门命名为“中国石雕艺术之乡”和“中国石雕之乡”。

青田石雕因其施艺精湛、精雕细镂、巧夺天工，而被喻为中华民族艺苑奇葩，日益成为名人雅士的收藏时尚，在海内外深受欢迎。

（5）河北省曲阳

曲阳县流传着这样一首民谣：“上到九十九，下至刚会走，小锤叮当响，庭院出厂房，要说打雕刻，人人有一手。”

在西汉时期曲阳石雕已初具规模；唐代，曲阳成为北方汉白玉雕像发源地和雕造中心；到元代曲阳石雕达到鼎盛。从云冈石窟、乐山大佛、敦煌石窟、五台山佛像、阿房宫、故宫、圆明园、颐和园，到天安门前的金水桥、人民大会堂、人民英雄纪念碑、毛主席纪念堂等建筑，处处都留下了曲阳人的雕刻艺术。

（6）台湾省埔里

台湾南投埔里镇位于台湾岛中部，石雕、水质、醇酒、美女是埔里镇著名的四最。台湾十大雅石之首的铁丸石石雕就产在风景秀丽的埔里。

上好的铁丸石形成于 4 000 米或更深的海底，其形成的年代大约在 200 万年到 2 000 多万年之前，非常稀贵。又因其石心为黑灰色，石皮色沉若铁，故名“铁丸石”。铁丸石较一般石材之密度高且质地、石质超细，温润有加，有如古代美女西施般的天生丽质，贵气盈盈，又称为“西施石”。因其形成条件的特殊性，此类优质铁丸石石材尤其珍贵，占台湾铁丸石石材总产量的比例不足2%。铁丸石石雕，就是精选上好的铁丸石石材精雕而成的。

（三）木雕

1. 木雕简介

木雕是以各种木材及树根为材料进行雕刻，是传统雕刻工艺中的重要门类。一般选用质地细密坚韧，不易变形的树种如楠木、紫檀、樟木、柏木、银杏、沉香、红木、龙眼等，采用自然形态的树根雕刻艺术品则为“树根雕刻”。木雕有圆雕、浮雕、镂雕或几种技法并用。有的还涂色施彩用以保护木质和美化。

木雕的历史非常悠久，在浙江余姚河姆渡文化遗址就有木雕鱼出土，这是我国木雕史上最早的实物。河南信阳战国大墓出土的木雕镇木兽，湖北云梦汉墓出土的彩雕木佣均为我国早期木雕作品。由于保存的困难，现今很难看到超过千年的木雕作品。

2. 木雕类别

木雕种类纷繁复杂，按地域归纳起来有六大种类：中原木雕、乐清黄杨木雕、福建龙眼木雕、广东金漆木雕、浙江东阳木雕、云南剑川木雕。下面主要介绍几种。

（1）东阳木雕

因产于浙江东阳而得名，“东阳木雕”与“青田石雕”、“黄杨木雕”、“瓯塑”并称“浙江三雕一塑”。

相传早在 1 000 多年前，东阳人就开始其木雕的历史，他们世代相传，创造了众多的千古佳作，造就了上千的木雕艺人，从而成为著名的“雕花之乡”。

传统的东阳木雕属于装饰性雕刻，以平面浮雕为主，有薄浮雕、浅浮雕、深浮雕、高浮雕、多层叠雕，透空双面雕、锯空雕、满地雕、彩木镶嵌雕、圆木浮雕等类型，有层次丰富而又不失平面装饰的基本特点，且色泽清淡，不施深色漆，保留原木天然纹理色泽，格调高雅，被称为"白木雕"。

东阳木雕选料严格，多用椴木、白桃木、香樟木、银杏木等材质。

东阳木雕的艺术作品一般不加彩绘，多用本色透明清漆涂罩，以保留白木的天然本色，使人们能更好地欣赏雕工的高超技艺。

东阳木雕的题材内容多为历史故事和民间传说，画面设计与传统的中国画白描画一脉相通，图案装饰丰富而有变化，“满花”中还穿插着内容丰富的雕饰，如人物、山水、花鸟、走兽等。

东阳木雕的著名艺人有杜云松、黄紫金、楼水明，他们被分别称作“雕花皇帝”、“雕花宰相”、“雕花状元”，人称“三杰”，是东阳木雕老一代艺人中的佼佼者。

（2）乐清黄杨木雕

是以黄杨木为材料的一种观赏性的圆雕艺术，从清代中期起就成为民间木雕工艺品之一，以雕制小型黄杨木雕人物陈列品而闻名中外。

乐清黄杨木雕有三种类型，其造型理念、技艺及程序都不一样：一是传统类，以单一的人物造型为主，亦有群雕或拼雕；二是根雕类，以天然黄杨木根块为材料，利用树根造型；三是劈雕类，将无法用作人物雕刻的木块劈开，取其劈裂后的自然纹理立意雕刻，一切顺乎自然，不作精雕细刻。

2008 年，乐清市象阳镇以黄杨木雕而复评为“中国民间文化艺术之乡”。

（3）福建龙眼木雕

龙眼木雕是福建木雕中最具代表性的工艺品，也是我国木雕艺术中独具风格的传统工艺品，因其使用的雕刻材料是福建盛产的龙眼木而得名。

龙眼木（即桂圆树）材质坚实、木纹细密，色泽柔和，老的龙眼树干，特别是根部，虬根疤节、姿态万状，是木雕的好材料。龙眼木雕在清代已有发展，主要产地由福州发展到莆田、泉州、惠安等。

龙眼木雕的表现题材多为古典的老翁、仕女、仙佛、武士等，并以雕刻寿星、渔翁、弥勒、达摩、仙女等人物见长。草虫、花卉、果盘和牛、马、熊、狮、虎及金鱼、仙鹤等也是龙眼木雕常用的题材。

龙眼木雕造型生动稳重，布局合理，结构优美，既有准确的解剖原理，又有生动的夸张变形。刀法上既有粗犷有力的斧劈刀凿感，又有浑圆细腻娴熟的刻画。人物形神兼备、衣纹流畅、富有不同的质感。产品色泽古朴稳重，具有“古董”之美。

（4）广东金漆木雕

简称“金木雕”，通常选用优质樟木或银杏、冬青等木材，经过凿坯、细刻、磨光、揉漆、贴金等工序，作品庄重优美、金壁辉煌，而且不易腐朽。特色是金碧辉煌、工精秀美、技艺精湛。表现形式是浮雕、通花透雕和立体通雕，尤以经路通畅、镂空多层次的雕刻为擅长。

广东金漆木雕历史悠久，中外闻名。历史上分为潮州和广州两大类，各有不同风格。潮州金木雕主要用于挂屏、座屏等装饰陈设品，以花鸟鱼虾为主要题材，内容丰富多彩，表现手法擅长透雕，刻工细腻，形象生动传神，作品立体感强。广州地区金木雕主要用于建筑物的装饰，特点是刀法利落、流畅、雕塑感较强，适合于高、远的视距欣赏。

（四）竹刻

通常指用竹根、竹材、竹器雕刻成的雕塑工艺品。

中国是世界上最早使用竹制品的国家，所以竹刻在中国由来已久。竹刻又称竹雕，是在竹制的器物上雕刻多种装饰图案和文字，或用竹根雕刻成各种陈设摆件，佛像、人物、蟹或蟾蜍之类的一种欣赏价值很高的工艺品。

竹刻主要流行于中国南方各地，明代时的江南竹刻艺术已达到全盛时期，发展为各具特色的两大流派，一派是以南京竹刻为代表的“金陵派”；一派是以上海嘉定竹刻为代表的“嘉定派”。

竹雕工艺品种多样，形式丰富，除了圆雕、浮雕等不同表现形式之外，还引申出留青、贴黄、镶嵌等工艺。竹雕作品依据品种和产地的不同，在工艺上又各有所长。建筑多浮雕，摆件多圆雕，糕板雕则都是阴刻，宁波工以骨嵌著称，潮洲工则以透雕见长。下面主要介绍几种工艺。

1. 圆雕

指完全立体的雕刻，即前后左右均完整雕出景物形象，具有三度空间，在不依附任何背景的情况下，可从四周的任何角度进行欣赏。

这种以圆雕技法刻制的器皿，大多是取竹根为材，根据竹的自然形态进行构思和设计，略施雕镂，使其成为或巧妙，或古朴，或精致，供人观赏的艺术品。

2. 浮雕

指在平面基础上雕刻艺术形象，物象近似绘画，前后体积压缩。因此浮雕是介于绘画和雕刻之间的一种艺术形式。浮雕的制作过程也表明了这一点，即在雕刻前，先将画稿贴在刻板上，然后依据画稿进行雕刻。根据浮雕立体程度的差别，可分为“高浮雕”、“浅浮雕”、“薄意雕”、“线雕”等。

高浮雕，与圆雕相接近，所雕形象起伏较一般浮雕大，有的局部为圆雕，具有很强的立体感。

浅浮雕，与绘画相接近，所雕刻的形象起伏较一般浮雕平缓。

薄意雕，最浅薄的浮雕，所表现的形象仅是一层平缓的起伏，意到即止。

3. 留青

也称平雕，即用竹子表面一层青皮雕刻图案，把图案之外的青皮铲去，露出竹肌。竹材干后始能奏刀，此时表皮已由青转白。所谓“迹若粉描”，与留青之花纹正合。刻后不须一两年，表皮即呈淡黄色，但此后变化不大。竹肌则由淡黄而深黄，由深黄而红紫，故皮、肌色泽之差异会越来越明显。

这种雕刻方法不仅精巧，而且竹器外表色泽莹润，经常抚摩掌玩，年代越是久远，竹肌颜色越是深沉，光滑如脂，温润如玉，色泽近似琥珀，同时图案部分也越清晰突出。

4. 阴刻

指所雕的物象低于雕面的水平面的雕刻技法。

5. 透雕

透，意为穿透。透雕又称通雕。通，意为贯通。有在浮雕基础上镂空其底版使图像空灵突出，分为单面镂空雕与双面镂空雕。有在圆雕基础上做镂空透雕，雕出内层的景物。也有平面多层透雕，多的可达五六层。

6. 贴黄

又称“竹黄”、“翻黄”、“反黄”、“文竹”等。其工艺乃取竹筒内壁之黄色表层翻转过来，经煮压、粘贴到木制胎骨上使其成器。江苏嘉定、浙江黄岩、湖南邵阳、四川江安、福建上杭均以制作贴黄著称。

贴黄器以木为胎。木胎可随意造型，故能突破竹材为圆筒形的限制，可以制成各种形状的器物，并因此而增加其实用价值，所以贴黄器是值得并应该提倡的。不过贴黄甚薄，只能浅刻。一般民间的贴黄器，造型雕饰都比较简单。但清宫所藏，精工华美，民间所藏并不能与之相比。

7. 镶嵌

为了增加竹木雕的层次感，采用与载体色泽不同的材料通过镶嵌形成图案。如嵌牙、嵌玉、嵌石、嵌竹、嵌木、嵌骨、嵌螺钿、嵌珊瑚、嵌玳瑁、嵌珍珠、嵌瓷等材料。用多种材料镶嵌在一件作品上，称“百宝嵌”。

六、文房四宝

指中国独有的文书工具，即笔、墨、纸、砚。通常被人们称为“文房四宝”，大致是说它们是文人书房中必备的四件宝贝。因为中国古代文人基本上都是或能书，或能画，或既能书又能画的，是离不开笔墨纸砚这四件宝贝的。

文房四宝之名，起源于南北朝时期。历史上“文房四宝”所指之物屡有变化。在南唐时，“文房四宝”特指诸葛笔、徽州李廷圭墨、澄心堂纸，江西婺源龙尾砚。自宋朝以来“文房四宝”则特指湖笔（浙江省湖州）、徽墨（安徽省徽州）、宣纸（安徽省宣州）、端砚（广东省肇庆，古称端州）。

（一）湖笔——浙江湖州

湖笔，亦称湖颖，是“文房四宝”之一，被誉为“笔中之冠”。

元以前，全国以宣笔为最有名气。苏东坡、柳公权都喜欢用宣州笔；元以后，宣笔逐渐被湖笔所取代。

湖笔的故乡在浙江湖州的善琏镇，相传秦大将蒙恬“用枯木为管，鹿毛为柱，羊毛为被（外衣）”发明了毛笔。后蒙恬曾居湖州善琏改良毛笔，采兔羊之毫，“纳颖于管”，制成后人所称的“湖笔”。改制湖笔成功后，便将技艺传给善琏百姓，使当地几乎家家出笔工，户户会制笔，因此善琏建有蒙恬庙供之。

湖笔现发展有羊毫、兼毫、紫毫、狼毫四大类、近三百个品种。

湖笔能够取代宣笔不仅是历史的原因，关键还在于它的内在品质，总括起来就是“三义四德”。

“三义”指精、纯、美。“精”指制作工序一丝不苟；“纯”指选料严格细腻；“美”指形、色及配合的毛杆、刻书、装潢等高度统一。

“四德”指“齐、锐、圆、健”。这是从书写效果上说的。“齐”指笔头饱满浓厚，吐墨均匀；“锐”是笔锋锐尖不开叉，利于钩捺；“圆”指圆转如意，挥扫自如；“健”指健劲耐用，不脱散败，有弹力而显书者笔力。

【阅读材料 4–5】

笔的起源

传说我们现在所用的毛笔是由战国时期的秦国大将蒙恬发明的。

公元前 223 年，秦国大将蒙恬带领兵马在中山地区与楚国交战，双方打得非常激烈，战争拖了很长时间。为了让秦王能及时了解战场上的情况，蒙恬要定期写战况报告递送秦王。那时，人们通常是用竹签蘸墨，然后再在丝做的绢布上写字的，书写速度很慢。

蒙恬虽是个武将，却有着满肚子的文采。用上面说的那种笔写战况报告，常使他感到影响思绪。那种笔硬硬的，墨水蘸少，写不了几个字就得停下来再蘸，墨水蘸多，直往下滴，又会把非常贵重的绢弄脏了。蒙恬以前就萌生过改造笔的念头，这次要写大量战况报告，这个愿望就越来越强烈了。

战争的间隙中，蒙恬喜欢到野外去打猎。有一天，他打了几只野兔子回军营。由于打到的兔子多，拎在手里沉沉的，一只兔子尾巴拖在地上，血水在地上拖出了弯弯曲曲的痕迹。蒙恬见了，心中不由一动：“如果用兔尾代替普通的笔来写字，不是更好吗？”

回到营房之后，蒙恬立刻剪下一条兔子尾巴，把它插在一根竹管上，试着用它来写字，可是兔毛油光光的，不吸墨水，在绢上写出来的字断断续续的，不像样子。蒙恬又试了几次，还是不行，好端端的一块绢浪费了。一气之下，他把那支“兔毛笔”扔进了门前的山石坑里。

蒙恬并不甘心失败，仍然抽时间琢磨别的改进方式。几天过去了，他还是没有找到合适的办法。这一天，他走出营房，想透透新鲜空气。走过山石坑时，他又看到了坑里那支被自己扔掉的“兔毛笔”。蒙恬将它捡了起来，用手指捏了捏兔毛，发现兔毛湿漉漉的，毛色变得更白更柔软了。蒙恬大受启发，马上跑回营房将它往墨汁里一蘸，兔尾巴这时竟变得非常“听话”，吸足了墨汁，写起字来非常流畅，字体也显得圆润起来。原来山石坑里的水含有石灰质，经碱性水的浸泡，兔毛变得柔顺起来。

由于这支笔是由竹管和兔毛组成的，蒙恬就在当时流行的笔名“聿”字上加了个“竹”字头，把它叫做“筆”（今日简写作“笔”）。

（二）徽墨——安徽歙县、休宁县等地

徽墨，即徽州墨，是我国制墨技艺中的一朵奇葩，也是闻名中外的“文房四宝”之一。因产于古徽州府而得名。它是书画家至爱至赖的信物。古人曾云：“有佳墨者，犹如名将之有良马也。”

徽墨是以松烟、桐油烟、漆烟、胶为主要原料制作而成的一种主要供传统书法、绘画使用的特种颜料。经点烟、和料、压磨、晾干、挫边、描金、装盒等工序精制而成，成品具有色泽黑润、坚而有光、入纸不晕、舔笔不胶、经久不褪、馨香浓郁、防蛀等特点。

（三）宣纸——安徽宣城

因原产于宣州府（今安徽宣城）而得名，现主要产于安徽泾县，是中国古代用于书写和绘画的纸。

宣纸起于唐代，历代相沿。到宋代时期，徽州、池州、宣州等地的造纸业逐渐转移集中于泾县。当时这些地区均属宣州府管辖，所以这里生产的纸被称为“宣纸”，也有人称泾县纸。由于宣纸有易于保存、经久不脆、不会褪色等特点，故有“纸寿千年”之誉。

按纸面洇墨程度分类，宣纸分为生宣、半熟宣、熟宣。

生宣吸水性和沁水性都强，易产生丰富的墨韵变化，以之行泼墨法、积墨法，能收水晕墨章、浑厚华滋的艺术效果。写意山水多用它。生宣作画虽多墨趣，但落笔即定，水墨渗沁迅速，不易掌握。

熟宣是加工时用明矾等涂过，故纸质较生宣为硬，吸水能力弱，使得使用时墨和色不会洇散开来。因此特性熟宣宜于绘工笔画而非水墨写意画。其缺点是久藏会出现“漏矾”或脆裂。熟宣可再加工，珊瑚、云母笺、冷金、洒金、蜡生金花罗纹、桃红虎皮等皆为由熟宣再加工的花色纸。

半熟宣也是从生宣加工而成，吸水能力介乎前两者之间，“玉版宣”即属此一类。

简单区分生宣和熟宣的方法就是用水接触纸面，水分立即散开的即为生宣；凝聚基本无变化的，即为熟宣；散开的速度较慢的为半熟宣。

（四）端砚——广东肇庆

端砚石出产在肇庆市东部的烂柯山和肇庆市七星岩北面（西起小湘峡，东到鼎湖山）的北岭山一带，尤以老坑、麻子坑和宋坑三地之砚石为最佳。此地古称端州府，故名端砚。

在中国所产的四大名砚中，尤以端砚最为称著。宋朝著名诗人张九成赋诗赞道：“端溪古砚天下奇，紫花夜半吐虹霓。”端砚的历史悠久，石质优良，雕刻精美。端砚多为青紫色、猪肝色、天青色，其上有凤眼、鹦哥眼者属上品，而眼中呈现出翠绿色者最为难得。无论是老坑砚石、麻子坑砚石，还是宋坑砚石，属佳品者，其上又多伴有冰纹、胭脂晕、马尾纹、金线纹，或单一纹路，或兼而有之，组合成一幅瑰丽多彩的图画。

端砚以石质坚实、润滑、细腻、娇嫩而驰名于世，用端砚研墨不滞，发墨快，研出之墨汁细滑，书写流畅不损毫，字迹颜色经久不变，好的端砚，无论是酷暑，或是严冬，用手按其砚心，砚心湛蓝墨绿，水气久久不干，古人有“哈气研墨”之说。

端砚的制作过程较为复杂，工序繁多。主要有采石、维料、制璞、雕刻、磨光、配盒等。

现今世界上最大的端砚是《端溪九龙砚》，其长为 4.6 米，宽 3.15 米，厚 0.45 米，重达 13.8 吨，被誉为“中华之最”。现收藏于肇庆市端茗砚雕工艺厂内。

国家非常重视非物质文化遗产的保护，2006 年 5 月 20 日，该制作技艺经国务院批准列入第一批国家级非物质文化遗产名录。

七、绘画及工艺画

用各种材料，通过拼贴、镶嵌、彩绘、铸锻、髹饰等工艺制成的图画。

（一）绘画工艺画

以绘画为主要表现手法的工艺画，包括瓷板画、烙画、卵石画、竹帘画、彩蛋画等。

瓷板画是以彩釉在瓷板上绘画人物肖像、风景等，产地以江西南昌为主。

卵石画是以当地出产的雨花石、三峡石等卵石为原料，因材施艺，在利用卵石自然色彩和纹理的基础上稍加描绘，构成山水风景等画面，天趣自成，主要产于江苏南京、宁夏银川、河南等地。

竹帘画是在编织精细的竹帘上彩绘图画，主要产于浙江温州、四川梁平、广西苍梧、湖南常德等地。竹帘画的工艺是将竹篾刮削成篾丝后，以丝线为经，竹丝为纬，编织成竹帘，然后涂上白色底彩，并在其上设色绘画。有的不在竹帘上涂白色，保留竹丝的本色，称为本色清水帘；有的除以绘画为主外，还饰以刺绣、挑花，使产品增添风采。竹帘画具有中国绘画的传统艺术特色，讲究墨趣和色彩渲染，画面鲜明淡雅。品种有条幅、横幅、四条屏等。

（二）拼贴工艺画

以拼贴工艺为主要表现手法的工艺画，主要有牛角画、贝雕画（见贝壳雕刻）、羽毛画（见羽毛工艺品）、软木画、麦秆贴画、树皮画、邮票贴画等。

牛角画以透明的牛角为材料，经雕琢后，拼贴成动物图案，作品晶莹而生动。主要产于广西、黑龙江等地。

树皮画是以白桦树皮拼贴而成的工艺画，主要产于吉林、山东等地。白桦树树干端直，树皮柔软、色泽、纹理美观，可以分层剥落，是制作工艺品的良好材料。树皮画的工艺主要有选材、剪切、拼接、粘贴、配画框等。经过艺人们的合理选材，充分利用并发挥树皮由表及理所呈现的白、银灰、深灰、赭石等多种天然色彩，精心剪切、雕刻，巧妙拼接、粘贴，制成中国画形式的楼台亭阁，或是西洋油画形式的花卉、瓜果等，风格高雅。

邮票贴画由杭州人吴江于20世纪20年代创制。它是将废旧邮票按色彩分类，根据画稿设计要求，选取符合构图和色彩要求的邮票，加以剪裁、拼贴在素色绫缎上而成的工艺画。主要产于武汉。

（三）其他工艺画

有铁画、纸织画、棉花画、内画（内壶画）、木版水印画、木版年画等。

1. 棉花画

是福建漳州匠师黄家声于 1961 年创制的。它是利用棉花质地柔软、可塑性强等特点，并借鉴雕塑、彩扎、国画等传统艺术，将脱脂棉花以桃胶等粘贴而成的工艺画。主要产于漳州。漳州棉花画已出口美国、日本、联邦德国、比利时等十几个国家和地区。

2. 内画（内壶画）

内画（内壶画）就是用自制的行笔，在口小如豆的方寸瓶内反手作画。作画时，画师须全神贯注，气沉丹田，发力于腕，行气于笔。将大画之精神溶于方寸天地之间。内画极费目力，内画家工作半小时节稍事休息，每两小时便要闭目养神。由于内画创作十分艰辛，100 多年来，这门艺术仍为我国所独有。目前我国从事外画的画家不计其数，然而从事内画工作并有一定水平的内画家，历史潮流百年来不足 100 人。

3. 木版水印画

我国特有的复制工艺。它集绘画、雕刻和印刷为一体，根据水墨渗透原理显示笔触墨韵，既可用以创作体现自身特点的艺术作品，也可逼真地复制各类中国字画。木版水印字画在我国具有悠久的历史。远在唐代，单色木版印刷已经具有相当水平。著名的有荣宝斋木版水印。

4. 木版年画

主要产于开封朱仙镇，是中国木版年画的鼻祖。另外天津杨柳青、苏州桃花坞、山东潍坊等地年画都受其影响。它有用色讲究、色彩浑厚鲜艳、久不褪色、对比强烈、古拙粗犷、饱满紧凑、概括性强等特征。以传统技法构图，画面有主有次，对象明显，情景人物安排巧妙，表现出匀实对称的美感。

八、其他民间工艺品

中国地大物博，历史悠久，各地还有众多的民间工艺品，如辽宁锦州玛瑙雕刻、海南椰雕、天津泥人张彩塑、江苏无锡惠山泥人、山东淄博内画瓶、甘肃酒泉夜光杯、云南大理草帽、广西绣球、山东潍坊风筝等都是驰名中外的工艺品。尤其在我国少数民族地区，更是有数不清的具有地方民族特色的民族工艺品。

第三节 旅游实用品

一、旅游用品

指旅游者在旅游活动中购买的具有实用价值的小商品。如日用化妆品、毛巾、手帕、牙刷、旅游鞋、背包、地图、急救药品等，主要包括以下几类。

（一）游览用品

（1）地图、交通工具时刻表和线路图、导游图、旅行手册、旅游指南、名胜古迹介绍等。

（2）照相机、胶卷、录音机、录像机、闪光灯、曝光表、电池等。

（二）携带用品

（1）旅行包、旅行箱、手提包、背包、钱包、食品包等。

（2）旅行闹钟、茶杯、水果刀、旅行剪刀、食品袋、食品盒、针线盒、雨伞等。

（三）旅居用品

（1）洗漱用品

（2）化妆用品

（3）护肤用品

（4）旅用杂品

（5）文化用品

（6）娱乐用品

（四）服装鞋帽

中西式套装、上衣外套、风衣、登山服、滑雪服、睡衣、浴袍、泳衣、泳帽、遮阳帽、太阳镜、保暖服、登山鞋、休闲鞋、旅游鞋等。

（五）轻工产品

玻璃搪瓷制品、日用陶瓷制品、毛皮革制品、日用五金制品等。

（六）纺织产品

针棉织品、丝绸织品、毛纺织品等。

二、旅游食品

旅游食品指旅游者在旅行途中的基本需求，以及品尝当地风味食品等。

（一）饮品

各种饮料，如矿泉水、酸奶、果汁、牛奶、奶茶、冰糕等。

（二）食品

（1）方便食品、快餐食品、地方风味食品等。

（2）糖果、糕点、小吃等。

（三）土特食品

（1）茶叶、名酒、名烟、瓜果等。

（2）各地土特产品，如山珍、水产品等。

（3）中成药、中药材、营养补品等。

【案例】

国旅游用品展“狂刮”流行风

现在的旅行家追求的不仅是更高的舒适度和更多的简便，他们还要求功能与时尚紧密结合的旅游产品。

今年2月，由“旅游用品协会（TGA）”主办的“2004旅游用品展”在华盛顿特区举办，大约有250家厂商云集在由旅游用品协会（TGA）赞助的展会上，他们给观众展示了时尚亮丽、质地高级、风格迥异的产品。同时他们还提供了最新的更人性化设计的改进（如新设计的提手和滑轮等），这些改进使大家都关心的出门旅行方便、省力等问题得以解决。

“经济的复苏导致商务和娱乐旅行都有所飙升。越来越多的人开始寻找的不仅仅是舒适、简便和安全的产品，他们还想通过自己的旅游用品体现个人风格。”TGA协会的主席Michelle MarinPittenger解释说:“今年，我们看到更多的厂商开始关注产品的时尚、形态和功能。在功能上尤其体现了轻松好玩等特点。”

在为期三天的会展中，引人注目的流行趋势有以下方面。

一、时尚——顶级设计师的亮丽色彩

今年很多公司摈弃了行李包一贯呆板的黑色，而添加了亮丽叛逆的颜色。在2004旅游用品展上夺人眼目的色彩有南瓜黄、茄紫、钛金色和蓝迷彩。春季的主打色为玉石蓝、柠檬黄和芒果黄。很多设计师还把眼光投在女性用品的设计上，这些产品包括新潮的轻便提箱、侧背包、休闲袋、淡粉色的手提电脑包、亮粉红色和白色的皮质电脑包。所有这些产品不仅惹人注目而且极富个性化的宣言。

Bosca 新设计的凫蓝色和香蕉黄的手提箱及手袋系列非常抢眼。该公司的市场研发和营销主任Randy Le Blanc解释说购买这些箱包的女性“往往昂首阔步，使你不得不注意她们。”

展会同时推出了诸如微纺仿羊皮、水磨棉帆布和微纺抓毛绒等新式的布料和材质。一些产品还使用了极具异国风情的材料，像织花布、尼龙/涤纶混纺塔夫绸、防撕格子毛料、仿羊皮、人字呢、nappa 真皮、羊绒、牛皮等。箱包衬里也同样用亮闪闪的金属零件武装起来。

二、外观——轻便、人性化设计使出行更简单

职业女性人数的增加让轻便的出行装备成为厂家和设计师的首要关注。

2004 旅游用品展许多产品引进了轻便的结构，使得提包更容易使用，但同时仍然和结实的箱包一样耐用。同样身为女性的厂家和设计师为职业女性们提供了包括公文包、电脑包和带滑轮的侧背包等。而且一个厂家推出的新款设计添置了用于放洗漱用品、化妆品和鞋子等女性必需品的内袋，从而使她们的旅途更加方便。

对人性化设计的需求仍然持续。新推出的提手设计可以调整为左右手适用，而且承重力更大，按钮设计使提手更加伸缩自如；新款的滑轮满足了箱包 360 度的旋转，并且加入了防震系统，可以在不同表面平滑前进;一款仍设计中的滑轮可以随意转动，让任意方向的行动成为可能；还有一个系列产品可将滑轮和提手设计为可装卸装置以满足各种旅游需要。

新产品展台上最引人注目的产品还有安装在滑轮上打开可成为座椅的带锁包；无水情况下易处理的一次性全棉内衣；可附贴在盥洗室镜子上使牙刷远离细菌的牙刷架以及带锁的简易安全行李包让旅游者放心游泳或小憩。

i-Trak 行李踪迹牌让主人和丢失的行李快速团圆。该公司的总经理 Adam Dalby 说:“不管你的行李在世界的哪个角落或和你相距多远,精心设计的 i-Trak 都会帮助发现行李的人轻易快速地与你取得联系。”

三、功能——满足非常出游的市场要求

除女性出行和公务出行产品之外，今年的旅游用品展还推出了为青少年或携带幼子的父母专门设计的产品,甚至还有为离家上学或去留学者专用的产品。

聚焦青少年旅游用品市场的厂家推出的新背包的特点是:附带很多用来装像掌上电脑、MP3 和手机等电子用品的侧兜。几家背包制造公司还将双肩背带和背部衬垫都设计得更柔软，增加了产品的舒适度。在儿童安全的措施方面，一家公司推出了儿童从家长身边走开时的自动报警装置，而另一家公司则在为独自出游或住宿舍的孩子使用的产品中，加入了能锁紧电脑和其他贵重物品的衬布钢制设施。

High Sierra 体育用品公司的创始人及总裁 Hank Bernbaum 认为，旅行在日益变得普及，而行李也从五六十年代的“箱子”转变成多功能多内袋的箱包。他的公司推出的带轮背包配备有一个可拆分的底部，可以把鞋子或脏衣服和其他行李分开装，而新系列的产品可以在闲置不用时卷起来，立在墙角。

Bernbaum 尽量为消费者考虑周全。“想想旅行其实是挺有压力的事情，大家最不愿操心的就是行李箱包可能带来的麻烦。”他们还将行李包的大小设计得正好适合飞机的行李舱，或者正好能够塞到座位底下。

为解放双手设计的安全措施也非常别出心裁。一家旅游用品公司展示了他们新生产的旅游袜子，可以把身份证、护照、现金和钥匙巧妙地隐藏起来，放心携带。

链接：美国旅游用品展

该展一般是每年 3 月在美国的几个主要城市轮流举办，每届持续 3 天。它是美国最大的旅游用品生产和贸易展览会。展会每年吸引至少全球 250 家该行业占据领先地位的公司，并展示 2 000 多个系列 40 000 多件与旅游相关的产品。平均每年有 5 000 多名观众前来参观。2005 年旅游用品展将在佛罗里达州的奥兰多市举办。2006 年以后，旅游用品展将在拉斯维加斯每隔一年举办一届。

今年的美国旅游用品展组委会设立了三个特色展台："新产品展台"设在展览大厅的前方，是参展公司向来访者和媒体尽情"秀"出自己最新最棒的产品的地方。"新公司展台"同样设在展厅前面，展示最新加入展览的公司产品。该部分的展位几乎被参展公司一抢而空。此展还首次在"国际笔具协会 the International Pen Association"的赞助下设立了"书写展台"，在这里来自世界各地的 16 家书写用具生产厂家展出了他们的产品。

【案例分析】旅游用品在旅游业中的地位和作用，我国旅游用品相比较下的缺陷。

【思考题】

1. 试分析旅游购物商品与一般商品的区别。
2. 简析旅游购物商品在旅游业中的地位和作用。
3. 旅游纪念品包含哪些大类？

第五章　旅游商品品种

【学习目标】

- 理解商品品种、旅游商品品种的概念
- 正确理解旅游商品品种、质量与效益之间的关系
- 掌握旅游商品的品种结构

【知识要点】

- 旅游商品品种
- 旅游商品的品种结构

【案例引导】

我国旅游产品将更加丰富

从今年到 2015 年，我国旅游业通过不断创新发展，旅游消费环境将更加优化，旅游市场将更加繁荣，旅游产品将更加丰富。这是当今国家旅游局局长邵琪伟在北京召开的 2011 年全国旅游工作会议上描绘的美好前景。

2010 年，我国经济发展进一步促进了我国旅游业的发展，我国旅游业三大市场实现全面恢复并较快增长。国内旅游人数达 21 亿人次，比上年增长 10.6%；国内旅游收入 1.26 万亿元，增长 23.5%；旅游外汇收入 458 亿美元，增长 15.5%；出境旅游人数 5 739 万人次，增长 20.4%；全国旅游业总收入 1.57 万亿元，增长 21.7%。旅游产品建设有新突破。“十一五”期间，城乡居民收入稳步增加、消费结构升级加快、旅游需求快速增长和多元化发展的趋势，旅游业大力推进旅游产品的升级，推出了一批旅游新产品，培育了一批旅游新业态，形成了一批旅游消费热点，以最大限度地满足人民群众的旅游需求。我国跃居全球第四大入境旅游接待国和亚洲第一大出境旅游客源国，居民人均出游率达 1.5 次，旅游直接就业达 1 350 万人，旅游消费对社会消费的贡献超过 10%，旅游业对我国经济社会发展的积极作用更明显。

邵琪伟介绍，“十二五”期间，我国旅游业将加快转变发展方式，在继续

扩大旅游规模的同时，更加注重旅游发展质量，发挥旅游业的教育文化功能，充分运用现代科技提升旅游业现代化水平。同时旅游业要不断创新服务方式，提高游客满意度，规范旅游市场，保障国民旅游权益，实现旅游业的绿色发展。力争到 2015 年，国内旅游人数达到 33 亿人次，旅游总收入达到 2.3 万亿元，旅游直接就业人数达到 1 700 万人。（**资料来源**：光明日报，2011-1-9）

在现代经济中，全面的质量概念就包含着对品种的要求，高质量的商品必须是对路的、适销的、畅销的和最大限度地满足人们全面发展需要的商品。商品使用价值的一个重要方面就是要求商品品种对路和结构合理。商品品种的不完善，品种结构的不合理，都会给社会经济生活带来重大影响[①]。

中国旅游业自改革开发以来迅猛发展，经济效益不断提升，虽然一方面是参加旅游的人数越来越多，旅游活动正逐渐成为一种大众的消费，但真正保证旅游业在现代经济中仍保持连续增长态势的因素是旅游商品的不断丰富和旅游商品质量的提升。

旅游商品的生产目的是满足旅游者不断增长变化的精神文化需求，只有不断地改善和更新旅游商品品种，提高旅游商品品种与日益个性化、复杂化的旅游者需求之间的相符合程度，才能全面地提高旅游商品质量，进而增强旅游商品的市场竞争力；才能满足旅游者的消费需求，获得最佳的旅游业经济效益。因此研究旅游商品品种的形成、发展和变化的规律，是一个重要的问题。

第一节　旅游商品品种概述

一、商品品种的概念

商品品种是指按某种相同特征划分的商品群体，或者是指具有某种（或某些）共同属性和特征的商品群体[②]。商品品种的范畴是一个宏观概念，反应一定商品群体的整体使用价值或社会使用价值。不同的消费结构要求有不同水平的使用价值及不同的品种规格。

① ②万融.商品学概论[M].北京：中国人民大学出版社，2008:61-62.

二、旅游商品品种的概念

参照商品品种概念，我们认为旅游商品品种就是按照一定相同特征而划分的旅游商品群体，如观光旅游商品、探险旅游商品、疗养旅游商品、乡村旅游商品等。其中每一类旅游商品品种与不同的旅游者群体消费需求相吻合，体现不同的使用价值。

我国旅游商品品种发展和变化的规律，不同于一般商品品种规律，属于特殊商品品种规律，其发展历程中受到政治、经济、灾害等多种因素影响。只有在旅游业发展环境平稳的前提下，使旅游商品品种规律与经济学规律等相结合，才能控制旅游商品品种的发展和变化，实现旅游商品品种的最佳构成，使旅游商品品种与旅游者的消费需求相符程度达到最高，从而促进旅游商品使用价值的实现，并获得旅游业的最佳经济效益。

目前关于旅游商品品种的研究还存在以下一些尚待解决的问题。第一，由于我国旅游业发展时间短，且正处于发展上升期过程中，目前尚未且无法从根本上认清或把握旅游商品品种及其发展规律。第二，旅游商品品种的不完善和不合理结构对于我国旅游业发展的影响，以及对于旅游者的影响。第三，旅游商品品种的完善及结构优化尚未建立在科学的基础上，多是在经济效益和政府主导驱动下进行。因此进一步研究旅游商品品种问题，不断完善旅游商品品种并优化其结构，以提升与旅游者消费需求的符合度，具有重要的社会、经济和政治意义。

【案例 5-1】

暑假旅游产品丰富多彩

随着暑期的到来，重庆国内旅游市场逐步升温。不少景区（点）与旅行社纷纷开辟了丰富多彩的夏令营旅游活动。从即日起，永川重庆野生动物世界、茶山竹海以及中华茶艺山庄联合推出“感受原始野趣，领略茶竹风韵”主题活动。在南川金佛山国家重点风景名胜区，探险俱乐部、旅行社和电视台将共同组织“夏令营攀岩大赛”；在武隆仙女风景区将展开夏令营南方草原风光写生赛，而 3A 级旅游区渝北张关也将举行夏令营山地越野车大赛。8 月底，重庆至九寨沟将首次开通旅游包机。据长期运作九寨沟旅游的重庆海外旅业集团称，随着九寨沟机场的即将投入使用，该线路的交通瓶颈被打破，届时重庆直飞九寨沟只需 1 小时。

中青旅开通青少年旅游咨询专线

为了更贴近、切实地为青少年假期出游服务，近日中青旅开通了青少年旅游咨询专线，尽可能实现对青少年出游需求最及时的一对一服务。自2001年成立教育旅游部以来，中青旅不断加强力量，致力于为青少年服务，以旅游为载体，通过“教师+导游”的全程服务方式，在游历、游戏的愉悦中，实现预期的教育目的。暑期里，不论是孩子有独自背包远行的打算，还是整个家庭希望利用假期充分享受亲情、增进代际沟通，都可以在中青旅找到适合自己的教育旅游方案。中青旅最近的专项旅游产品有全程英语体验式的境外修学，走澳洲、走欧洲，还有新加坡等；有“走出课堂、走进课本”的教学同步体验，下江南、上长白山，还有内蒙古草原；初次尝试出游或没有远行计划的青少年，可以参加以游戏、娱乐、参与、互动为主的短期生存拓展训练。

浙西大峡谷举办旅游摄影赛

近日位于浙皖边界的清凉峰国家级自然保护区内的浙西大峡谷，为激活旅游市场，努力收复因非典而丢失的客源，决定从7月份起，推出“网上摄影大奖赛”和“过五关，赚六奖，康体强身，亲近自然——第二届暑期兴趣有奖之旅活动”。“网上摄影大奖赛”是浙西大峡谷借助现代网络推出的一项旅游摄影活动。只要是从大峡谷实地拍摄的风光照，都可以通过电子邮件，传送到浙西大峡谷的网上邮箱，或直接在峡谷的网页上发贴。大奖赛设一二三等奖，奖金数百元至数千元不等。“过五关，赚六奖，康体强身，亲近自然——有奖之旅活动”，皆为在大峡谷山水间开展的有益身心锻炼的游乐项目。该项目设六个奖项，游客人人可获得奖金或纪念品，大奖为一万元。

【案例分析】旅游商品品种的增多与满足旅游者个性化需求的关系。

第二节　旅游商品品种、质量与效益

一、旅游商品的使用价值规律

旅游商品与其他普通商品一样，在通过市场交换这个过程之后进入消费领域，并实现其使用价值。由于在实现消费之前必须通过市场交换，因此旅游商品使用价值就遇到了市场上同行业之间、旅游者之间的比较、鉴定和选择。

正是这种旅游生产经营者之间、旅游者之间的比较、选择和竞争关系，使每一种旅游商品的使用价值在市场上形成了统一的社会标准，这就是被大众认可的和国家规定的标准。

这种自发产生的社会标准必然又反过来对旅游商品生产者产生一种同等的、客观的、必然的外在强制作用，强迫所有旅游商品生产者按照既定的社会标准甚至高于这个标准来生产旅游商品。

假设在其他任何条件没有变化的前提下，某旅游商品生产商生产的旅游商品低于这个社会标准，那么这种旅游商品就很难被旅游者所接受，从而滞销，无法进行市场交换；相反，若某旅游商品生产商按照这个标准甚至高于这个标准生产旅游商品使用价值，就容易被社会认可和被旅游者接受，从而实现旅游商品的使用价值。

这种在旅游商品交换中产生的存在于旅游商品使用价值中的社会必要标准及其对旅游生产者的反作用，我们把它称为旅游商品使用价值规律。它主要揭示了旅游商品交换使各旅游企业的商品使用价值之间存在着一个客观社会标准，并且要求各旅游商品生产者必须根据这个社会必要标准制造和销售旅游商品使用价值，否则就会受到这一规律的惩罚而被市场淘汰。

随着旅游业的发展和竞争的不断加剧，旅游商品使用价值规律将发挥越来越大的作用，并直接推动旅游商品质量的提高、品种的增加和旅游业的创新。

二、旅游商品品种、质量与效益

旅游商品的品种、质量、效益三者是一个有机的统一体，它们之间的关系是相互依赖、相互制约的。

若想提高旅游产业效益，就必须提高旅游商品质量，丰富旅游商品品种。

旅游商品品种丰富了，若不能同时保证旅游商品质量，这些新的旅游商品品种就会被旅游者排斥，从而被市场淘汰。现有旅游商品质量提高了，但是旅游商品品种匮乏、僵化，那么整体产业的旅游商品质量无法进一步提升，旅游业效益就无法提高。

既狠抓了质量，也丰富了品种，却没有追求效益提升，生产就失去了目的，质量和品种也会自行消亡。

因此旅游生产者在新产品开发和商品结构调整时，首先要做的是运用各种资源和方法，调查判定市场需要和旅游者需求变化，确定旅游商品的质量和品种的发展潜力方向、市场容量，研究、分析并预测市场结构和旅游群体结构变化趋势，在此基础上制定可行的旅游商品开发和调整的目标和计划，同时提高生产技术和加强质量管理，保证质量和品种的竞争力优势，才能使经济效益不断提高。

【案例 5-2】

要不断丰富旅游产品

近日，全国部分省、区、市治理旅游商业贿赂领导小组负责人座谈会在天津召开，会议期间及会后，中纪委驻国家旅游局纪检组组长应邀考察了塘沽经济开发区和汉沽基辅号航空母舰景区，并参加了天津博尔健康爱心基金设立启动仪式暨公司办公新址落成典礼。

在参观考察保税区世界名车展和天津外滩时，该组长指出，天津近几年城市面貌发生了很大变化，各级领导重视经济发展，注重基础设施建设，取得了不小的成绩。特别是经济技术开发区，不仅是天津经济新的增长点，也正在逐步成为天津重要的旅游目的地。我们很高兴地看到，北京自驾车来这里旅游的人数很多，令人振奋。希望天津市在今后的工作中加强旅游宣传和对外促销力度，特别是加强入境游的工作和宣传，把更多的游客吸引到这里来。

在参观汉沽基辅号航空母舰景区时，该组长对区有关领导和景区主要负责人建议。

一是要增加和丰富旅游产品，在展示基辅号航空母舰舰载武器的同时，适当增加一些与军事题材有关的旅游产品和旅游纪念品，如可以考虑以海军服装海魂衫图案为基础，印上景区特色旅游标志，制成文化衫等产品，用以扩大对景区的宣传。二是在景区建设上，既然是军事题材的景区，可考虑与军队相关部门取得联系，得到他们的支持，将陆海空等军兵种的退役装备在这里综合展示，把周围的荒地更好地利用起来，力争把景区建设成为军事旅游乐园、军事主题公园和爱国主义教育基地，对游客进行广泛地爱国主义和团队精神教育，以取得更好的社会效益。

在参加博尔健康爱心基金设立启动仪式暨公司办公新址落成典礼时，该组长说，博尔公司献爱心、建基金的举动是一项服务社区建设、倡导健康文明生活方式的壮举，对构建和谐社区意义很大。天津社区建好了，老年人和生活困难的人生活安顿好了，是创造良好的旅游环境的一个重要方面。博尔公司生产的健康保健食品也是旅游产品，希望他们不断丰富产品种类，提高产品质量，扩大对外宣传，争取把公司建设成为全国工业旅游示范点。

博尔公司董事长表示，一定要组织好旅游产品的生产和销售，更好地服务于天津文明社区建设和天津旅游发展。

【案例分析】 结合案例材料加深理解旅游商品的品种、质量、效益三者之间的辩证关系。

第三节　旅游商品品种结构

商品品种结构是在一定范围的商品集合体中，对于各类商品及每类商品中不同品种的组合状况及其相对数量比例的客观描述①。旅游商品品种结构与其他商品品种结构一样，具有金字塔型特征，图 5-1 给出了旅游商品品种结构框架示例。

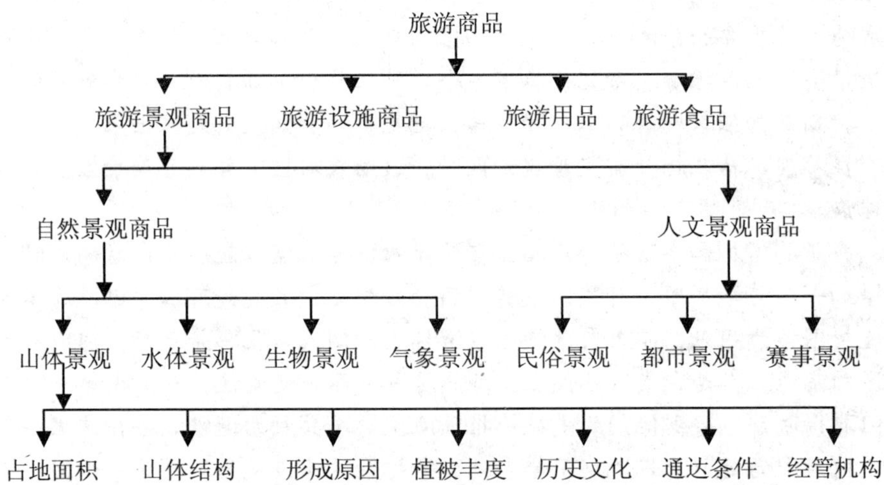

图 5-1　旅游商品品种结构框架示例

旅游商品品种是旅游者对旅游商品广度的要求，它是旅游商品结构状况的反映，也是旅游者需求结构的反映。总体而言，旅游商品品种的结构应适应旅游者消费需求结构及其变化。具体旅游商品品种的构成应考虑具体的旅游者群体需求，如旅游者的年龄、职业、民族成分、教育背景、消费水平等。

旅游者的消费需求和消费结构并非一成不变，而是随社会经济发展和科技水平发展等方面的变化而变动。这种变化一般都呈现正增长趋势，因而旅游商品品种结构也是一个动态的正增长过程。调整旅游商品结构的前提是要做好旅

① 万融.商品学概论[M].北京：中国人民大学出版社，2008：70.

游者消费需求动态变化调查，掌握市场和消费结构变化趋势。

旅游商品品种结构的决策调整需要考虑两个因素，即市场引力和企业实力。市场引力指旅游者需求状况的反映；企业实力指旅游生产者满足市场要求的能力。只有在对二者进行准确把握的基础上，进行原旅游商品品种的改进和新旅游商品品种的开发，才能使生产的旅游商品满足旅游者的消费需求，使旅游商品品种结构与旅游者消费需求结构相符。

【案例 5-3】

"夏利营旅游"的失宠

两大瓶颈:价格和安全

由丁夏令营游的服务对象主要以中小学生为主，价格和安全成为夏令营游的两大敏感话题。当前，众家旅行社推出的夏令营游价格处于两个极端。有些夏令营游价格贵的离谱，如"出国游"、"修学游"，其游览景点主要是澳大利亚、新西兰、日本等国家，游期少则 10 天，多则 1 个月，价位普遍在万元以上，让许多学生家长望而兴叹。而有些旅行社在一些线路上进行低价竞争，大幅度调低价格，不由让人生疑，参加这样的夏令营是否"寝食无忧"。

物价部门有关人士表示，夏令营游的具体定价是由旅行社或主办单位自行定价，作为管理部门，物价局无法对价格进行监管。在选择参加哪家夏令营上，一方面需要学生、老师、家长共同擦亮眼睛；另一方面更需要政府和物价部门制定出台相应的价格标准和管理规范，从法规、条例上加以约束。

多数家长在送孩子出游时，安全问题是放在第一位的，由于大多数旅行社介入学生游时间较短，对于保证学生出游安全还没有可靠的方法和经验，安全就成为夏令营游的另一掣肘因素。

在中南财经政法大学工作的一位学生家长告诉记者，她每年都让孩子参加教育部门组织的夏令营，主要是因为对教育部门比较信任。可教育部门组织的夏令营不像旅行社，能以合同的形式将双方的责任和义务固定下来，对于孩子在外面能吃啥玩啥，心里没底。这位家长说，教育部门和旅行社如果能将两方面的优势结合在一起，岂不完美？据了解，2001 年武汉市教育部门就和武汉某旅行社尝试过合作，组织了青岛夏令营，效果不错。

莫做成人旅游"翻版"

记者在采访中发现，一些旅行社推出的夏令营游，实际上只是成人游的"翻版"，线路单一、时间安排紧张，并没有根据孩子的心理和生理特点进行个性化的线路设计，在一定程度上影响了夏令营游这块招牌的打响。

一位旅游界人士非常形象地用“穿鞋戴帽”来形容目前某些所谓的“夏令营线路”，这些夏令营游只是将以前的成人线路稍加变动，添上一些适合孩子游玩的行程，如北京游加上游览北大、清华等名校，再降低出游条件（如把双飞改为双卧）、降低价格，草草包装一番就美其名曰：“某某夏令营游”。

旅游界有关人士指出，专为学生个性化设计的夏令游不同于成人旅游，旅游过程中要寓教于乐。俗话说：“读万卷书不如行万里路”。家长们将孩子送来参加夏令营游，其目的不是简单地只希望打发学生的暑期时间，更重要地是希望通过外出旅游增长见识，学到一些课堂上学不到的知识，简单地将经过改造的成人游换成夏令营游的新名称就向市场推出，从长远来看是行不通的。

夏令营游应该朝个性化方向发展，精心设计多个主题供学生选择，如生物、地质、海洋、环境保护等夏令营，时间安排上长短结合，配之以专业化的导游，让中小学生在游玩、娱乐中学到知识。（来源：人民日报）

【案例分析】试从旅游商品结构的角度分析“夏令营旅游”失宠的原因，以及改进措施。

【思考题】

1. 旅游商品品种的概念是什么？
2. 试论旅游商品品种、质量和效益的关系。
3. 如何利用旅游商品品种结构的合理性来指导旅游企业商品品种计划的制定？

第六章　旅游商品开发及创新

【学习目标】

- 了解旅游商品开发的定义
- 熟悉现代旅游商品开发的方式与程序
- 掌握旅游商品创新的原则与模式

【知识要点】

- 旅游商品开发的定义
- 旅游商品开发的方式、程序
- 旅游商品创新的模式

【案例引导】

旅游商品的创新是生命的源泉——非典过后的思考

广东、江苏等省份解除旅游警告后。本地旅游相继恢复。但针对广东等地推出“38 元本地游”等低价旅游产品刺激旅游复苏的情况。专家认为，这种做法完全没有必要，而且容易引发新一轮价格战。非典过后旅行社不能只拼价格，创新产品才能吸引客人。

国家旅游局发展规划与财务司司长魏小安表示，价格手段是企业在市场竞争中的基本手段。非典过后面临市场启动，很多地方都自然而然地采取低价启动市场的手段。但这样的市场启动带来的后续效果值得警惕。

他说，多年以来我国旅行社行业形成的恶性价格竞争始终没有解决，这次如果再采用低价启动市场的方式，只会加剧恶性的价格竞争，会留下长远的隐患。从现在旅游者的市场需求补偿来看，游客看中的并不完全是价格，许多旅行社是在用常规的市场竞争手段，来应对特殊性的市场竞争形势。这是不可取的。

低于成本价的恶性价格竞争，第一不能持久，第二必然以质量下降为代价，削价就是削质，质量是需要成本的，所以低价启动市场。如果形成低质的市场现象，对旅游的长远发展是非常不利的。

另外此次市场启动还有一个全新的现象，就是政府竞争和企业竞争并行。最近一些省市推出了一系列的名为优惠，实为非正常降价的政策就是典型的代表，这反映了政府对旅游的重视，也反映了政府的一种急迫的心态。但在此基础上形成的地方政府的恶性价格竞争所产生的负面影响会更长远。有专家甚至认为，降价后很长一段时间内旅游价格都无法回升，这对企业来说无疑是一场灾难。专家认为，在这个特殊的市场时期，首先应该以创新的产品形象，尤其是生态健康性的产品形象来号准市场的脉。其次就是以质量来启动市场。在旅游者郁闷了这么长时间后，能够得到最好的体验。

第一节 旅游商品开发概述

一、旅游商品开发的定义

旅游商品开发指开发主体通过市场调查、分析、规划、设计、组合、包装、宣传等一系列活动，将旅游资源转化为旅游产品并推向市场进行交换的过程。

它包含两方面的含义。一是对原有旅游商品的改善和更新，即在原有旅游商品生命周期即将结束，已不适应市场需求变化的情况下，通过对旅游市场需求的调查和预测，在原有旅游商品的基础上进行部分结构、功能或其他特性的改造或更新，从而使其延长生命周期，继续进行市场交换。二是对尚未开发利用的资源进行加工建设，从而产生一种新的旅游商品，新商品的结构、功能、价值等特性与原有商品有着本质的不同或者显著的差异。

二、旅游商品开发的意义

旅游商品开发是旅游业发展到一定程度的必然要求，是旅游者群体特性发生变化的必然要求，具有以下方面的意义。

第一，旅游商品开发是旅游商品使用价值的拓宽、提高和创造，是社会财富的丰富和发展。

第二，开发新旅游商品是满足社会需要的要求。

第三，开发新旅游商品是旅游企业生存和发展的客观要求。

三、旅游商品开发的原则

第一，要符合国家社会经济发展战略和技术经济政策。

第二，要符合社会需要和旅游市场需要的发展趋势。

第三，要坚持技术先进性与经济合理性相结合。

第四，要符合旅游商品标准化要求，有利于制造和使用。

第五，要充分利用旅游企业现有的条件和资源。

四、旅游商品开发的模式

（一）基本模式

1. 市场需求吸收模式

指按旅游市场需求，即按旅游者消费需求开发新产品。市场需求是旅游商品开发的直接动力，也是旅游商品开发的起点和归宿。

2. 新技术推动模式

指按科学技术发展的规律来组织旅游商品开发。科学技术不仅是新旅游商品产生的源泉，而且也是新旅游商品开发的动力和基础。科学技术的发展为旅游商品开发提供了重要的手段，扩大了科学技术的应用范围，同时也提高了旅游商品的开发效率。

（二）现代模式

旅游商品开发研究的现代模式如图 6-1 所示。

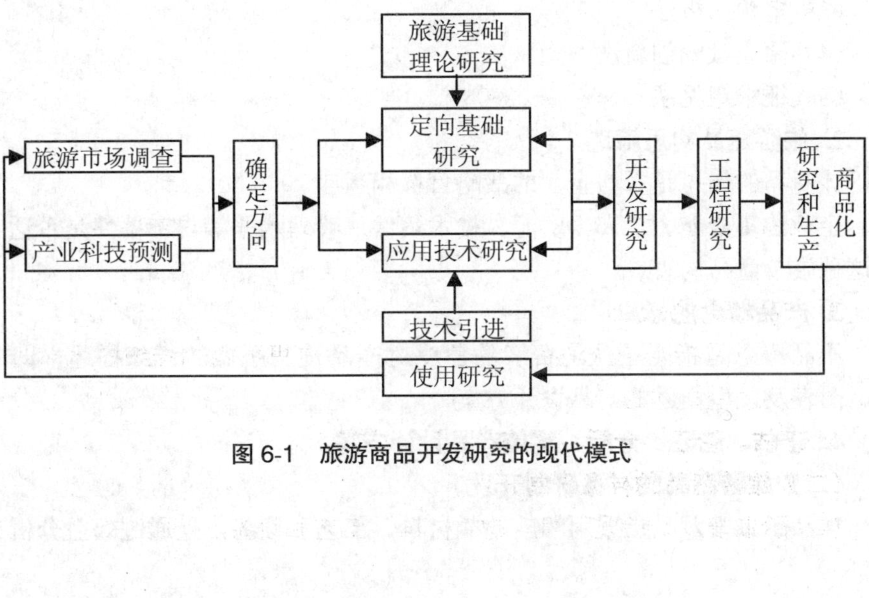

图 6-1　旅游商品开发研究的现代模式

第二节 旅游商品开发的方式与程序

一、旅游商品开发的方式

（一）独立研究开发方式

这种方式是指企业在基础理论和应用技术研究成果的基础上，自己独立研究设计旅游商品，即结合本国国情，根据国家和消费者的需要，依靠企业的技术力量进行独创性研究开发。

（二）技术引进方式

利用国外或国内其他企业已有的成熟技术进行旅游商品开发。

（三）独立研究开发与技术引进相结合的方式

二、旅游商品开发的程序

（一）旅游商品概念开发

1. 旅游商品构思

（1）产品属性排列法

（2）强行关系法

（3）多角分析法

（4）聚会激励创新法

（5）征求意见法

2. 旅游商品构思筛选

该商品的构思是否与企业的战略目标相适应。

企业的资金能力、人力资源、技术条件、管理水平等内部条件是否适合开发这种旅游商品构思。

3. 产品概念的形成

产品概念是指企业从消费者的角度对产品构思所做的详细描述，即以文字、图表及模型描述的产品设计方案。

4. 评估、论证、分析、实施产品设计方案

（二）旅游商品的样品研制开发

样品研制开发是指采用相应的原材料、工艺和设备，把通过效益分析选定的旅游商品概念变为样品的过程。一般包括预先研制、样品设计、样品试制、样品性能及可靠性试验、样品鉴定或设计定型等步骤。

（三）旅游商品的商品化开发

商品化开发是指从样品试制过渡到试生产和正式生产的过程，一般包括生产分析、包装研制开发和品牌设计、消费者试用或用户生产使用、试生产、市场试销、投产鉴定、广告及各种促销活动、正式批量生产和投放市场等。

第三节　旅游商品的创新

改革开放至今，旅游业已成为我国国民经济发展的重要产业，我国现已成为世界旅游大国，并在逐渐向世界旅游强国迈进。据世界旅游组织（WTO）第十二次代表大会市场调研分析：2020 年全世界十大旅游目的地排行，中国将排在第一位，十大客源国位居第四位，排在德、日、美之后。

尽管如此，中国旅游业目前的发展水平与世界旅游强国还有很大差距。2001 年，中国正式加入世贸组织后，我国旅游业正面临融入全球经济一体浪潮的冲击，可谓机遇和挑战并存，竞争会更加激烈。如何能抓住机遇，迎风弄潮，争取由旅游大国跃为旅游强国，一个至关重要的前提就是要不断创新。江泽民同志曾说："创新是一个民族的灵魂，是一个国家兴旺发达的不竭动力。"旅游业的发展只有在旅游商品的不断创新下才能迅速持久，旅游商品的创新是旅游业发展的不竭动力。

一、旅游商品创新的原则

（一）特色性原则

具有独一无二的特色是旅游商品生命力保持旺盛的源泉。在创新过程中突出旅游商品地方特色，有意识地保存和增强这些特色具有重要的意义。

（二）艺术性和文化性结合原则

旅游者购买旅游商品实行旅游消费活动并非出于对物质消费的需求，更多地是对精神文化的需求，因此对于消费对象的内涵更多地追求是艺术性和文化性。旅游商品创新基于文化底蕴，立于艺术氛围是旅游商品吸引力持久的关键。

（三）环境保护原则

环境保护是举世关注的热点问题，涉及每个地球人的切身利益。在旅游产业“无烟经济”的虚有光环消失后，人们对于旅游经济活动的环境破坏影响令人闻之变色。旅游商品创新只有尽可能减少环境破坏，甚至重建或改善生态环境，才能得到旅游者及公众的认可，顺利进行市场交换。

（四）标准化原则

旅游商品的质量管理要求在一定的标准下进行，才能保证旅游商品对于旅游者使用价值的真实实现。符合相应的标准进行旅游商品创新，才能达到社会公认的使用价值量，甚至致力于高于这个量进行创新，商品进入社会得到认可的机会才能出现，旅游产业的经济效益才能实现。

二、旅游商品创新的模式

（一）市场导向型模式

指以市场为导向，依据调查分析得出的旅游者消费需求变化和市场趋向特点进行旅游商品创新。市场需求是商品生存和发展的起点及归宿，以此为导向进行旅游商品创新才能做到因力趋势，保证资源的合理分配和高效利用。

（二）科技推动型模式

科技是一切经济活动的力量源泉，同样也为旅游商品的创新提供力量支持，例如信息技术的发展催生的旅游电子商务极大地加速了旅游业的发展。依据科技发展变化进行相关旅游商品创新容易体现独有特色，形成垄断优势。

（三）新市场开拓模式

随着经济全球化的进程加速及信息技术的飞跃，旅游者的需求呈现出日益个性化和复杂化趋势，众多新的旅游市场方向不断涌现，需要旅游市场创新旅游商品进行填补。分析市场需求变化，寻找新的市场方向是旅游业发展的必然趋势。

三、旅游商品创新的理论与现实背景

（一）旅游商品创新的理论背景

1. 创新的理论

创新原本包含三方面的含义，即更新、创造新的东西和改变。简单地说，创新就是指利用已存在的自然资源创造新事物的一种手段。

人们对创新最初的理解仅仅只是停留在技术和经济结合的层面，更多指向的是技术创新，也是主要探讨技术创新对经济发展的推动作用。而现代创新理论则是由奥地利经济学家熊彼特提出来的，他的著作《经济发展理论》中提到了这一现代创新理论，他把“创新”解释为建立一种新的生产函数，是指企业家们对生产要素又进行了新的组合。熊彼特分别从产品创新、生产方法的创新、资源配置方法的创新、产品市场的创新以及组织制度的创新等五个方面系统地阐释了他的创新理论。从此人们开始认识到创新不仅是指技术或是某个产品的创新，某个组织制度的创新或一个市场的创新，都能对经济发展带来不可估量的变化。

旅游业的发展亦是如此，现在我国旅游商品普遍存在同质化现象，缺乏创意的旅游商品严重阻碍了旅游业的发展。这种情况下只有坚持旅游创新，抓好从旅游理论到实践的创新，才能够让旅游业在新的经济发展环境下，更好地实现旅游业经济发展方式和产业增长模式的转变，实现持续平稳的发展。

2. 创意经济的增长理论

主要是指 20 世纪 90 年代开始，一些文化资本理论及与之相关的经济增长方式的转变。

法国学者布迪厄（1989）最先提出了文化资本理论，创造性地从积累的角度提出了资本的概念，指出资本可以有着多种表现形式，包括经济资本，社会资本和文化资本三个最基本的分类。在一定的条件和环境下，文化和社会资本就有可能转变成经济资本，从而发挥推动经济发展的作用。

David Throsby（1999）指出了四种经济增长的资本，即物质资本、人力资本、自然资本和文化资本。他强调自然资本对经济发展模式具有同等重要的作用，就像人力资本对经济发展模式具有重要的推动作用一样，使得这种经济增长模式更具有说服力和描述性。生产功能中包括了文化资本，这种文化资本可以提高这些不同形式的资本之间的相互替代性。旅游演艺产品就是一种成功的文化资本运作模式，实现了旅游产品的价值创新，有力地推动了旅游创意产业的发展，也是一种重要的旅游经济增长模式。

3. 产业融合理论

是指通过技术革新和放宽限制来降低行业间的壁垒，加强行业企业间的竞争合作关系。产业融合，是通过产业间的功能互补和延伸实现的，是通过赋予原有产业新的附加功能和更强的竞争力，形成融合型的产业新体系。产业融合使相关的技术、管理和组织变得更为复杂，因此产业之间的学习变得越来越重要。产业融合为旅游商品创新提供了新的理论依据。

4. 区域创新系统理论

区域创新系统有广义和狭义之分。广义的区域创新系统是指包括国际创新系统、国家创新系统和狭义区域创新系统在内的所有层次的创新系统；而狭义的区域创新系统就是指地方或城市一级的创新系统。

英国卡迪夫大学的 Philip Nicholas Cooke（1992）对区域创新系统进行了较早和较全面的理论及实证研究；孙敬霞（2004）研究指出，区域创新系统理论包括四个方面的内容。

第一，区域创新系统的构成要素理论，该理论研究区域创新系统是由何种要素构成的。

第二，区域创新系统的结构理论，具有合理的结构是区域创新体系的基本要求。

第三，区域创新系统的运行机制，主要包括利益驱动机制、学习培训机制、决策信息机制和竞争协作机制。

第四，区域创新系统的构建理论，根据区域创新系统演化的三个阶段即创立、成长、成熟阶段分别构建区域创新系统。

该理论为从区域经济发展角度进行旅游商品创新提供了理论依据和研究方法。

5. 旅游文化学理论

创新源于文化的体现，旅游创新更是一种旅游和文化完美结合的典型代表。

于光远（1981）提出旅游不仅是一种经济生活，而且是一种文化生活；旅游业不仅是一种经济事业，而且也是一种文化事业。旅游文化理论为旅游商品创新的发展提供了一定的理论基础。

6. 旅游市场学

商品的创新最终要面向市场，旅游商品创新要紧密依托市场、面向旅游者。旅游市场学包括旅游市场的细分，市场分析与调查，旅游市场开发和营销等方面。根据这些理论，旅游商品创新首先要求对旅游市场进行细分，根据细分后的小市场，进行旅游商品的创意设计。

（二）旅游商品创新的现背景

1. 国外旅游商品创新研究综述

国外对旅游商品创新的研究主要集中在以下领域。

第一，旅游地生命周期理论研究与旅游商品创新。

周期理论的产生最早可以追述到 1939 年吉尔伯特（E Gilbert）的《英格兰岛屿与海滨疗养胜地的成长》一文。但是一般认为周期理论始于 1963 年克里斯特勒（W Christaller）的研究，克里斯特勒阐述了旅游地经历的演进过程：发现—成长—衰落；进而帕洛格（S C Plog，1973）提出了“五阶段”旅游产品生命周期划分法。但应用最广泛的是 1980 年巴特勒（R Butler）提出的六阶段周期模型。巴特勒对旅游地生命周期现象进行系统研究后，将旅游地的发展变化过程总结为六个阶段：探索（exploration）、起步（involvement）、发展（development）、稳固（consolidation）、停滞（stagnation）、衰落（decline）或复兴（rejuvenation）阶段，并且引入了使用广泛的“S”形曲线来加以表述。

第二，旅游商品创新和区域旅游竞争合作问题。

旅游商品创新与区域旅游竞争合作密不可分。竞争力就是在市场经济背景下，一种组织或主体长远的、持续的获得发展壮大的能力。旅游商品竞争力表现为旅游商品所具有的开拓市场、占据市场并以此获得赢利的能力。陆立军（2005）指出就单个企业而言，企业自身内部各种生产要素的合理搭配、选择，形成的优势互补的、匹配的集成创新是企业获得竞争力、适应知识经济的关键。就区域而言，这种集成创新也是区域获得竞争优势的关键。正是竞争力与创新有如此密切的关系，所以一个企业乃至一个区域要想获得持久的竞争力就必须走创新的道路。

第三，旅游企业创新行为。

B. Coriat（2002）通过研究旅游企业在创新过程中的创新行为，将创新行为划分为三个层次，即个体企业创新，网络创新和系统创新。个体企业创新是指完全由单个企业投入与研发创造的创新行为；网络创新模式是指由企业之间通过物质和非物质资源的交换，而建立的一种正式或非正式的网络创新模式；系统创新研究的是更深入和更广阔范围内的创新，其研究包括“经济形态中所有影响创新的部门和因素”。

第四，创新战略与技术选择。

D. Buhalis（1998）研究了在旅游产业中，如何应用信息技术的战略问题。Yeoryios stamboulis（2003）认为旅游市场正经受着急剧变化，这些变化导致体验成为旅游发展的一个新的背景。体验产生于目的地与游客的互相作用过程中，即目的地为“舞台”，游客为“演员”，各自扮演不同的角色。这种转变使得旅游企业必须采取新的战略与技术措施，包括更多地使用互联网、建立论坛组织、在线游戏、邮件、定期的新闻发布会等。总之尽可能地与游客取得联系。

2. 国内旅游商品创新研究现状

我国旅游商品创新的实践走在了理论的前面，肖潜辉（1991）指出我国旅游商品结构的不合理性，并提出应该对我国旅游产品类型进行调整，从而达到优化旅游产品结构的目的；魏小安（1991）提出以过渡性为主来实现我国旅游商品的升级换代等。进入 90 年代后期以及 21 世纪初期，旅游商品创新的研究逐渐向纵深化发展，研究这一主题的学者也不断增多。

这些研究成果主要集中在以下两个方面。

第一，基于新时代背景的旅游商品创新研究。

吴文智、庄志民（2003）在分析了旅游与体验经济的内在互动关系后，提出了体验化创新的命题，并对体验化创新的基础、策略与方法、体验化的新特征、价值和效应做了分析；皮平凡（2005）在研究了体验经济的兴起和运行特征后，提出了在开发理念上，重视旅游消费者的个性化及情感需求，突出顾客参与性、互动性，应广泛采用现代科学技术，关注绿色消费，拓展节日文化旅游产品等；王立岩、许楠（2005）认为要不断推出特色旅游商品、适当开发刺激体验旅游商品和推出优质的体验服务；陈鸣（2005）指出，在体验经济时代下旅游商品的创新与营销要做到体验主题化、差异化。

第二，基于不同视角的旅游商品创新研究。

崔凤军（2002）提出了“旅游产品可创新理论”；刘焰（2004）基于绿色视角对旅游商品创新进行了深度研究，并应用经济学、管理学、生态学等方法探讨了中国生态旅游产品绿色创新的实现路径。

第四节 旅游景观及设施商品的创新开发

从中国旅游业的发展历程来看，20 世纪 80 年代的中国旅游业主要依靠国际旅游市场，销售的大多是基于国内优势资源的且具有国际影响的顶尖级旅游景观商品，由于这些资源本身品位就非常高，因此整体而言“低投入高产出”是我国 80 年代旅游业的一个显著特点。

到了 90 年代，随着旅游业的迅速发展，旅游景观商品日益丰富，替代竞争异常激烈。尽管传统旅游目的地在国内的旅游龙头地位仍然存在，但是却受到新兴旅游目的地的强有力的挑战，其相对优势逐年下降，差距明显缩小，究其原因就在于原有旅游商品已经落伍，竞争力下降。

目前国内大多传统旅游商品面临着同样的问题，即产品老化、内容单一、主题重复、缺乏变化。虽然其中有的旅游资源品位很高，也不乏世界级的精品资源，但是资源的高级性却被开发创新的低级性所抹杀。我们必须认识到，当今旅游业发展是置于激烈的国际国内旅游市场竞争之中的，要想使我国旅游业继续保持飞速发展的势头，冲击世界旅游强国之位，进行旅游景观及设施商品的创新是迫在眉睫的任务。

一、国外旅游景观及设施商品的创新开发经验

（一）日本的经验

日本的旅游景观商品创新开发独具特色。日本是自然旅游资源贫乏的国家，但在利用丰富的人力资源及其大和民族文化资源进行创新方面，日本却有独到之处。日本的化妆旅游，就是让游客穿上与特定地点和时间相关的服装，将当事人置于旅游环境之中，以大自然主人的心态来欣赏周围迷人的风光，提高游客的兴趣和乐趣。日本一家旅游组织，举办东京和京都特色旅游。即到了京都就让女游客集体穿上歌舞艺妓的服装，并化妆成为她们的模样，走在古色古香的城市里参观古迹，使游客仿佛回到了古代，为游客增添了很多乐趣①，可谓一种极具吸引力的创新旅游商品。

（二）法国的经验

法国以独特的景观商品创新开发立足于强手如林的旅游市场，例如法国的乡村旅游，针对那些习惯于大都市生活的人，让游客尽情享受田园牧人的情趣，得到一种“返璞归真”的享受。开发这种旅游产品不仅要寻找一个远离城市喧嚣的偏远村庄，更重要的是营造一种真正农家生活气氛，如住进条件简陋的农舍，和农民们一起日出而作，在绿色、空旷的田野上放牧高歌。夕阳下，披着余辉，光着脚板，唱着牧歌，轻松、愉快地走在田埂上，送走一天的田园生活。它可以为我国的“农家乐”发展提供借鉴模式。

（三）美国的经验

美国是世界上的旅游强国后起之秀，在旅游资源的保护、产品开发、旅游商品研制和基础设施完善方面都走在世界前列。

在旅游景观商品管理方面，美国迪斯尼公司从游客那里了解到主题公园清洁度是影响旅客满意感的一个重要因素。大量调查研究表明，大部分游客在看到清洁员清扫路面或见到垃圾桶时，会把垃圾扔进垃圾桶内，否则当游客找不到扔废弃物的地方，就存在随意丢弃垃圾的可能。根据这一发现，该公司决定在公园内每隔 25~27 步安放一个垃圾箱，并要求所有员工只要看到地上有垃圾就主动捡起来①。这样为旅客创造了一个清洁舒适的旅游环境。

同时美国还大量开发婚礼旅游、蜜月旅游、主题公园旅游等景观商品，吸引不同旅游目的的游客。在购物与娱乐方面，也为大众游客提供许多人性化、便捷的服务，真正实现成为旅游胜地的目标。

---

① 刘凤霞，李长禄，陈立慧.特色旅游——国外旅游业的新趋势[J].中国假日旅游交友,2001(7).

在食宿接待设施商品这方面，美国许多饭店通过提供多样化、个性化的服务开发特殊的饭店商品来吸引不同消费层次与不同旅游目的的游客，不同定位的饭店比比皆是，如以满足自驾车旅游者需求的汽车饭店，以满足旅游者休闲度假需求的度假饭店，以满足旅游者商务活动需要的商务饭店，以满足青年旅游者需求的青年饭店，以满足残疾旅游者需求的残疾人饭店，以及各种以满足特种旅游消费需求的乡村饭店、温泉饭店、洞穴饭店、树上饭店、轮船饭店等①。

在旅游交通设施商品方面，美国西南航空公司在深入调查后发现旅客真正需要的是准点飞行和低廉的价格，尤其对于来美国旅游的普通游客，因此该公司取消了机内膳食服务和电视节目②。这样不仅减少了机组服务人员的工作量，而且有效降低了飞行成本，保证正点离港、到港时间。

（四）越南的经验

越南对于景观商品的创新开发充分利用越战的世界影响，利用战争遗迹创造了独具特色的“胡志明小道”和河内的战争博物馆。“胡志明小道”长 600 公里，是内战期间越南人民军队获得补给的秘密通道，现在越南政府将其打造为旅游商品，博物馆内陈列各种战争遗留品，并均附有越、英两种文字的说明、解说和其他相关服务项目。

二、旅游景观及设施商品创新的理论思想

由于旅游景观及设施商品的概念产生及使用时间短，目前关于景观创新和设施创新的研究往往是基于旅游企业视角的创新研究，大多数旅游商品创新文献是从旅行社、旅游饭店和旅游景区等微观视角切入的。

（一）旅行社的产品创新

杜江（1997）以旅行社业从寡占市场发展到垄断竞争市场的背景出发，认为旅行社应该调整其经营体系，这一提议已经包含了创新的思想。

赵毅（1999）从旅行社具有知识产业的特点出发，认为创新是旅行社的生命之源，要创造旅行社良好效益必须做到观念创新、制度创新和管理创新，将旅行社业造就成知识型产业。

肖树青（2003）从观念创新、市场创新、产品创新、营销创新、服务创新等方面研究了旅行社旅游产品创新的问题。

汪琳（2004）则认为旅行社虚拟经营可以帮助旅行社节约成本，优化资源

---

① 温碧燕，汪纯孝.国外旅游企业卓越服务的十项重要措施[J].上海质量,2002(9).

② 田喜洲，王渤.试论美国旅游业[J].东南亚纵横,2003(10).

配置，拓展对资源的利用，促进旅游产品的创新，满足旅游消费者个性化的旅游需求。

苏丽春（2005）通过对旅行社产品开发现状的分析，在阐述旅行社产品创新必要性、艰巨性的基础上，积极探索旅行社产品创新的出路。

刘雪（2005）也对旅行社如何进行产品创新进行了研究，认为旅行社产品创新应该坚持“树立科学的创新观念、以市场的需求为创新依据、在维护品牌的前提下创新、把开发新产品和挖掘已有产品的潜力相结合、产品创新要注意把新产品的设计、生产与其他营销手段有机结合”等原则。

宋子千、刘德谦（2005）将旅行社产品细分为旅游供应商产品、产品组织、直接服务、销售和品牌等要素，并分别对其创新做了探讨。

李琳桂、朱艳佳（2006）基于体验经济时代，人们的旅游需求发生了重大变化，提出在旅行社产品设计环节引入体验设计，使提供的产品更能适应旅游市场需求的创新模式。

林龙飞、王艳（2007）指出必须通过建立旅行社产品经营使用权市场、发挥旅游行业协会的作用、创新营销理念、开发专利旅游纪念品、树立旅行社产品品牌等措施，实现构建旅行社产品创新保护机制。

张英（2007）指出旅行社产品创新要求在获取顾客需求的基础上，对顾客需求进行删选、优化，紧密围绕顾客需求针对性地进行产品的开发与创新。

任明丽、高小华（2008）从旅行社企业的个体行为角度分析了目前我国旅行社产品创新乏力、积极性不高的原因。

赵阳、索志林（2010）基于价格竞争理论提出旅行社必须充分了解并有效把握市场需求，在产品中不断添加创新元素，创造性地以新产品引导消费的创新策略。

（二）饭店旅游产品创新

戴斌（1998）认为我国的旅游饭店，要想在激烈的市场竞争中取胜，不断保持自己的战略优势，必须率先在客房产品上创新，也就是在客房的设施与装饰、服务上不断创新。

叶苏平（2001）则以分析现代饭店服务创新本质的内涵入手，阐述了现代饭店整体服务产品的四个构成要素和它们之间的关系，提出了如何形成饭店整体服务产品的最佳组合和创造最佳创新产品。

王佳欣、王妙（2005）认为随着体验经济时代顾客对饭店产品需求的变化，饭店产品也应随之体验化。

（三）旅游景区（点）产品创新研究

陈南江（1997）分析了景区创新的娱乐化导向，认为旅游景区经营的成败关键在于能否提高游客的满足度，而提高游客的满足度在于景区的主题设计。

剪迪岸（2000）在分析了深圳“世界之窗”景区六年来的发展路程之后，认为创新是人造旅游景区完善发展的灵魂，景区产品要“求变求新”。

喻柏荣（2000）从旅游可持续发展角度论述了丽江旅游的创新发展问题。

范保宁（2004）从“大旅游”、“大资源”、“大区域”思想出发，论述了凤凰古城“市场定位、形象展示、产品创新和品牌营销”的创新开发思路。

焦新旗、陈胜（2006）在对河北省著名景区存在的问题进行分析的基础上，对河北省著名景区的旅游产品创新情况进行了研究，对各个景区的产品设计提出了自己的意见。

谢爱良、杨太保（2006）通过对青海坎布拉风景名胜区的旅游资源进行定性分析和定量评价，对产品开发规划问题进行了论述。

潘文捷（2006）通过研究宜州下视河景区在经营管理中存在的问题，提出了发展具有民族特色的旅游活动，创新当地景区旅游产品的发展对策。

董杰、周彬（2006）以建立核心保护区为切入点，通过适度精品发展的模式，实现南京钟山风景名胜区的可持续发展。

从以上文献可以看出，关于旅游景观及设施商品创新的研究视角很多，成果丰富，为实践中的创新开发提供了丰富的理论依据和指导。

第五节　旅游购物商品的创新开发

一、旅游纪念品的创新开发及设计

（一）旅游纪念品的创新开发及设计的研究现状

目前有关旅游纪念品开发的研究主要集中在以下几个方面。

1. 文化品位

如李滨（2001）的“对提高旅游纪念品文化品位的探讨”，吴媛媛（2009）基于民族文化传统是旅游商品根基的思想提出旅游纪念品的开发建议，林瑛琦（2010）以城市文化为核心提出大连旅游纪念品的文化发展构想等，但此方向的研究尚缺乏具有系统性及科学性的理论指导。

2. 特色创新

如郑红（1996）的“试论我国旅游纪念品的开发”，苗学玲（2004）的“旅游商品概念性定义与旅游纪念品的地方特色”等。

3. 市场分析

如刘蓬春（2003）的“旅游纪念品营销策略”，魏丽英（2008）基于旅游纪念品的文化地域性探讨了旅游纪念品的市场空间界定，而此研究方向的成果更多的是地域针对性的探讨，如马倩（2009）探讨了开封市旅游纪念品的营销策略，胡林波（2009）分析了桂林市旅游纪念品市场存在的问题及解决建议等。

4. 艺术价值

如黄艺农（2000）的“旅游纪念品的审美特征”等。

5. 针对某区域的开发现状及问题进行分析并提出相应对策

如赵仁平（2001）的“增强南京旅游纪念品开发的创新意识”，黄虹（2008）在分析广州旅游资源特色的基础上提出旅游纪念品的定位与开发建议，刘晓宏（2009）探讨了闽南地区的旅游纪念品发展策略，钟蕾、罗斌（2010）以天津为研究区域分析民俗文化旅游纪念品的开发对策，郭艳青、苗延荣（2010）以天津民俗资源为载体进行的旅游纪念品开发研究等。

这些研究内容和结果分别从不同的角度促进了我国旅游纪念品创新开发的发展。

（二）我国旅游纪念品开发的发展历程

旅游业自从在我国兴起发展至今，在很多方面都表现出了很强的规律性，这在一些专家学者的研究成果及旅游业界约定俗成的见解中都有充分展示。如旅游产品开发的规律表现为“依托资源—模仿他人—市场导向—引导市场”。旅游纪念品开发包含于旅游产品开发之内，从整体的发展走向来看也遵循了旅游产品开发的规律。但若将旅游产品开发看做是一个整体，依据系统科学的思想：一旦一些事物构成了一个整体，整体就会“突现”出一种原来事物所不具有的新的属性，通常称为整体属性。因此旅游纪念品开发在整体的发展层面上符合旅游产品开发的总体性规律的同时，作为整体的部分还存在个性化的发展规律。

此外从全国范围来看，由于受经济发展水平差异的影响，各区域内旅游业的发展水平也存在很大差异，直接导致旅游纪念品的供给和需求影响因素处在不同的发展层次，即各区域的旅游纪念品开发并不处于同一阶段。但从各个单体区域范围内来看，旅游纪念品开发的发展必然会随着经济的发展而经历并完成一个共同的过程，只不过受各区域的经济发展速度不同的影响，发展阶段过渡的快慢也不同。

表 6-1 根据分析对象的时间动态变化，划分了我国旅游纪念品开发的发展历程。

表 6-1 我国旅游纪念品开发的发展历程

<table>
<tr><th colspan="3">阶段</th><th>简单开发</th><th>混乱开发</th><th>规范开发</th></tr>
<tr><td rowspan="3">供给因素变化</td><td colspan="2">开发主体特征</td><td>缺乏旅游商品意识</td><td>忽略旅游纪念品的地方特色</td><td>注重产地文化与游客消费文化的结合</td></tr>
<tr><td colspan="2">开发客体种类</td><td>品种单一</td><td>品种繁多、良莠不齐</td><td>形成产品系列、塑造品牌</td></tr>
<tr><td colspan="2">开发手段</td><td>无或粗加工</td><td>细加工及仿造</td><td>恢复传统民间工艺、结合高科技工艺</td></tr>
<tr><td rowspan="6">游客需求因素变化</td><td rowspan="2">自然人因素</td><td>游客知识结构</td><td>结构单一、知识层次较高</td><td>结构趋繁</td><td>结构复杂、包含各知识层次</td></tr>
<tr><td>游客年龄结构</td><td>结构单一、成年为主</td><td>结构趋繁</td><td>结构复杂、老年和青少年比例增大</td></tr>
<tr><td rowspan="4">社会人因素</td><td>旅游动机</td><td>动机单一、观光为主</td><td>动机趋繁</td><td>日趋复杂、出现商务、探险、购物等新动机</td></tr>
<tr><td>支配时间金钱</td><td>有限（受经济水平和政策影响）</td><td>有所增加</td><td>大幅增加（经济发展及带薪假日的促进）</td></tr>
<tr><td>游客职业结构</td><td>结构单一（商界政界人士）</td><td>结构趋繁</td><td>结构复杂（旅游成为大众消费）</td></tr>
<tr><td>客源地域结构</td><td>客源范围小、结构单一</td><td>范围增大</td><td>结构复杂（具备地域差异和相向吸引力皆可成为客源地）</td></tr>
</table>

（三）阶段特征及存在问题

1. 简单开发阶段

在我国旅游业发展初期，旅游地的政府、居民和企业缺乏旅游商品意识，只是对一些游客感兴趣并有纪念意义的物品进行简单的销售。市场需求也因为游客知识结构、年龄结构、旅游动机和地域范围的单一而呈现简单化。总体特征是旅游纪念品供给量少，加工简单，种类单一，但地方特色强；旅游纪念品需求量小，质量要求不高，仅关注其表层的纪念性。

在此阶段，由于市场环境和市场意识等条件的限制，旅游纪念品的开发存在以下问题。

①开发仅限于对当地的物品资源进行简单的加工或直接出售。

②旅游纪念品缺乏文化性、礼品性、艺术性。

2. 混乱开发阶段

一方面，旅游业不断发展，旅游地的政府和企业商品意识不断增强，旅游纪念品的开发工作有了进一步的发展。不仅对本地的物产资源进行了进一步地加工和包装，增强了其礼品性和艺术性等特征，同时从其他地区成功推出的旅游纪念品上吸取经验，学习运用，还广泛地引进了各地比较成功的旅游纪念品直接销售。

另一方面，社会经济的发展和国家政策的完善，使人民可供支配的资金和休闲时间逐步增多，旅游逐渐大众化，直接导致了游客知识结构和年龄结构趋繁化、游客职业结构和地域来源结构趋繁化、旅游动机复杂化。上述两方面的系列变化，促使旅游纪念品的供给和需求对应复杂化，大大提高了旅游纪念品阶段性的经济效益。

总体特征：旅游纪念品的供给量大幅度增加，种类繁多但杂乱，部分产品加工精细，部分产品粗制滥仿，存在重视短期效益而忽略地方特色的发展趋势；旅游纪念品的需求量增大，产品种类款式需求日益繁杂，质量要求提升，并具有愈来愈多的个性化需求。

在此阶段，旅游业的整体发展规范还不完善，市场秩序比较混乱，旅游纪念品开发存在以下问题。

①众多旅游地在大力开发旅游纪念品，互相学习引用的同时，忽略了旅游纪念品的地域独特性和对应纪念性，造成各旅游地的纪念品“千佛一面”。如所有景区都销售手链、项链、钥匙扣、玉石雕刻、中国结等旅游纪念品。

②一旅游地/景区同时销售多旅游地/景区的纪念品。如在很多旅游地/景区都能买到蒙古刀、藏饰品、景泰蓝等地域性较强的旅游纪念品。

③更严重的是有一些以次充好、以假乱真销售伪劣纪念品的现象存在。如许多景区都销售的一种价格便宜的“雨花石”，却是廉价的塑料仿制品。

3. 规范开发阶段

一方面，很多旅游地在经过了沉痛的教训后开始反思，逐步确立了旅游纪念品开发的市场导向原则，即以市场需求为导向，结合本地自然与文化资源开发适合市场需求的产品。关注发展一些中国传统的手工工艺，积极寻找民间的独特加工工艺和恢复已经失传的特色工艺，并结合高科技手段提升产品的现代气息。

另一方面，旅游成为一种大众消费使游客需求呈现出高度的复杂化特点：客源地域空前广泛；大众及学生旅游群体日益庞大；探险、科考、商务、购物等旅游动机兴起；“五一”、“十一”、春节等黄金周成为旅游消费沸点等。

本阶段的总体特征：产品供给重新重视地方特色，充分考虑市场需求，注重民间工艺和科技手段的利用；需求的个性化因素非常繁杂，重视纪念品的文化性、礼品性、艺术性、时尚性、便携性及实用性等。

旅游纪念品开发注重市场引导是目前主流的指导思想，但发展还不成熟、不完善，存在以下问题。

①部分地区效益短视现象仍然存在，市场上的旅游纪念品仍良莠不齐。

②缺乏对客源地自然与人文环境背景的分析及与自身地域文化的差异对比，无法准确定位市场需求的基本影响点。

③盲目并妄求广泛追随市场需求，忽视根据本地区主次客源地的特征而进行细分市场，导致投入产出效益低。

（四）我国旅游纪念品开发的发展规律

根据以上旅游纪念品开发的阶段发展划分及相关分析，可以揭示出以下规律（表6-2）。

表6-2 我国旅游纪念品开发的发展规律

内容	发展规律
开发指导思想规律	资源导向—效益导向—市场导向—营销导向
产品本质特征变化规律	地方特色—杂乱不明显—地方特色
开发总体特征规律	量小类简—量大类繁—塑造品牌
开发目标变化规律	满足游客需要—追求经济效益—经济效益、环境效益及社会效益共赢

1. 开发指导思想规律

主要是关于旅游纪念品开发主体的思想意识，受市场需求变化的影响而发展变化的过程形态抽象。在经历了效益刺激下的盲目开发和模仿他人等一系列的短视行为后，逐渐过渡到遵从市场走向，谋求资源充分利用的高速高质发展方向。但市场的引导存在整体上的盲目性和滞后性，而且这种强调追随市场的开发导向对于旅游纪念品来说具有一定的地域局限性和时空差异性。解决问题的关键点在于如何划定恰当的由市场需求引导的空间范围。此空间范围包含在某层次上的旅游地/景区所拥有的客源地范围之内。一方面，如果该空间范围划定趋小，相应所建立的有效市场空间必定有限，必然限制当地旅游纪念品的发展。另一方面，如果该空间范围划定趋大，尤其涉及到国际客源市场时，市场层次结构极其复杂，产品开发很难同时满足广泛空间内不同层次市场的个性化需求，结果或是投入不足无以为继；或是资源浪费，不能合理分配充分利用。因此旅游纪念品开发的指导思想并非在市场导向上多加重视。作为一种特殊商品，旅游纪念品的本质特征是地方特色，或称地方性，是其商品价值的本源所在。旅游纪念品开发首先应以“产地文化”（地方文化）为核心，以“消费文化”（客源市场需求）为辅助，在营造产品地方特色的基础上引导市场消费方向，即以营销为导向，延伸旅游纪念品开发的指导思想发展。

2. 产品本质特征变化规律

在旅游纪念品开发初期，开发思维有一定局限，产品的选材、加工等过程完全局限在当地完成，产品地方特色非常明显。发展到下一阶段时，由于商品意识的膨胀，经济利益的驱动，粗制滥造、模仿、甚至直接“拿来”的现象愈趋严重，使旅游纪念品地方特色削弱甚至消失，呈现出杂乱不明显的本质特征。至市场导向阶段，开发主体重新注重旅游纪念品的地方特色，也再次证明了旅游纪念品的真正本质特征只能是其地方性。

3. 开发总体特征规律

前两个阶段的变化仅限于量的变化，直至第三阶段才有了质的变化，无论是供给方还是需求方都从对产品的数量和种类的关注中解脱出来，更加注重旅游纪念品的文化内涵、加工工艺、以及其独特性、礼品性、便携性等一系列特征。因此打造经典产品，树立“品牌”成为未来的发展方向，其关键点在于延长旅游纪念品的生命周期。

4. 开发目标变化规律

旅游纪念品开发是旅游业发展的一个层面，同样遵从可持续发展理论的指导。一方面，力求旅游纪念品开发所涉及到的各方面资源的合理分配和充分利用，避免资源浪费，并争取经济效益和社会效益的最大化。另一方面，一些旅游纪念品的用材涉及到不可再生资源，应在开发时合理计划，避免资源枯竭和环境破坏现象发生，做到环境效益、经济效益和社会效益的共赢。例如南京的代表性旅游纪念品“雨花石”，其得名源于一则神话传说：公元5世纪，梁天监年间，云光法师在金陵城南石子岗高台讲经，感动上苍，天雨赐花，天花化作五色晶莹的石子。这则神话故事经历代传播，于是台名为“雨花台”，石名为“雨花石”。虽然雨花石实为一种天然花玛瑙，但石的传说与“雨花台”景区互相映照使其成为南京的独特纪念品。但因盲目滥采，目前在“雨花台”景区内雨花石却已无处可寻，文化内涵与载体因滥采而被分离。如不采取控制措施，这种天然玛瑙也会因滥采而枯竭，这是违背可持续发展思想的严重后果。

（五）旅游纪念品创新开发的原则

1. 注重品牌，避免泛滥

从旅游纪念品的供给泛在性与需求狭窄性来看，旅游纪念品在供给与需求这个矛盾层面上来讲处于买方市场。过多的低价劣质的旅游纪念品充斥市场，使旅游者的购买决策行为越来越小心谨慎，购买力度也大打折扣。因此旅游纪念品的出路在于开发出优质的精品，不仅从材质、设计及加工工艺上力求精良，重要的是注重提高旅游纪念品的文化价值，注重品牌开发，增强其艺术性和纪念性，使其成为真正的名副其实的旅游纪念品。

各地的旅游纪念品开发工作要做到“深挖掘、广积累、精提炼、造品牌”这条准则。深挖掘，有两层含义。一是深入了解旅游地的历史文化背景；二是深入民间及景区实地调查实际情况，避免道听途说，瞎子摸象。广积累，指广泛地整合自然要素和人文要素，使旅游纪念品的内涵更丰富多彩，同时广泛的征求并积累各界人士的意见，做到博采众长。精提炼，指在深挖掘、广积累的基础上，提炼出最能代表和象征旅游纪念品依托物的部分要素，做到底蕴厚重、表象凝炼。造品牌，在前面的几道工序的基础上，注重选材与加工设计，并严抓质量，以质造牌，以牌扬名，以名夺市。

2. 弱化市场需求原则，强化整体战略导向

从旅游纪念品的产地与销售地的不可分性这一特性来看，旅游纪念品实现其本质价值的唯一途径就是充分体现地域特色，进而才能实现其纪念及宣传等功能。因此在旅游纪念品的开发中，应把融合地区资源与环境，凸现地域特色放在首位，在此前提下考虑市场的一些产品外延要求，即弱化市场需求，如顾客的颜色喜好和禁忌、包装的精致华丽、携带的方便性等。另外产地与销售地的近距离优势应给予充分关注并利用，旅游纪念品的生产企业与景点、景区销售点及其他的销售点应及时沟通有关的有效市场信息，在产品的投资发展战略上做出最合理的决策。

综合来说，旅游纪念品的开发应更注重制定整体的发展战略导向，并以此为依据开展工作，将市场需求放在辅助地位，来帮助进一步完善战略的实施，这是由旅游纪念品的产地与销售地的不可分性所决定的。

3. 明确体现象征对象，突出主题重点

旅游纪念品对它的依托物具有象征性及宣传性，这一特性决定了旅游纪念品重在体现不同层次的旅游地或景点景区的旅游形象，进而实现纪念和宣传的功能。然而在某一区域范围内的旅游地具有高低不同层次的旅游资源，形成了一个旅游资源体系，相应的也形成了该旅游地的旅游形象体系。在旅游纪念品

的开发工作中，应注意对应各个层次的旅游形象与旅游纪念品的象征和宣传对象，突出主题重点，避免交叉混淆，不能准确明白地体现它的象征和宣传性。

4. 跨时空与社会层次的三维度组合，形成产品体系

旅游纪念品具有跨时间与空间及社会层次的联系性，这是就客观的自然界与人类社会发展的即成现实而言（如本文上部分以南京总统府为例的论述），如果再加上人为的主观能动性对旅游资源的整合，旅游纪念品的这一跨时间与空间及社会层次的联系性会更加丰富广泛，例如举世公认的五岳名山、四大佛教名山、三大名楼、关外三陵等整合资源，若开发相应的纪念品时，依照这种人为主观的整合联系性就形成了相应的产品体系，这种产品体系更有利于拓宽宣传的范围，加强宣传的力度，也有利于增多产品种类，打造系列品牌。上述举例的这几种产品体系，有的已经形成并开发，有的还尚未形成，这就需要在我们今后的旅游纪念品开发工作中，给予这种跨时间与空间及社会层次的联系性更多的关注，通过实际调查可行性后，开发形成配套的产品体系。

（六）旅游纪念品创新开发的发展趋势

旅游纪念品开发发展至今，面临着越来越多的新形势和新局面，不仅充满了挑战性，也存在极大的机遇性。

1. 市场经济发展趋势的要求

市场竞争已经进入到了战略竞争的阶段，“先营销市场，后进行生产”已经成了新时期市场经济的战略信条。

旅游纪念品是一种商品。市场经济下的任何一种商品，在经历了追随市场的疲惫期后，都已从由生产到销售的低级发展过程过渡到先“销售”（宣传企业及产品的形象和文化，打造品牌）后生产的高级发展过程，即制定发展战略，引导市场，促进消费。因此新的发展趋势是，制定品牌发展计划，宣传产品的空间依托区域——旅游地——的形象及生产企业的企业文化及形象，引导旅游纪念品的市场需求，促进旅游纪念品的消费水平及额度的提高，实现经济和社会效益的提高。

2. 区域旅游发展总体规划的要求

区域旅游发展总体规划是指导地区旅游业发展的依据，它的制定是对区域内自然环境、经济状况和社会文化等各种实际情况的综合科学分析，包括区域旅游发展整体目标和下属各方面的发展方案，包括旅游纪念品的开发。依据总体规划的要求才能做到因地制宜，量力而行。相反，若盲目地追求大干快上、规模化发展，一方面由于不实事求是，造成资金和资源的浪费、环境的破坏、低质低速的发展；另一方面也从整体上影响区域发展规划的执行。

3. 重视旅游纪念品的宣传功能

旅游纪念品不仅能为旅游地创造巨大的经济效益，还能对旅游地起到很大的宣传作用。旅游纪念品代表着某特定区域范围内的旅游地形象，如北京的景泰蓝、天津的杨柳青年画、内蒙古的蒙古族角雕、江苏的苏绣等。旅游纪念品在被购买—携带—收藏—馈赠的一系列流通过程中，辗转扩散到极广泛的空间领域，是旅游地最经济、最直接有效、最持久的移动广告。

因此旅游纪念品的开发设计要力求实现其对旅游地地方文化的对应宣传功能。旅游纪念品开发应对照旅游地的旅游形象体系形成旅游纪念品的产品体系，这样做有利于加大市场开发力度和宣传功能强度，进一步发挥旅游纪念品的宣传功能。

4. 抓住机遇，积极营销

各地政府的旅游机构及相关企业应积极研究各种旅游形式（商务旅游、会展旅游、节庆旅游等）的需求影响因素，利用各种营销手段，营造更加广阔的市场空间。

（七）不同类型旅游地的旅游纪念品创新开发策略

1. 有特殊材料、有特别工艺、有特色文化的旅游地

这类地区具备了开发优秀的旅游纪念品的应有条件，开发比较容易。如西安、洛阳等地，运用年代久远的黏土，模仿古时的烧陶工艺，制作具有独特文化的仿秦兵马俑、仿唐三彩等，都是极具特色的优秀旅游纪念品。此类地区在今后的开发工作中，应注意以下几个问题。

（1）精益求精，提高工艺水平，保证质量，打造名牌。

（2）开拓更广泛的市场，加大宣传力度。

（3）注重与现代文化相结合，增强实用性、时尚性、礼品性等。

（4）关注顾客需求，注意携带的方便性等。

（5）避免一味的模仿，固步自封，应该不断加强图案和形状的合理化创新。

2. 有特殊材料、无特别工艺、有特色文化的旅游地

这类地区或地理位置特殊，或经过特殊的地球运动过程，具有异于其他地方的特殊物质材料及背景文化，虽然没有特别的工艺技术，但开发难度不大。

在海南、广西等地，地处热带气候，有独特的热带植物，是少数民族的聚居地，利用独特的植物，如椰壳、椰棕及椰木等，再融合苗、黎、壮等少数民族的风俗文化，不难开发出独具特色的旅游纪念品。

此类地区在今后的开发中应注重创造独特的加工工艺，并充分利用特殊的材料，深入挖掘少数民族的风俗文化，加强旅游纪念品的艺术性、实用性、时

尚性及便于携带性等。

3. 无特殊材料、有特别工艺、有特色文化的旅游地

这类地区虽然没有什么特殊的物质材料，但在悠久的社会发展历史过程中遗留下了特别的加工工艺，因此开发的难度也不是很大。

如北京、武汉等地，北京的景泰蓝，武汉的木雕船，都是驰名中外的知名旅游纪念品。此类地区的开发应注重对传统工艺的保护，并融合现代科技进行创新，同时增加产品种类、档次，形成产品系列。

4. 无特殊材料、无特别工艺、有特色文化的旅游地

这类地区又可进一步细分为两类，一类是在市场经济大潮下迅速发展起来的新型现代化城市，如深圳、广州等地，虽然没有特殊的材料及工艺，但具有现代都市的特殊文化和极强的经济背景，相对而言开发旅游纪念品比较容易，如深圳依托锦绣中华及中华民俗村开发相应的纪念品，广州依托城市形象及标志性建筑设计旅游纪念品等。此类地区应注重发挥其经济优势和先进的市场环境优势，着重开发具有浓烈现代气息的，与世界紧密接轨的高科技纪念品。

另一类是比较落后并缺少高层次旅游资源的中小城市，如辽宁朝阳、湖北天门等地，这类地区的旅游纪念品开发难度较大。此类地区应首先尽快形成突出的旅游形象，然后学习借鉴其他地区的特殊加工工艺，融合自身突出的旅游形象，开发设计相应产品。另外在此过程中，应该关注本地区所发生的重大事件或变化，寻找有较大吸引力的旅游纪念品依托物，待机而动。

二、旅游实用品的创新开发

从经营特性的角度分析，旅游实用品是旅游商品的重要组成部分，但是我们不能忽略它具有更多普通商品的自然属性，因此其创新开发更应该寻找其作为普通商品类别中适合的创新开发模式，在此基础上结合旅游市场的消费需求变化特点进行创新开发，本书对这一涉及非旅游产业商品的问题不再过多分析。

【思考题】

1. 简述旅游商品开发的原则。
2. 简述旅游商品开发的模式。
3. 简述旅游商品开发的程序。
4. 简述旅游商品创新的模式。
5. 旅游景观及设施商品创新的基础理论有哪些？
6. 旅游纪念品的开发有哪些发展规律？

第七章　旅游商品市场营销

【学习目标】

● 了解旅游商品市场营销的基本知识

● 熟悉旅游者消费心理分析的内容

● 熟悉旅游商品供给与需求分析的内容

● 掌握旅游商品的现代营销方式和基本促销方法

【知识要点】

● 旅游者的消费心理分析

● 旅游商品的供给需求分析

● 旅游商品的营销方式

● 旅游商品的促销方法

第一节　旅游商品市场营销概述

一、旅游商品市场营销定义

（一）市场营销的定义

国内外关于市场营销的研究成果丰富，对市场营销的概念给出了颇多不同角度下的定义，其中较为经典的有以下两点。

著名市场学家菲利普·科特勒认为，市场营销是个人和集体通过创造并同别人交换商品和价值以获得其所需所欲之物的一种社会过程。

著名市场学家路易斯·布恩认为，市场营销是发展和有效分配商品或劳务给目标市场的活动。

（二）旅游商品市场营销的定义

据市场营销定义分析主要包含两个方面的含义。

一是商品买卖双方在一系列活动的作用之下实现供给与需求的对接。

二是商品或劳务在买卖双方之间的转移。

因此我们给出旅游商品市场营销的定义是，旅游商品供给者通过系列活动实现旅游商品在他与旅游者之间的供需分配的过程。

二、旅游商品营销的观念转变

市场营销观念的形成是一个复杂的过程，世界经济发展历程中商品市场营销观念经历了多阶段的变化过程，简单来说主要有生产导向阶段、商品导向阶段、推销导向阶段、消费者导向阶段、生态学市场导向阶段、社会市场营销导向阶段，以及大市场营销导向阶段。

在前三个市场营销观念发展阶段，市场营销主体的营销行为都是基于商品生产者的位置而进行的；在接下来的三个发展阶段中，市场营销主体的营销行为是基于商品消费者的位置而进行的。

而最后的大市场营销导向阶段，是一种强调运用政治工具、公共关系等手段影响企业外部环境、引导市场需求并进行满足的营销观念，这是对于“外部环境不可控制和改变”的一种巨大突破。

旅游商品市场营销的观念同样也经历了这样一个发展历程，在现代经济社会的形势变化中，我们也应该采用大旅游市场营销导向，进行对外部环境的影响和消费需求的引导，实现旅游业经济效益、社会效益和环保效益的共赢。

第二节　旅游者的消费心理

一、旅游者的消费动机和心理

是指旅游者在旅游商品购买准备直至成交过程中发生的一系列极其复杂、极其微妙的心理活动。一般而言，旅游者进行旅游商品消费，具有以下几种动机和心理。

（一）求奇心理

这是旅游者特别是特殊旅游活动（如探险旅游）消费者普遍存在的心理动机。他们进行旅游商品选购时，首先要求商品必须具备异于其常住环境、常见事物的奇特特性，以此满足他们基本的消费需求。

（二）求新心理

这是追求旅游商品超时和新颖为主要目的的心理动机，他们购买旅游商品重视“时髦”和“奇特”，好赶“潮流”。例如来中国旅游的一对瑞士夫妇，穿着奇特，与众不同，当推销员向他们介绍古戏装时，他们非常高兴，当即购买了两套，并说明要回国后举行生日宴会时穿出来，让所有的宾客都感到惊奇。

（三）求美心理

审美是旅游活动过程必然存在的消费需求，是旅游者的一种普遍要求。旅游景观商品的美学价值是旅游者求美心理的核心取向，旅游设施商品的美学价值是旅游者求美心理的重要辅助补充，旅游购物商品的美学价值是旅游者求美心理的印象升华。

（四）求名心理

这是以一种显示自己的地位和威望为主要目的的购买心理。旅游者以旅游商品消费后的一种感觉，如我曾到过哪个地方，吃过哪种食品，见过哪种奇物、买过哪种纪念品等，以此来“炫耀自己”。具有这种心理的旅游者，普遍存在于社会各阶层。

（五）求利心理

这是一种“少花钱多受利”的消费心理动机。其核心是“廉价”。有求利心理的旅游者，在选购旅游商品时，往往要对同类商品之间的差价进行仔细的比较，还喜欢选购优惠活动商品。

（六）偏好心理

这是一种以满足旅游者个人特殊爱好和情趣为目的的旅游商品购买心理，在信息经济飞速发展的现代社会，越来越多的旅游者开始凸显并明示个人消费偏好心理，力求购买到最适合个人偏好的旅游商品。偏好性购买心理动机也往往比较理智，指向也较稳定，具有经常性和持续性的特点。

（七）自尊心理

有这种心理的旅游者，在购买旅游商品时，既追求旅游商品的一般特性，又追求精神方面的高雅。他们在购买行动之前，就希望他的购买行为受到他人的关注和赞赏。

（八）仿效心理

这是一种从众式的购买心理动机，其核心是不甘落后或“胜过他人”，他们对社会风气和周围环境非常敏感，总想跟着潮流走。有这种心理的旅游者，购买某种旅游商品，往往不是由于个人兴趣的取向，而是为了赶上他人，或超过他人，借以求得心理上的满足。

（九）隐秘性心理

有这种心理的人，购买旅游商品时不愿被他人所知，常常采取“秘密行动”。他们一旦选中某旅游商品，便迅速成交。

（十）疑虑心理

这是一种思前顾后的购物心理动机，其核心是怕“上当”、“吃亏”。他们在购买旅游商品的过程中，对商品的信息持怀疑态度，怕上当受骗，满脑子疑虑。因此反复询问，仔细比对，直到心中的疑虑解除后，才肯掏钱购买。

（十一）安全心理

有这种心理的人，他们对整个旅游过程持警惕性，包括景区设施的安全性、目的地治安的稳定性、旅游食品的卫生性、纪念品的保真性等，都必须经过事前怀疑审慎、过程小心谨慎、事后确定放心的整个心理过程。

二、旅游者消费心理特点及表现分析

（一）旅游者消费心理特点分析

1. 需求的综合性

旅游者因为受时间限制，期望在较短的时间和较小经济支出内获得尽量多的收益。同时由于旅游业的不断发展，人们的旅游行为越来越普及，使得旅游选择也更趋于理性，对旅游项目的期待也越来越高，希望能享受集知识性、娱乐性、参与性于一体的旅游商品。

2. 消费的集中性

具体表现为时间和地域的集中，法定节假日和双休日是旅游最为集中的时间，此外寒暑假也显示出日益明显的消费效应。较快的城市化进程，单调的工作、紧张的生活和拥挤的城市环境使人们对节假日格外珍惜，希望能到风景名胜区寻求身心的放松和调整。

3. 消费主体的大众性

随着经济收入的不断提高和闲暇时间的增多，普通大众的旅游意识日益增强，节假日全家一起外出旅游、休闲的现象较为普遍，旅游支出明显高出平时，整个消费容量在不断提升。

4. 消费的非节气性

旅游在时间的选择上大多是双休日和其他法定假日，而这些时间段全年分布较为均匀。同时旅游活动一般不太受节气气候的限制和影响，各种活动可根据节气的不同而进行交替，因此旅游市场在消费上节气性不强。

5. 客流的双向性

为了消除平时紧张的状态或缓解压力，旅游者需要到与平时环境完全不同的目的地去感受休闲的轻松和惬意，这就使得消费者在不同城镇间相互流动。大城市居民可到小城镇欣赏保存较好的传统文化和优美环境，而小城镇居民也可以到大城市体验现代都市气息。

（二）旅游者消费心理表现分析

1. 消费要求更高

由于是异地消费，旅游者对信息畅通的要求在不断提升，对于旅游消费的要求会更加理性。

2. 消费形式不断提升

具体表现在文化性消费和回归自然趋向不断增强，而且出于休养的目的，休闲旅游的复游率也是较高的。随着消费观念的改变，越来越多的居民更关注体验丰富多彩的文化生活。进书店、展览馆或博物馆，到公园等地进行具有文化特色的游园活动成了休闲的新方式。同时从自然景观中感受到的美与享受，使游客能够放松身心，因此重游的机会较大。

3. 更重视安全和市场规范的程度

大部分旅游者出游更注重当地的环境、交通、服务、安全等因素。旅游事故虽然在逐年递减，但每年仍有发生，旅游接待服务也在利益的驱使下呈现出良莠不齐的局面，与旅游者的初衷是完全背道而驰的。

三、旅游者的消费行为模式

旅游者的旅游消费行为在消费心理的支配下发生，并随着消费心理的发展变化而变化的过程。同其他消费行为一样，旅游消费行为有其自身的特点和规律。从消费心理学的角度对消费行为的实际观察表明，消费者的行为具有习惯性、不可逆性、模仿性和复杂性等一些特性①。

刘纯（1986）认为，旅游消费行为的实质是旅游消费者对旅游产品和服务的购买决策和购买行动过程，并根据消费心理学的理论设计了一个旅游消费者购买行为的综合模式。这一模式涉及了旅游者消费行为的各个方面，如信息加工、环境影响、比较、选择、购买过程及其产品评价等，它不仅包括了消费者心理学的所有方面，还为调查研究的一些特定变量提供了一个总的结构关系。

国外正统的、主流的经济学家主张从经济学的角度研究消费者行为，并对

① 林增学.旅游者消费行为模式及其相关因素的分析[J].桂林旅游高等专科学校学报，1999，(04):21-24.

模式进行定量分析，如边际效用分析法和无差异曲线分析法。

但是许多专门研究消费者行为的学者却反对这种做法，认为传统经济学中关于消费者行为的模式只涉及到消费者购买“什么”的问题，而没有回答“为什么”采取那种方式购买的问题。因此一些学者如尼科西亚、恩格尔、科莱特、布莱克韦尔、瓦特尔等依据社会学、心理学的理论分析消费者行为，引入了大量的变数，建构了各种模式。这些模式从多方面解释了消费者的行为，认为其消费行为完全符合所购买商品或产品的效用最大化原则。

旅游者消费行为模式依据对一般消费者行为模式的研究思路和因素分析结果，可以分为静态旅游消费行为模式和动态消费行为模式两种，如图 7-1、7-2 所示。

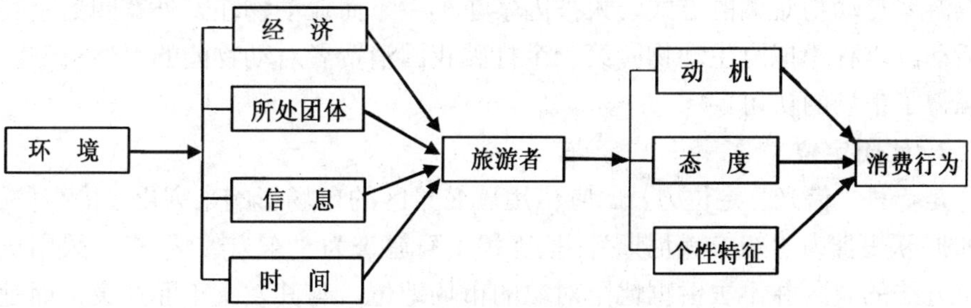

图 7-1　静态旅游消费行为模式①

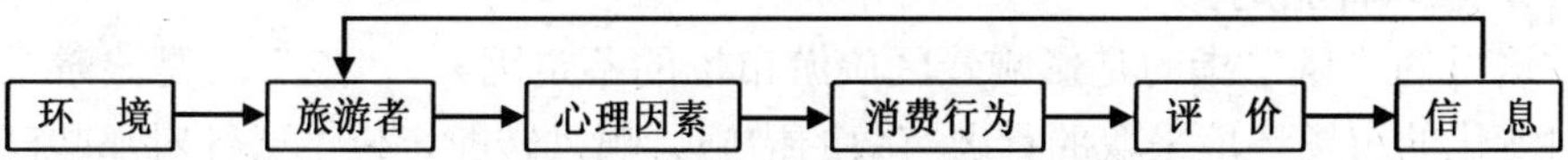

图 7-2　动态旅游消费行为模式①

第三节　旅游商品的市场结构研究

一、旅游景观商品的市场分析

（一）旅游景观商品的目标市场

杨振之（2007）提出目标客源市场定位有四种类型，选择合适的细分市场

① 林增学.旅游者消费行为模式及其相关因素的分析[J].桂林旅游高等专科学校学报，1999，（04）:21-24.

通常要考虑以下几个因素：各细分市场的大小、增长率、变化趋势和竞争态势；各细分市场的进入门槛和收益状况；各细分市场间的相互联系和竞争；旅游吸引物的特色、规模和等级；目标吸引物及其他吸引物之间的空间联系和空间竞争等。

禹贡和胡丽芳（2005）提出景区在具体选择目标市场时，要考虑景区实力和竞争格局、产品特性及生命周期、市场营销环境三个因素。

（二）旅游景观商品的市场定位[①]

1. 心理逆向定位

是打破消费者一般思维模式，以相反的内容和形式标新立异地塑造市场形象。例如秦皇岛野生动物园一改传统动物园的做法，将动物囚禁在笼中，而是采取游客与动物对调的方式，人被囚禁在车中，而让动物在笼外宽阔的空间自由活动。这种模拟野生动物园第一个打破我国消费者对动物园的惯性思维，从而赢得了市场的认可。

2. 比附定位

是一种“借光”定位方法。它借用著名景区的市场影响来突出、抬高自己，比如把苏州誉为“东方威尼斯”，把麦积山石窟誉为“东方雕塑馆”。采用这种定位方法的景区并不去占据比附对象的市场地位，与其发生正面冲突，而是以近、廉、新的比较优势去争取比附对象的潜在顾客群。

3. 顺风转舵定位

这里的“风”指的是影响景区旅游市场的不定因素，“舵”就是旅游景区针对变化的市场环境采取的行之有效的措施。顺风转舵定位主要针对那些已经变化的旅游市场或者根本就是一个易变的市场而言的。市场发生变化，景区的特色定位就要随之改变。比如上海在改革开放的初期是以“改革开放窗口”为特色，吸引全国各地的游客前来参观学习，以后改革开放全面铺开，原有的特色影响力迅速衰退，于是赶快推出以人造景观为主的大型游乐主题公园，重拾快速发展的道路。

4. 狭缝市场定位

是旅游景区不具有明显的特色优势，而利用被其他旅游景区遗忘的旅游市场角落来塑造自己旅游产品的市场形象。比如河南辉县有名的电影村郭亮，本来是一个普普通通的太行山村，自从著名导演谢晋在此拍过一次电影后，山村开始走旅游发展道路。他们有洁净的山泉水、清新的空气、干净卫生的住房条

① 张东祥，张娥.旅游景区市场营销探析[J].经济论坛，2007，(07):87-88.

件，可以用比市场低得多的价格（包食宿每天10～20元）去占领附近城市的休闲旅游市场和美术院校校外写生市场。

（三）旅游景区市场的拓展模式[①]

1. 内涵型发展模式

指旅游景区在景区内开展多种经营，全方位满足目标顾客的需要，提升景区服务档次和扩大服务内容。旅游的六大要素——食、住、行、游、购、娱是游客的基本需要。随着旅游消费的档次提高，进而发展到健身、教育等需要。这些都是主流需要，此外还有诸多个性化的需要。

按照对市场营销理念的认识，需要就是市场，这么多的需要给景区服务提供了无限的空间。旅游产品是综合性的，所有服务项目组合在一起能发挥更大的乘数效应。服务的项目越多、越全面，就越能留住游客，越能刺激游客在景区消费。景区服务完善了，又会很大程度上影响目标顾客群的口碑，吸引更多游客前来游玩。

因此旅游景区应在景区服务质量和服务项目上多做文章，多下功夫，以此为主线扩大经营，发展壮大企业。

2. 外延型发展模式

指景区企业在景区以外发展经营活动。这种发展模式是根据企业的经营战略来实施的，一般可分为以下几种。

（1）主业延伸发展模式

这种发展模式也叫一体化发展模式，就是将景区业务向有联系的行业发展。面对旅游市场向前延伸到旅行社、旅游交通行业开展业务，向后延伸到餐饮业、旅游商品生产行业开展业务，横向则投资开辟新的景区。这种模式不管向哪个方向发展，都离不开景区原有的经营主业，都是以原先的主业为中心向外围逐步拓展的。这种市场发展模式需要景区投入资金，是一种投资发展模式，需要慎重对待。

（2）管理输出模式

这是一种经营效益出色的、有名的旅游景区（点）企业利用专业化管理技术，向同行业扩张的发展模式。这种模式一般不需要直接投资，是一种把无形资产效益化的发展模式。但有时也会以参股、抵押重组、保证金等形式部分投资。

这要视具体情况而定。它的业务类型有开业管理、培训管理和跨年度管理

① 张东祥，张娥.旅游景区市场营销探析[J].经济论坛，2007，(07):87-88.

三种。这种发展模式需要景区拥有一批高素质经营管理专业人才队伍，并且母体景区经营效益良好。目前我国景区经营从体制到管理还存在许多问题，需要接受专业化经营管理的景区很多，而能够向外输出管理的景区企业尚未见到。

3. 合作开发模式

就是集中人力、物力、财力，联合开发风景旅游资源。协作集团要站在宏观的高度，根据风景旅游资源的配置，联合开发特色产品和拳头产品，以减少开发中的盲目性，避免因重复建设而浪费大量的人力、物力和财力。合作模式包括两种，一种是“相邻型合作”模式，另一种是“远距型合作”模式。

（1）“相邻型合作”模式

指若干个彼此紧密相邻的区域景区之间所进行的旅游市场经营合作。从我国各区域景区来分析，宜采取这种合作模式的基本条件大体有三种情况，或者这三种情况兼而有之。

第一种情况是几个彼此相邻的区域各有一种（处）或若干种（处）比较独特的、难以被其相邻区域旅游资源所替代的资源。按照比较优势理论，这几个相邻的区域景区宜以资源比较优势为基础进行区域景区旅游市场经营合作，合作的意义主要是在这几个区域景区之间形成旅游优势互补、彼此辐射的作用。

第二种情况是几个彼此相邻的县域共同拥有同一单体规模巨大的旅游资源，就这一单体规模巨大的旅游资源为基础进行区域景区旅游市场经营合作，合作的意义主要是对该旅游资源进行整体性开发。

第三种情况是几个彼此相邻的区域景区都拥有相似性较大的同一种或若干种单体数量较多、分布较零散的旅游资源，但这些旅游资源之间在诸如历史、文化等方面有着密切联系。

（2）“远距型合作”模式

就是指若干个相距较远的区域景区之间所进行的旅游市场经营合作。我国有些区域虽然相距较远，但各区域的主要景区旅游资源在历史、文化等方面有密切联系，各景区在旅游宣传促销、旅游市场拓展等方面也有共同的需求。

如湖南的宁远县和东安县虽相距较远，但宁远九疑山是舜帝的陵寝之地，东安舜皇山是舜帝南巡驻跸之地，都需要就虞舜文化游进行宣传促销，都需要在海内外大力开拓虞舜文化旅游市场。

所以我们必须打破非相邻区域景区不可进行密切的旅游市场经营合作的常规，以旅游资源开发、旅游宣传促销、旅游市场拓展等为合作内容，采取一些行之有效的措施，推动这些相距较远的区域景区之间的市场经营合作。

二、旅游纪念品的市场分析

旅游纪念品是旅游商品的重要组成部分，其发展的快慢将直接影响旅游业经济效益的高低，影响我国世界旅游强国目标的实现。目前我国旅游纪念品市场发展与旅游业的发展步伐并不协调，存在一些问题，主要可以概括为两个方面。

一方面是产品质价差及其阴影效应，主要是指目前旅游纪念品市场上充斥着大量的粗制滥造或伪制仿造的旅游纪念品，在一些经营理念落后、效益短视的销售商的“宰客”行为下给区域旅游消费形象造成的负面影响。

另一方面是旅游纪念品的市场空间格局混乱，缺乏产品与市场地域范围相对应的层次体系。旅游纪念品的生产与销售忽视了旅游纪念品作为一种特殊商品所具有的价值特性，主要表现为两种现象。

首先是一定区域内真正有地方特色的旅游纪念品，由于投入少、宣传力度小等原因，未能打造成品牌，销售范围过小，无法实现潜在价值。

其次是某些区域尚无优秀的旅游纪念品，从区域外引进知名度较大的、经营较成功的产品销售。此举虽然扩大了该纪念品的销售范围，但同时造成许多不良影响。

一是该产品的“象征价值”及“纪念价值”（见下文）在其他区域内无法实现，逐渐导致销售不良。

二是产品特色与旅游地的地方性错位造成旅游者对旅游地的忆象混乱，无法实现旅游纪念品对旅游地的宣传功能。

三是大范围无限制地销售淡化了一种旅游纪念品“物以稀为贵”的优势，削弱了该产品原有的地方特色，给人普通常见的感觉。

上述第一方面的问题在社会各界的重视下，已经有了合理的解决途径和方法，正在日益完善的过程中。如开发理念上重视产品质量，各地政府机构强调旅游纪念品的开发要以市场为导向，注重消费者的需求；加工工艺上深入挖掘藏在民间的传统加工工艺，并与现代化科技手段结合；生产销售上注重品牌开发，规模经营等。

但另一方面市场地域空间界定的问题尚未得到足够的重视，该问题的解决尚缺少必要的理论研究支持。

（一）旅游纪念品的市场空间并非无限

旅游纪念品与一般的商品相比具有独特的价值特性，这是由它作为旅游地及旅游历程的双重忆象承载体所体现的存在价值决定的。旅游纪念品不同于一般商品具有某一方面物质意义的使用价值，且可以随供给和需求的发展随意扩展市场。旅游纪念品的市场空间是应该有区域限制的，这主要有以下两方面原因。

一方面，旅游纪念品的市场行为（包括设计、生产、销售、购买等行为）是旅游行为的衍生动作，在旅游业产生之前，也根本没有旅游纪念品的存在。旅游行为发生在常住地以外的一定区域内，由其衍生的旅游纪念品的市场行为也必然受到该区域范围的限制。

虽然随着旅游纪念品市场的发展和变化，一些旅游纪念品的前期设计和生产加工等行为有跨区域完成的现象，但主要的销售和购买过程还是紧紧附庸在旅游行为下在一定区域内实现的。

另一方面，旅游纪念品缺乏一般商品具有的物质意义的使用价值，它的商品价值更大程度上是由精神意义层次的价值支撑的，包括它提供给旅游者其所属旅游地的地方文化特征和旅游经历的记忆享受，这些价值的实现同样也受自然区域范围的限制。

因此旅游纪念品的市场空间是有一定界限的，并非可以随其他条件的发展而无限扩展，它主要受旅游纪念品的价值特性所影响和决定，具有一定的层次体系。

旅游纪念品的价值特性对市场空间的影响

旅游者购买旅游纪念品所追求的并非完全是它的实用价值，更多意义上是一种精神享受，这是旅游纪念品能够作为一种商品进行交换而又区别于一般商品的价值特性所在。它的价值特性主要包涵两个层面。

其一是供给层面上的旅游纪念品对旅游目的地的象征价值，即从供给的角度而言，旅游纪念品是由某旅游地所提供的，并且集聚了该旅游地的某些自然或文化特色，是旅游地的象征载体。

其二是需求层面上的旅游纪念品对旅游者的纪念价值，即从需求的角度而言，旅游者为了满足自身对某旅游地及旅游历程的记忆需求，购买旅游纪念品作为旅游的纪念物。这两层面的价值特性共同构成了旅游纪念品商品价值的支撑框架，如图 7-3 所示。

（1）旅游纪念品的象征价值对市场空间的限制

旅游纪念品是集聚了一定空间范围内的自然和环境等资源要素，融合了该地区的民风、历史文化等人文要素，具有特殊结构市场的旅游商品[①]，是某一

① 魏丽英，钟俊昆.旅游纪念品开发原则的理论新探[J].特区经济.2006，(7):236-238.

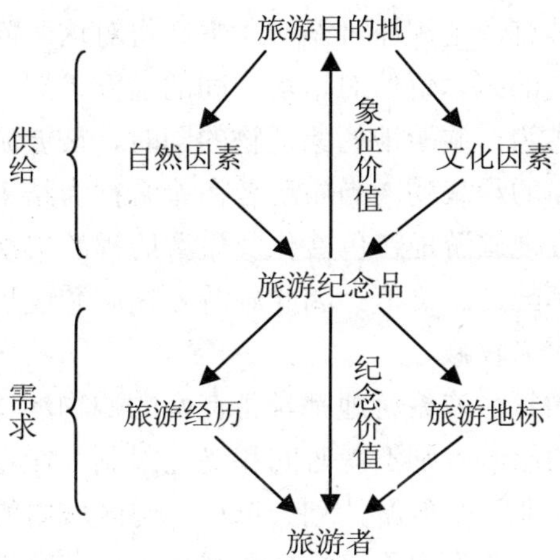

图 7-3 旅游纪念品商品价值支撑结构图

旅游景点/区或旅游目的地的象征性物质载体。它依托区域资源诞生，象征价值由现实环境映照而显现，是地方文化特色某一方面甚至多方面的缩影。旅游纪念品的象征价值需要旅游者在接触产品后与旅游地现实环境相映照，并得到认可后才能实现。因此它的市场地域空间受其象征地域范围的限制，如图 7-4 所示。假设旅游纪念品的市场空间突破这一限制，施行跨区域销售，旅游者在接触产品时无法与象征地的现实环境映照，不能产生对地方文化的深刻感受，也就无法形成主观情感与客观环境的共鸣，不能给予购买行为足够的决策支持。因此跨区域销售的结果是市场空间扩大但市场份额可能并未增加，甚至产生淡化旅游纪念品原有象征价值的阴影效应。

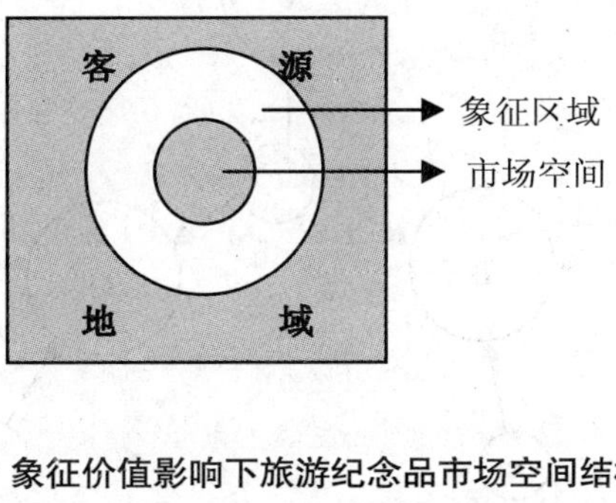

图 7-4 象征价值影响下旅游纪念品市场空间结构图

但是，旅游纪念品也不应该完全否定跨区域销售。旅游纪念品的购买还受到其他许多因素的影响，如旅游者的行程安排、旅游目的地宏观经济水平、旅游目的地微观购物环境等。跨区域销售在不同地域因不同因素的影响客观存在且势在必行，但也是有一定规律可循的。下文将对这一问题进行详细探讨。

（2）旅游纪念品的纪念价值对市场空间的适度扩展

旅游纪念品在作为一旅游地的象征物的同时，被旅游者购买收藏作纪念，成为旅游者旅游经历的承载物。当旅游者在旅游行为结束后的时间里欣赏旅游纪念品时，仍然会实现旅游地特色文化及旅游历程的二次消费，即回忆享受，从而实现旅游纪念品的纪念价值。因此旅游者在旅游过程中都会购买极具纪念价值的旅游纪念品作为收藏。

然而并非所有的景区或旅游地都具备良好的购物环境，能够吸引旅游者进行消费；并非所有的旅游者都不受时间和资金限制，在行程计划中的每一旅游地都作购物安排；并非一个旅游计划会选择一定区域内的所有旅游点，但未选旅游点的旅游纪念品又与本次旅游经历紧密相关，具有极大的纪念性。

受这些不固定因素的影响，旅游者大都选择有较好购物环境的景区或区域旅游接待中心城市进行旅游购物，并且希望旅游纪念品种类能足够丰富，其纪念价值能覆盖遗漏或错过的旅游行程节点。因此那些行政级别较低、购物环境较差的旅游地及景区的旅游纪念品应该有计划、有方向地向区域旅游接待中心城市集聚，使旅游者在旅游行程的核心地可以购买到附近其他行程节点或非行程节点旅游地的旅游纪念品，以实现整个旅游历程的纪念完整性，如图 7-5 所示。

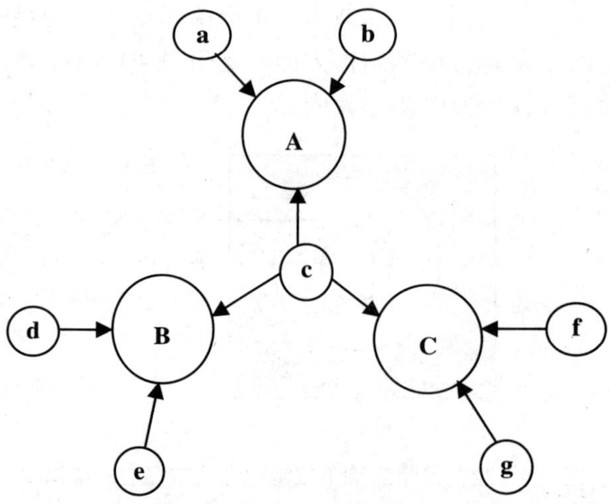

图 7-5　纪念价值影响下的旅游纪念品跨区域销售市场空间结构图

A－C: 表示旅游纪念品的跨区域市场空间；a－g: 表示旅游纪念品象征区域市场空间

（二）旅游吸引物之间的联系对旅游纪念品市场空间的影响

旅游纪念品的市场空间不仅受上述两方面的决定，还受其他一些因素的影响，如旅游吸引物之间的联系等。旅游吸引物在客观世界中的存在受人类主观活动的影响，互相之间以不同的关联性发生着紧密的联系，由某种趋同要素为其引线构建成旅游吸引物体系。例如江南三大名楼、佛教四大名山、五岳大山等。其中一些吸引物体系由于主题鲜明、历史悠久、文化底蕴深厚等原因而声名远播，强大地提升了知名度和吸引力。例如位于辽宁的盛京三陵（永陵、昭陵、福陵），也称东北三陵，是开创满清皇室基业的祖先陵墓。在苏州举行的第28届世界遗产大会上，我国申报的明清皇家陵寝拓展项目——盛京三陵通过评审，被正式列入世界遗产名录。盛京三陵加上已列入世界遗产名录的清东陵、清西陵，构成了一组清朝帝陵体系，浓缩了清朝的历史，具有极其独特的历史文化魅力①。所以人们游罢昭陵，依然能兴致勃勃地继游福陵、永陵等其他陵墓，而且不会产生雷同感。

用系统论的观点来看，旅游吸引物体系组合的关联效应对外界的旅游需求产生强于单体旅游吸引物的吸引力，并且淡化甚至消除了同体系内单体旅游吸引物之间作为同类旅游资源的排斥性，反而在互相之间产生扩大市场的宣传推荐力。因此旅游者在接触到某旅游吸引物体系中的一个单体时，会因为对整个体系的兴趣而产生额外的旅游动机甚至实施旅游行为。为了宣传旅游吸引物体系的关联性以及纪念旅游者的主题系列旅游经历，客观上要求将单体旅游吸引物的纪念品进行整合，打造和体系形象相对应的旅游纪念品系列，在各单体旅游地范围内同时销售，这样就实现了原有单种旅游纪念品的跨区域销售，甚至远距离的“飞地销售”，极大地扩展了旅游纪念品的市场地域空间。

由上述部分的分析研究，我们可以得出旅游纪念品市场空间有以下特点。

1. 旅游纪念品的市场空间有一定界限

旅游纪念品不可以像普通商品一样，在相关条件允许下可以无限扩展市场。它的市场行为在旅游行为发生后而发生，因此带有区域性，而且旅游纪念品的商品价值只有在特定的地域内才能完全体现。因此科学合理的旅游纪念品的市场地域空间是有界限的。

① 中国遗产网.明清皇家陵寝文化遗产扩展项目——盛京三陵. [EB/OL]. 2004-7-2. http://www.cnwh.org/news/news.asp? news=436..

2. 与旅游纪念品的象征性相对应的象征地域空间是旅游纪念品市场地域空间的最大范围

旅游纪念品因浓缩特定地域范围内的地方性要素而显现象征价值，吸引旅游者购买消费。对这种象征价值的最佳体验及其存留是旅游纪念品实现销售的前提条件。实现这一前提条件的根本途径是使旅游者、旅游纪念品和纪念品象征要素同时空出现，使旅游者得以映照象征载体与象征对象并发现二者之间的联系。因此旅游纪念品的象征地域空间是其市场地域空间的最大界限。

3. 受旅游者主观行为影响，在一定条件下旅游纪念品可以跨区域销售，有限制地扩展市场地域空间。

旅游者通过对旅游纪念品纪念价值的占有来实现旅游经历的忆象留存。受以下原因影响：旅游者对购物环境的挑剔、闲暇时间及资金的限制、旅游行程安排的限制、旅游者兴趣的突变等，常使旅游者对一旅游纪念品的消费行为异地化，趋向于附近的位于旅游行程中的区域旅游接待中心城市。因此这种旅游纪念品市场地域空间的扩展具有方向性、向心性，如图 7-5 所示。

4. 对应旅游吸引物的关联体系所开发的系列旅游纪念品可以跨区域销售，甚至远距离“飞地销售”，但必须限制在该关联体系中的单体旅游吸引物的地域影响范围内。

第四节　旅游商品的现代营销方式

一、旅游商品的网络营销

在当今网络技术飞速发展的时代，网络传播因为其快捷，不受时间、空间限制等特点成为不可忽视的传播手段和营销潮流，在各地的门户网站或旅游专业网站加载特定旅游商品的链接，使潜在游客在出游前收集信息阶段能够快捷、全面地了解旅游商品的相关情况，将使企业在激烈的旅游市场竞争中取得一定的优势。

中国的旅游网络营销发展虽然起步较晚，旅游网站的建设开始于 1996 年，但发展却非常迅速。据统计，到 2001 年，我国各类涉及旅游业的网站已经达到了 5 000 个[①]；到 2008 年，具有一定旅游资讯能力的网站已达到 6 000 多家，专业性旅游网站有 400 余家，其中发展尤为迅速的是携程旅行网，自 1999 年开办以来，其市场份额不断增加，2002 年交易额达到了 10 亿元；2003 年财务报表显示，其净运营收入达 1.73 亿元人民币，成为中国旅游电子商务高速增长的代表[②]。

但是我国旅游网络营销还远远落后于欧美发达国家，这不仅主要受制于我国目前网络基础设施建设水平及电子商务发展的水平，还受到旅游网站功能不健全、网上交易安全性差等问题的影响。

根据不同的旅游网站所能提供的主要信息和服务功能来进行分类，可以将目前中国旅游网站划分为以下七类（表 7-1），从此表中可以对中国目前旅游网站开展网络营销的状况有一个整体的认识和了解。

表 7-1 中国旅游网络营销网站分类及功能一览表

序号	类别	代表网站	信息资源	主要服务内容 预定服务	个性化服务
1	综合性旅游网	携程旅行网、 E 龙商务旅行网等	实用旅游 信息查询	产品预订、中介服务	无
2	旅游行业网	中国旅游网、 各级旅游行政网、 旅游协会网等	行业信息、 统计数据、 研究成果等	部分产品销售 链接	无
3	旅游目的地资讯网	地方旅游网， 如云南旅游信息网、 海南旅游信息网等	本地旅游信息、 图片、 旅游服务链接等	部分产品预定 链接	无
4	单项旅游产品网	驴妈妈景区 门票分销网、 航空等相关 产品网站	各类相关 产品信息	产品销售、预订 链接	无

① 首届旅游在线高峰论坛即将召开[N].中国旅游报，2001-09-07.

② 巫宁.盘点 2004 年旅游网站[N].中国旅游报，2004-12-08.

表 7–1（续）

序号	类别	代表网站	信息资源	主要服务内容 预定服务	个性化服务
5	旅行社网站	广之旅、春秋旅游网、青旅在线等	旅游企业宣传、网上业务查询	网上旅游业务预订	自由行设计、查询及咨询
6	旅游酒店网站	假日酒店网、香格里拉酒店集团网等	酒店形象推广、促销信息发布	网上预订	无
7	其他旅游网站	中华分时度假网、信天游等	旅游信息服务	旅游产品预订、主营某类旅游产品（观光或度假）	无

资料来源：据“中国旅游电子商务发展模式新论”（李舟，2005）及网上资料整理。

一般来说，旅游网站提供的主要服务功能包括：旅游信息的汇集、传播和交流；旅游信息的检索和导航；旅游产品和服务（包括票务、饭店、餐饮、汽车及旅游团等）的在线销售以及个性化服务。

从上表中来看，我国旅游网站主要用于提供基本旅游信息、机票和旅店的预订服务，但却无法有效满足消费者的个性化需求。大部分网站运作方式、目标市场、经营模式和服务内容存在很大雷同，难以形成独特性的优势。网站缺乏旅游主营业务的支撑，网下服务得不到实施和保证。

虽然近年来也出现了特色较为明显的个例，如新崛起的“驴妈妈景区门票分销网”，立足中国旅游市场的独特个性，为自助出行的游客提供系统的旅游电子商务解决方案①，但从整体来看，中国旅游网络营销的发展仍然需要走一段很远的路程。

二、旅游商品的广告营销

旅游广告宣传基本上可以分为媒体广告和路牌广告两类。国内旅游商品在媒体广告上的投放目前还处在起步阶段，与国外一些国家比较无论在数量和质量上都存在一定的差距。以马来西亚为例，其每年在旅游广告宣传上的投入就

① 梁莉.驴妈妈领舞旅游电子商务华丽转身[N].中国旅游报.2008-6-9.

达到了2亿美元，以宣传马来西亚多元文化、热带风光、美食为主题的广告经常可以在中央电视台旅游广告栏目中见到，已经成为吸引我国游客到马来西亚旅游的重要宣传和促销手段。

三、旅游商品的公关活动营销

广告营销是以媒体作为基础的，而公关活动营销是以影响或游说目标群体为目的的，旅游业的多数公关工作往往是以获得媒体的关注为目标。其典型的形式包括新闻稿、新闻发布会、招待会、名人会、商品展等。例如参加上海、杭州举办的旅交会就是通过与参会的旅行社和旅行商的交流以达到拓展营销渠道、增加游客量、传播品牌的公关活动。

四、旅游商品的口碑营销

旅游口碑是游客在完成一项旅游商品消费后，对旅游商品综合评价并向他人进行传播的过程。据调查，口碑是大多数出游者获得旅游信息的主要途径，因此良好的口碑对任何旅游商品都尤为重要。要得到良好的口碑就应该从涉及到游客旅游六要素着手，努力创造游客满意而归的条件。另外商品核心吸引力的打造、娱乐化、互动体验式的游憩方式、良好周到的服务等同样是创造游客良好口碑的重要条件。

第五节　旅游商品的宣传促销方法

在旅游市场营销活动中，最常用的促销方法可归纳为营业推广、人员推销、直接营销和印刷品促销等方式。

一、营业推广

旅游营业推广是指企业在短期内对中间商或消费者进行刺激，鼓励其销售或购买企业的某种旅游商品的一种经济活动。它是一种临时或短期的带有馈赠性质或奖励性质的促销方法，如赠券、竞赛、抽奖等。其优势是信息传播快，能得到顾客参与，增加吸引力，在短期内能提高销量，能临时改变顾客的购买习惯等。其劣势是有效期短，难以确立忠诚顾客，组织工作量大等。

旅游企业在某一特定时间与空间范围内，如旅游淡季，通过降低商品价格和增加商品价值等短期刺激诱因，激励中间商及消费者尽量购买其产品和服务，这种促销形式是行之有效的。

营业推广的沟通目标包括消费者、中间商等。对于不同的营销对象，企业要选用不同的营业推广方式，其最终目的还是在旅游商品的销售上。

营业推广实施过程包括策划营业推广方案、实施和控制方案、评价该方案的实施效果。

二、人员推销

旅游人员推销是指旅游企业在商品的营销活动中，由企业派推销人员与可能的购买者面对面接触和争取订单的一种经济活动。这是人类社会自有商品交换以来最古老的一种促销手段，也是现在旅游企业采用频率较高的一种促销方式。其优势是人与人能面对面接触，灵活的个人行动针对性强，有利于人际关系培养，易引发顾客的反应和反馈，易强化购买动机促成交易等。劣势是费时费钱，传播面有限等。

现代社会可以说是一个推销社会。所谓推销，就是说服，是人的基本行为，人人都在推销自我。通过销售人员深入中间商或消费者中进行宣传介绍企业产品和服务的促销活动，实质上是在展示推销人员必备的素质、知识和才华，是在展现企业的文化层面，是在顾客心目中树立企业形象的绝佳时机。

优秀的推销员像优秀的运动员一样，他们非常自信，对自己推销的产品深信不疑。他们能够遵循企业的营销目标来制定详细周密且具有创造力的计划，并坚决执行，勤奋工作。他们认定自己正确的决策，十分渴望做成交易。他们不畏惧失败，直到最后一刻也不会放弃努力。他们能够站在顾客的立场上，用客户的眼光看问题，能全神贯注和心领神会地理解客户的需求。他们有耐心，思考周到，反应迅速，能听进不同意见，对人诚信。他们对公司知识、产品知识、顾客知识、行业知识和竞争者知识了如指掌。他们还应具备自我发展的内在动力和懂得尊重他人等素质。

三、直接营销

旅游直接营销是指企业使用邮寄、信函、电信、因特网等非人员接触工具来沟通消费者并有反馈的一种经济活动。这种促销形式，特别是由因特网发展起来的网上订购旅游产品，已被越来越多的企业所采用。它的优势是非人员推销，可为顾客个性定制所需，信息反馈及时，交互反应等。其劣势是受技术条件的限制等。

四、印刷品促销

旅游印刷品促销是旅游促销中最常用的一种手段，在促进旅游商品的销售中发挥了很大的作用。它是由旅游企业或政府旅游机构制作的供消费者、中间商和其他任何人阅读的文字资料或图文并茂的企业及其产品说明书。它的优势是表现力强，有助于销售，方便消费者获取信息，可与消费者直接沟通等。其劣势是若印刷精美则成本上升，游客常不看就丢弃等。

一般情况下，旅游促销主体常将营业推广、人员推销、直接营销和印刷品促销等各种旅游促销方法，进行有目的、有计划地配合起来综合使用，即为促销组合。针对不同的目标市场，采用不同的促销组合，即为促销组合策略。

旅游促销组合策略包括推式策略、拉式策略、锥形辐射策略和创造需求策略等。

推式策略，也称从上而下式策略。以人员推销为主，辅之营业推广和公共关系。该策略是要说服中间商和消费者购买企业的商品，通过逐层推进的方式，将旅游商品推向市场终端。

拉式策略，又称从下而上式策略。重点采用广告和营业推广为主的促销手段，辅之公共关系。这种策略的目的在于促使消费者向零售商、零售商向批发商、批发商向商品生产商产生购买需求、从下往上层层拉动购买。

锥形辐射策略，是指旅游企业将自身的多种旅游商品排成锥形阵容，然后分梯级阶段连带层层推出丰富多样的旅游商品。这是一种很奏效的非均衡快速突破策略，主要以人员推销和营业推广为主，以广告等为辅。

创造需求策略主要用于旅游淡季或不太知名的旅游景区，如举办独具特色的文化节、艺术节等活动吸引游客。可采用以广告为主，辅以人员推销的促销组合。

【案例】

创新促销方式　促进旅游发展

——访副市长、赴西南旅游促销团团长梁志鹏

近日广东省旅游局组织由粤西湛江、茂名、云浮三市（简称粤西三市）组成的广东旅游促销团，赴广西壮族自治区、贵州省、重庆市开展旅游宣传推介促销活动。湛江市受广东省旅游局委托，负责牵头组织这次活动的具体工作。

这次为期 8 天的活动，所到之处均产生了轰动效应，取得了良好效果。据广东省旅游局资源与市场开发处副处长白登亮介绍，粤西三市捆绑在一起，并由湛江市负责牵头组织的宣传推介促销旅游的做法，在广东省尚属首次。正因为这样，这次活动也引起了湛江市民的特别关注。为了让市民更好地了解与活动有关的信息，记者采访了湛江市副市长、赴西南旅游促销团团长梁志鹏。

记者问："粤西三市为什么要采取改变以往单独行动的做法，捆绑在一起，并由湛江市负责牵头组织这次宣传推介促销旅游活动？"

梁志鹏说，粤西三市，尤其是湛江作为我国最早开放的沿海城市之一，人文荟萃，蓝天碧海，滨海风情浓郁、旅游资源丰富。近年来在广东省委、省政府的高度重视和大力支持下，粤西三市以科学发展观为指导，抓住重大项目建设和广东实施"双转移"政策的机遇，全面推进经济社会快速发展，旅游产业也乘势崛起，其开发的蓝色滨海、绿色生态、红土文化、温泉漂流、荔乡风情、六祖故里、红色之旅等众多精品旅游线路，深受珠三角和大西南地区游客的欢迎，接待游客人数和旅游收入持续快速增长，已成为广东省很有特色和吸引力的旅游目的地。随着泛珠合作的不断深入和渝湛高速公路开通，大西南与广东省尤其是与粤西地区的人员往来、交流合作日趋频繁，自发组织到湛江、茂名、云浮旅游的西南地区游客越来越多，西南地区多家旅行社、自驾游协会也纷纷组织自驾车团队到粤西地区旅游，两地旅游建立了长期的合作关系。2008 年，全省包括粤西在内，接待来自广西、贵州游客分别达到了 530 万和 120 万人次。这些都为粤西与西南地区旅游业界之间的进一步合作打下了良好的基础。在这样的大背景下，广东省旅游局委托湛江市牵头组织粤西三市携手走进西南，联合宣传推介旅游精品线路。这种做法创新了旅游宣传推介促销方式，将促进粤西三市和广东省的旅游发展。

粤西三市联合在广西、贵州、重庆三省（区）开展旅游促销活动期间，记者在现场采访时发现，这种做法受到了参与活动的各方的充分肯定和欢迎。

在广东（重庆）旅游推介会上，重庆市旅游局专员幺清海感慨地说，粤西几个市捆绑来推销旅游的办法非常好，特别值得重庆市旅游局学习。在会后接受记者采访时，白登亮说，广东省旅游局高度重视与重要客源地西南地区的旅游合作与交流，借率先推行国民旅游休闲计划的有利契机，以"活力广东，粤游粤精彩"为主题，首次由湛江市牵头组织粤西三市到西南开展旅游促销活动，这是一次非常成功的尝试，今后我们将会有更多这样的活动；茂名市旅游局局长李清汉说，粤西湛江最大的亮点是滨海旅游，茂名山海兼备，云浮是著名的六祖故里，三市旅游合作的空间很大，前景广阔，今后要抱成一团对外宣传，打造成像华东5市那样出名的旅游品牌，把粤西旅游推向全国，推向世界，这是粤西人民的共同愿望；（湛江）粤华航空公司副总经理敖敏说，粤西三市旅游产品捆绑起来包装，一起卖，力量会更大，并可节省成本。

梁志鹏对幺清海等各方人士的看法表示赞同。他说粤西三市捆绑，联合推介旅游，这种做法非常好，值得我市景区学习借鉴。因为湛江与茂名、云浮的旅游资源的互补性很强，整合起来之后，整条线路会令游客感到内容更丰富、更精彩，规模也更大；湛江的旅游资源如果进行适当的整合，如湖光岩、红嘴鸥、金鹿园、东海岛捆绑推销，效果或许会更好。因此湛江旅游促销方式也应该有所创新，要以开放的心态，营销的理念去发展旅游，各个景区之间要携手合作，打响和擦亮湛江的旅游品牌。

粤西三市联合在西南三省（区）开展旅游促销活动期间，梁志鹏带领湛江市促销团，参与了全程各项活动。谈到活动期间的感受时，梁志鹏说，西南三省（区）善待外地游客的做法给他留下了特别深刻的印象。如在对待外地车辆的问题上，他们都会采取宽容的态度。在贵阳参观考察黄果树瀑布风景区时，风景区内竖写着“善待外地客，严管本地车”字样的牌子；在重庆市区，外地车辆如果不慎压着了双黄线，他们会在给予善意的提醒后，不罚款就放行，但对本地车辆则会采取比较严厉的处罚措施。

“我们联合外出推介，创新旅游促销方式的根本目的是要为了更好地引客入湛。因此我们在做好外出推介工作的同时，也要像西南三省（区）那样善待外地客人，还要大力开发新的客源市场。因为善待外地客人，开发新的客源市场，也是引客入湛的重要举措。”梁志鹏说。

如何开发新的客源市场？梁志鹏说，我们要在巩固和扩大珠三角和西南客源市场的基础上，大力开发江西、安徽、湖南、湖北、河南等地区的大众客源市场。中原地区的老百姓因为生活在内陆，大多数没见过大海，所以十分向往大海，每年都有大量游客到海南去，特别是在黄金周期间，去海南的游客更多。因此对我们来说，这是一个潜力巨大的市场，我们一方面要做好吸引这些游客直接把湛江作为旅游目的地的工作，另一方面要努力留住过往海南的游客，让他们在去海南的同时，也能在湛江玩两天或更多时间。

【案例分析】结合案例分析其使用的促销方法及组合策略。

【思考题】

1. 面对新时期的旅游业发展，我们应持有怎样的旅游商品营销观念？
2. 试分析旅游者的消费心理特征及表现。
3. 试分析旅游纪念品的市场空间结构。
4. 简述旅游商品的现代营销方式有哪些。
5. 简述旅游商品的宣传促销方法有哪些。

第八章　旅游商品质量及管理

【学习目标】

- 了解旅游商品质量概念
- 树立现代正确的旅游商品质量观
- 掌握旅游商品质量的基本要求
- 了解旅游商品质量监督管理基本知识

【知识要点】

- 旅游商品质量的概念
- 旅游商品质量的基本要求

【案例引导】

瑞士推广旅游质量管理计划初见成效

瑞士旅游联合会5年前开始在全行业推广的质量管理计划如今取得了初步成果，参加这项计划的企业已经超过1 000家。

在谈到实行这一计划的初衷时，负责人妮娜·伏尔根说，上世纪90年代，瑞士饭店餐饮业在服务质量方面的口碑不佳。"当时我们发现邻国旅游业正在切实改善服务质量，我们却毫无起色，必须迎头赶上。"她说，最初参加质量管理计划的大多属于旅游联合会会员的饭店和餐馆，现在的范围扩大到了几乎所有与旅游直接或间接相关的行业，代表质量管理达标的蓝色Q字标牌已经挂在很多商店、滑雪场、缆车公司、公交公司、旅游办事处、甚至乡村面包坊。

作为瑞士旅游联合会聘用的"神秘人士"，桑德拉以学员的身份到伯尔尼一家滑雪学校做暗访。她对学校的服务和授课质量表示满意。她说："办公室的职员熟悉业务，态度和善，能够很快处理顾客的要求。教练也很好。"她的考察内容还包括入学前后学校对她的书面答复以及对顾客建议或投诉的答复情况。

质量管理计划分3个等级。第一级的标准是企业必须接受审计，并根据企业在服务方面存在的问题制订出行动方案，还要指派一名经过专门培训的员工担任质量指导。第二级主要通过“神秘人士”的外部监督来完成，这种暗访每3年进行一次。桑德拉暗访的滑雪学校目前就是在申请第二个Q。第三级，即“全面质量管理体系”，预计在今年内开始推行。

尽管游客可能对Q字标牌的含义不甚了解，但瑞士旅游联合会坚信质量管理计划可以提高顾客的忠诚度、避免企业因重复失误而增加成本、增强员工的积极性，这将是企业和顾客双赢的结果。伏尔根表示，随着质量管理在全行业的推广，他们下一个目标是通过广泛宣传，使游客逐渐学会识别Q字标牌。

第一节　旅游商品质量概述

一、旅游商品质量的定义

（一）质量的概念

由于研究和实践的角度不同，国内外关于质量的定义各式各样，但总体来说可以归为两类。

第一类是国际标准化组织（ISO）以文件标准的形式对质量概念所作的统一规定：“一组固有特性满足要求的程度。”

第二类是由著名的世界质量管理专家所总结的有代表性和权威性的质量定义。如朱兰博士（J.M.Juran）提出的：“质量即适用性，所谓适用性是指产品在使用期间能够满足使用者的需要。”

（二）商品质量的定义

商品质量是指商品的一组固有特性满足规定和隐含的要求（或需求）的程度[①]。

这里的“固有特性”指商品一旦形成就客观存在的质量特性，如物理特性、化学特性、感官特性、工学特性等，而不同于人们后来人为赋予它的价格和所有者等特性；“规定”是指国家法律法规、相关质量标准、规范、合同、图样、技术要求等文件中明确提出的要求；“隐含的要求”指被人们公认的、不言而喻的、不必明确的要求，例如习惯、惯例等。

---

① 万融.商品学概论[M].北京：中国人民大学出版社，2008：80.

（三）旅游商品质量的定义

旅游商品与普通商品相比具有较强的特殊性，旅游者购买消费旅游商品所追求的往往不是旅游商品的物质使用价值，而是精神文化等方面的高层次需求，尤其在旅游景观及设施商品的消费过程中，体现的仅是对旅游商品欣赏、体验等行为的发生。因此旅游商品质量中的“规定”具有明晰性，但是旅游商品质量的“隐含的要求”主要是位于精神文化层次的旅游者需求的极大差异性而难以统一。

结合商品质量定义及上述分析，对旅游商品质量的定义是：旅游商品质量是指旅游商品的一组固有特性满足规定和现存旅游业内隐含的要求的程度。

这里的“固有特性”指旅游商品形成后客观存在的质量特性；“规定”指旅游业相关国家法律法规、行业规范、合同、技术要求等文件的明确规定；而“隐含的要求”需要我们把它界定在“现存旅游业内”的范围中，以时间维度和习惯、惯例给予旅游者的个性特征一定限制，保证旅游商品质量的普遍适用性。

二、现代旅游商品质量观

人们对于质量的认识随着社会的发展变化而改变，是一个动态的过程。它的内涵的历史变化经历了一系列的发展阶段，从最初的产品“性能”，到顾客需求的“适用性”，然后包括过程在内的“工作质量—服务质量—质量管理”体系观念，直到现在人们突破了只与生产者和消费者的相关界限，建立了包括相关方影响的质量概念。例如汽车的质量包括噪声、尾气对行人的影响，房屋的质量包括建材、工艺对环境的影响等。因此现代旅游商品质量观包含了自然质量、无形质量、社会质量三个层次。

旅游商品的自然质量是指旅游商品满足旅游者明确和潜在需求的各种物质性特性；旅游商品的无形质量指目前尚未包括在旅游商品内部的各种旅游服务；旅游商品的社会质量是指旅游商品从生产、组合、到消费整个生命周期满足全社会利益所必需的特性，如对旅游地形象的塑造、环境的改善等。

【案例】

北京市“一日游”质量投诉占近八成

北京市旅游局公布的2008年二季度旅行社服务质量投诉情况，“一日游”的质量投诉占总量的76%。本季度北京市旅游局旅行社服务质量监督管理所正式立案受理旅游者对旅行社的有效投诉29件，共涉及12家旅行社。

29件有效投诉中，涉及泰国出境游质量投诉1件，反映国内游质量投诉28件，涉及北京、山东、河北、四川等地。出境游投诉反映的主要问题是变相强迫游客参加境外自费项目、导游服务不尽职责；国内游投诉反映的主要问题是擅自减少游览景点，降低游客住宿标准，遇到突发情况，旅行社没有采取积极有效的补救措施，致使损失扩大化。此外极个别旅行社在"一日游"经营中存在违规操作，不签合同，不开发票，采取途中二次强行收费、强迫游客参加自费项目的问题。

旅行社服务质量的投诉重点仍是国内游，占投诉总量的97%，其中22件是关于北京"一日游"的质量投诉。为此北京市旅游局为规范"一日游"市场制定了多项措施，对旅行社业务从广告、价格、用车、用餐、导游服务等方面提出了十分具体的工作规范与要求，并组织本市61家经营"一日游"业务的旅行社签署了《服务质量承诺书》，还与北京市工商局联合推出了新版《北京市一日游合同》范本。

今年第二季度，北京市旅游局对3起违反《旅行社管理条例》《导游人员管理条例》《北京市旅游管理条例》相关规定的行为分别给予了行政处罚。对北京程锦旅行社有限公司改变行程安排、减少服务项目的行为作出没收违法所得350元，罚款700元的行政处罚。对北京程锦旅行社有限公司强迫游客参加额外付费项目行为，作出没收违法所得720元，罚款2 000元的行政处罚。对北京盛世吉金旅行社有限责任公司委托非旅行社单位和个人代理经营旅游业务行为，作出罚款1万元的行政处罚。

【案例分析】结合案例材料，谈谈如何理解现代旅游商品质量观。

第二节 旅游商品质量的特性和质量指标

一、旅游商品质量的特性

虽然我们对旅游商品质量下了定义，但其概念的抽象给人一种质量要求的模糊感。只有把这些抽象的要求转化为旅游生产者和经营者可以度量的技术经济语言才具有真正的可操作性。这种把旅游者抽象的要求转化为旅游生产者、经营者可以度量的技术经济语言，就是旅游商品质量特性，它是可定量的质量要求。

但在实际应用操作的过程中，我们应该注意任何一种旅游商品的质量都可以用许多种质量特性来表示，但每种质量特性的重要程度却不同。我们在进行旅游商品质量评价时，如果忽视这种质量特性的重要程度，不抓关键问题，评价往往难以得出正确的结果，且会浪费大量人力、物力、财力。

正确的做法应该是选择少数对旅游商品质量起决定性作用的特性（一般以3~5种为宜），按其重要程度分别赋予不同的权重，加权综合，形成旅游者真正期望的旅游商品质量，才能提高旅游商品质量评价的效率和效益。

二、旅游商品质量指标

旅游商品质量特性通常需要各种数量指标来表示，这些数量指标称为旅游商品质量指标。旅游商品质量指标是旅游商品各项质量特性指标的综合。可用于旅游商品的质量指标很多，例如卫生安全性指标、经济性指标、生态学指标、美观指标等，它们是互相补充，相辅形成的。

测量或测定旅游商品质量指标所得到的数据，称为旅游商品质量特性值，这种数值有计量值和计数值之分。可连续测量得到的特性值称为计量值，如尺寸、重量、体积、面积等；而难以用计量值表示的、不连续的，或者只能定性划分的质量特性值称为计数值。旅游商品质量特性的测量往往是计量值和计数值结合使用。

三、旅游商品质量与旅游业的发展

目前我国旅游业正处于高速发展的阶段，在发展过程中，如何提升质量、保护环境，已成为一个迫切需要研究的重大课题。随着社会经济的发展和人民生活水平的改善，旅游者对质量、环境的要求必然会越来越高，因此制定高质量的旅游标准并组织实施，是未来旅游管理的必然趋势。

同时旅游业的发展必须要坚持可持续发展的基本原则，遵循环境规律，在保护的基础上求发展。任何强调短期效益的旅游发展策略，最终必将成为旅游业发展的制约因素，甚至给旅游业以毁灭性的打击。

世界上旅游业发达的国家和地区，无不重视旅游商品质量的发展，以西班牙为例。

西班牙是一个旅游业非常发达的国家，其接待人数和创汇数额均名列世界前三位，其旅馆数也紧随美国和意大利，排在世界第三位。旅游业是西班牙经济的关键产业，其旅游收入占国内生产总值的 11.5%，旅游就业人数占总就业人口的 10%。而且西班牙旅游业发展势头良好，据世界旅游组织预测，西班牙旅游业在未来增长将比欧洲平均增长水平还高 3%。

西班牙政府对旅游业的发展非常重视，在政策制定和总体规划等方面给予旅游业诸多支持，其经济部在国外设有 30 个旅游办事处，负责向世界各地进行旅游推广和合作等事宜，以提高西班牙旅游业在国际上的知名度和竞争力。

据西班牙驻华使馆旅游参赞科维先生和巴塞罗那 Deloitte 公司顾问阿尔特丝女士介绍，西班牙旅游业发展的基本经验有两条：一是对质量的重视和关注；二是强调环境保护与可持续发展。科维先生说，在 20 世纪 80 年代末至 90 年代初，西班牙旅游业的价格竞争非常激烈，导致在市场上形成了一个价格便宜的旅游形象。重价格、不重质量，旅游者的需求和期望得不到满足，使得西班牙旅游竞争力下降，总体形象受损。之后几年，西班牙旅游界痛定思痛，狠抓服务质量，加快基础设施建设，提高从业人员素质。通过几年的努力，西班牙旅游业得到了较快的增长，竞争力也大大提升。

为了促进旅游业的进一步发展，巩固西班牙旅游业在世界上的领先地位，西班牙政府还于 1999 年底制定批准了《西班牙旅游整体质量规划（2000~2006)》。这是一项中期旅游政策规划，旅游整体质量计划方案包括以下十个方面的内容。

第一，旅游目的地的质量既要重建成熟的旅游目的地，也要培养新的旅游目的地。旅游目的地建设在促进经济发展的同时，更要保护环境、保持地方文化特色。

第二，旅游产品的质量要开发新兴旅游产品，如文化旅游、海上度假旅游和乡村旅游等，促进西班牙旅游的多样化。

第三，旅游服务的质量按照 ISO9000 标准建立质量体系，并由国家和国际认可的机构进行操作，成立西班牙全国旅游质量协会，推广旅游“Q”字质量标志。

第四，质量培训包括长期培训、职业培训以及对培训人员的培训。

第五，技术革新与开发包括信息技术、质量技术、环境技术的革新以及高技术含量产品的开发等。

第六，西班牙旅游业的全球化为西班牙旅游企业对外投资提供信息、创造条件。

第七，国际合作加强西班牙在有关国际组织中的作用，并为有关国家发展旅游提供实用技巧和技术援助。

第八，统计信息和经济分析完善旅游经济指标体系，加强旅游调查研究，更好地利用旅游各种统计数据和研究结果。

（四）审美性

是所有旅游商品质量的基本要求，这里主要指旅游景观及设施商品能够满足旅游者的审美需要的属性。

（五）信息性

指消费者有权获得有关旅游景观及设施商品的相关信息。

（六）环境友好性

指旅游景观及设施商品在开发、规划、建设、消费的整个生命周期对环境的污染或对生态的破坏应尽可能少。

【阅读材料】

旅游景区质量等级评定管理办法

第一条为了全面推行旅游景区质量等级评定工作，规范旅游景区质量等级评定程序，促进旅游景区发展，特制定本办法。

第二条旅游景区质量等级评定工作，依据中华人民共和国国家标准《旅游景区质量等级的划分与评定》（GB/T17775—2003）及国家旅游局颁布的有关评定细则进行。

第三条旅游景区质量等级评定工作，遵循自愿申报、分级评定、动态管理、分类指导的原则。

第四条凡在中华人民共和国境内，正式开业从事旅游经营业务一年以上的旅游景区，包括风景区、文博院馆、寺庙观堂、旅游度假区、自然保护区、主题公园、森林公园、地质公园、游乐园、动物园、植物园及工业、农业、经贸、科教、军事、体育、文化艺术等旅游景区，均可申请参加质量等级评定。

第五条旅游景区质量等级评定，是指对具有独立管理和服务机构的旅游景区进行评定，对园中园、景中景等内部旅游点，不进行单独评定。

第六条国家旅游局负责旅游景区质量等级评定标准、评定细则的制订工作，负责对质量等级评定标准实施进行监督检查。

第七条国家旅游局组织设立全国旅游景区质量等
景区质量等级评定委员会负责全国旅游景区质

各省级旅游行政管理部门组织设立本
并报全国旅游景区质量等级评定委员
委员会的委托，省级旅游景区质
级评定工作的组织和管理。

第八条 3A 级、2A 级、1A 级旅游景区由全国旅游景区质量等级评定委员会委托各省级旅游景区质量等级评定委员会负责评定。省级旅游景区质量等级评定委员会可以向条件成熟的地市级旅游景区质量等级评定机构再行委托。

4A 级旅游景区由省级旅游景区质量等级评定委员会推荐，全国旅游景区质量等级评定委员会组织评定。

5A 级旅游景区从 4A 级旅游景区中产生。被公告为 4A 级旅游景区一年以上的方可申报 5A 级旅游景区。5A 级旅游景区由省级旅游景区质量等级评定委员会推荐，全国旅游景区质量等级评定委员会组织评定。

第九条各级旅游景区的质量等级评定工作按照“创建、申请、评定、公告”的程序进行。

第十条参加创建质量等级的旅游景区要按照国家标准和评定细则的要求，制定创建计划，明确责任目标，落实各项创建措施。

第十一条旅游景区在创建计划完成后，进行自检。自检结果达到相应等级标准和细则规定的旅游景区，填写《旅游景区质量等级评定报告书》，并向当地旅游景区质量等级评定机构提出评定申请。经当地旅游景区质量等级评定机构审核同意，向上一级旅游景区质量等级评定机构推荐参加相应质量等级的正式评定。

第十二条现场评定工作由负责评定的旅游景区质量等级评定机构委派评定小组承担。评定小组采取现场检查、资料审核、抽样调查等方式进行现场评定工作。

第十三条现场评定符合标准的旅游景区，由负责评定的旅游景区质量等级评定机构批准其质量等级，并向社会公告。

第十四条全国旅游景区质量等级评定委员会适时公告新达标的各级旅游景区名单。

第十五条旅游景区质量等级评定现场工作由具有相应资格的检查员担负。根据所评定的旅游景区的资源类型与特色，应有一名相应专家作为评定小组成

[illegible]量等级评定检查员分为国家级检查员和地方级检查

[illegible]区质量等级评定委员会聘任。地方级检查员由

[illegible]任。

[illegible]督，不得徇私舞弊。各级旅游景区质

[illegible]对有违规行为的检查员取消其检

第十八条被委托的旅游景区质量等级评定机构出现违规操作的，上级评定机构可以撤销委托其已获得的最高等级的评定权限。

第十九条各级旅游景区质量等级评定机构对所评旅游景区要进行监督检查和复核。监督检查采取重点抽查、定期明查和不定期暗访以及社会调查、听取游客意见反馈等方式进行。全面复核至少每三年进行一次。

第二十条等级复核工作主要由省级质量等级评定委员会组织和实施。全国质量等级评定委员会有计划、有重点进行复核。

第二十一条经复核达不到要求的，或被游客进行重大投诉经调查情况属实的景区，按以下方法作出处理：

1. 由相应质量等级评定委员会根据具体情况，作出签发警告通知书、通报批评、降低或取消等级的处理。对于取消或降低等级的景区，需由相应的评定机构对外公告。

2. 旅游景区接到警告通知书、通报批评、降低或取消等级的通知后，须认真整改，并在规定期限内将整改情况上报相应的等级评定机构。

3. 凡被降低、取消质量等级的旅游景区，自降低或取消等级之日起一年内，不得重新申请新的资质等级。

第二十二条旅游景区质量等级评定委员会签发警告通知书、通报批评、降低或取消等级的处理权限如下：

1. 1A、2A、3A旅游景区达不到标准规定，省、自治区、直辖市旅游景区质量等级评定委员会有权签发警告通知书、通报批评、降低或取消等级。降低或取消等级的通知，须报国家旅游景区质量等级评定委员会备案。

2. 4A、5A旅游景区达不到标准规定，省、自治区、直辖市旅游景区质量等级评定委员会有权签发警告通知书、通报批评，并报国家旅游景区质量等级评定委员会备案。如认为应作出降低或取消等级的处理，须报国家旅游景区质量等级评定委员会审批。

3. 国家旅游景区质量等级评定委员会有权对各质量等级的旅游景区，作出签发警告通知书、通报批评、降低或取消等级通知的处理，但需事先通知有关省、自治区、直辖市旅游局旅游景区质量等级评定委员会。

第二十三条旅游景区质量等级的标牌、证书由全国旅游景区质量等级评定委员会统一制作，由相应评定机构颁发。

第二十四条旅游景区质量等级标牌，须置于旅游景区主要入口最明显位置，并在对外宣传资料中正确标明其等级。

第二十五条本办法由国家旅游局负责解释。

第二十六条本办法自二零零五年八月五日起施行，一九九九年九月三十日制定的《旅游区（点）质量等级评定办法》同时废止。

三、旅游购物商品的质量要求

参照上述的商品质量的基本要求，结合旅游购物商品的特性，旅游购物商品质量的主要要求有以下几个方面。

（一）使用性

指旅游购物商品为满足旅游者纪念、使用等用途所必须具备的各种性能。

（二）安全卫生性

指旅游购物商品在生产、流通和使用过程中保证旅游者人身安全和健康不受伤害的能力。

（三）寿命

通常指旅游购物商品的储存寿命。

（四）经济性

指旅游购物商品的生产者、经营者、消费者都能用尽可能少的费用获得较高的商品质量。

（五）审美性

是所有旅游商品质量的基本要求，指能够满足人们审美需要的属性。

（六）信息性和可追溯性

指旅游者有权获得有关旅游购物商品的相关信息；可追溯性是指根据记载的标识，追踪旅游购物商品的原材料和加工历史等的能力。

（七）环境友好性

指旅游购物商品在生产、流通、消费整个生命周期对环境的污染或对生态的破坏应尽可能少。

【思考题】

1. 怎样正确理解质量和旅游商品质量的概念？
2. 什么是现代旅游商品质量观？
3. 以你熟悉的旅游纪念品为例谈谈对旅游购物商品的质量要求有哪些。

第九章　旅游商品标准与标准化

【学习目标】

- 了解旅游商品标准及标准化内涵
- 了解我国旅游商品适用标准
- 正确理解旅游商品标准化与旅游业发展之间的关系

【知识要点】

- 旅游商品标准
- 旅游商品标准内容
- 旅游商品标准化意义

【案例引导】

旅游标准联结全世界旅游标准关系你我他

（国家旅游局副局长孙钢在2004年“世界标准日”致词）

10月14日是“世界标准日”。今年“世界标准日”的宣传口号是“标准联结全世界，标准关系你我他”。我国旅游界的同行们纪念这个节日，大力推广“标准联结全世界，标准关系你我他”这个理念，是最贴切、最有意义的。

首先，旅游业作为现代服务业中的重要分支和关联带动性最大的综合产业，正在全球范围内加快发展;旅游活动作为现代人类不可或缺的实践活动和消费行为，正在全球范围内加快普及。今年我国接待的入境旅游者将突破1亿人次，国内旅游者将突破9亿人次，出国（境）旅游者将突破2 500万人次。因此仅从我国来看，旅游活动就已经是“联结全世界，关系你我他”了。

其次，标准作为对重复性概念和事物所作出的统一的规定，旅游标准作为对旅游活动各个环节上的硬件与软件所作出的规范化的要求，其成熟度、健全度和先进性直接关系到旅游活动各个环节上的质量和社会效益，从而与每一个旅游者息息相关。

因此在我国不断壮大发展、已经"联结全世界，关系你我他"的旅游活动，其推行标准化的情况，就必然与海内外每一个旅游者相关，成为"联结全世界，关系你我他"的一项重要工程。

我国自1993年颁布实施《旅游涉外饭店星级的划分与评定》国家标准，1995年正式成立"全国旅游标准化技术委员会"以来，旅游标准化工作一直蓬勃发展。迄今我国已颁布实施旅游行业方面的国家标准11项、行业标准5项，在世界各国中处于领先水平。

旅游标准化的推进，奠定了我国旅游行业管理和经营服务的技术性基础，为我国旅游产业要素的高水平和健康有序发展树立了航标，为我国旅游行业管理向广度和深度进军增添了有效手段，为我国旅游业进一步加强与国际先进水平接轨开辟了广阔道路，更为规模日益壮大的海内外旅游者带来了多方面的实惠和温馨。

在推行行政审批制度改革的今天，更好地运用旅游标准化这个手段，还将成为解决我国旅游经济发展前进中的若干薄弱环节、促进我国迈向建设世界一流旅游强国目标的重要抓手。"旅游标准联结全世界，旅游标准关系你我他"。

全国旅游界的同行们，要进一步提高对推进旅游标准化工作重要意义的认识，坚持"解放思想，实事求是，与时俱进"的思想路线，把旅游标准的研制和实施工作做得更好;同时，也希望广大旅游者关心和支持旅游标准化工作，多提建设性意见，与我们并肩携手，共同开创我国旅游标准化工作的新局面。

第一节　旅游商品标准概述

一、旅游商品标准的概念及分类

（一）标准的概念

国标《标准化工作指南》中对标准做了如下定义："为了在一定范围内获得最佳秩序，经协商一致制定并由公认机构批准，共同使用的和重复使用的一种规范性文件。"① 并同时说明标准宜以科学、技术和经验的综合成果为基础，力求促进实现最佳的共同效益。

① 国家标准《标准化工作指南 第1部分：标准化和相关活动的通用词汇》（GB/T20000.1—2002）

（二）商品标准的概念和分类

1. 商品标准的概念

商品标准是指为保证商品能满足人们的基本需要，对商品必须达到的某些或全部要求所制定的标准，包括品种、技术要求、试验方法、检验规则、包装、标志、运输和储存条件等①。

2. 商品标准的分类

（1）按照标准的实施方式或约束性，分为强制性标准和推荐性标准

强制性标准是指由法律、行政法规规定，要求强制实行的标准，也叫法规性标准。一般涉及保障人体健康、人身财产安全的标准，以及法律、法规规定强制执行的标准为强制性标准。例如国家标准《环境空气质量标准》（GB 3095－1996）、《地表水环境质量标准》（GB 3838－2002）等。

推荐性标准指除强制性以外的标准，可自愿采用，自愿认证，也称为自愿性标准。一般而言国际标准通常为自愿性标准。例如我国的《游乐园（场）安全和服务质量》（GB/T 16767－1997）、《旅游饭店星级的划分与评定》（LB/T 14308－2003）等，国外的国际标准化组织发布的《旅游服务设施·宾馆及其他类型旅游膳宿供应·术语》《成年人用旅游滑雪橇·旅游滑雪橇固定装置的接口·要求和试验方法》等。目前我国颁布的旅游商品国家标准及行业标准基本上都是推荐性标准。

（2）按照标准的表达形式，可分为文件标准和实物标准

文件标准是用特定的规范文件，通过文字、表格、图样等形式，表述商品的规格、质量、检验等技术内容的统一规定。一般包括商品的品种、规格、基本参数、尺寸、质量要求、性能、检验方法、标志、包装等。例如国际标准化组织发布的《登山和旅游滑雪橇固定装置·雪橇固定装置试验用试验鞋底》（ISO/TC 83）等。

实物标准又叫标准样品，通常指对某些难以用文字准确表达的质量要求，如色、香、味、形、手感等，由标准化机构或行业或订货方用实物做成与文件标准规定的质量等级要求完全或部分相同的标准样品。例如 GSB61003—87 就是“汾酒实物标准”（S 代表实物）。

（3）其他分类

还可以按照适用范围，分为生产型标准和贸易型标准、出口商品标准和内销商品标准；按保密程度，分为公开标准和内控标准；按成熟程度，分为试行

① 万融.商品学概论[M].北京：中国人民大学出版社，2008:121.

标准和正式标准等。

（三）旅游商品标准的概念和作用

1. 旅游商品标准的概念

参照商品标准定义，我们认为旅游商品标准就是指为保证旅游商品能够满足旅游者的旅游消费需求，对旅游商品及其组成必须达到的某些或全部要求所制定的标准，包括品种、技术要求、检验方法、检验规则、包装、标志、运输和储存条件等。

2. 旅游商品标准的作用

旅游商品标准是旅游产业的运营规范，是旅游商品生产、质量验收、监督检验、贸易洽谈、储存运输等的依据和准则，也是对旅游商品质量争议做出仲裁的依据，对保证和提高旅游商品质量，提高生产、流通和使用的经济效益，维护旅游者的合法权益等都具有重要作用。

【案例 9–1】

晋中以旅游标准打造晋商文化旅游品牌

近年来，晋中市质监局以标准助推晋中旅游经济发展，通过标准规范旅游服务质量，用标准规范旅游服务管理，为做大做强晋中旅游精品，发挥了积极作用。

截至目前，晋中市先后起草发布了《山西省旅游景区景点服务通则》《山西省绵山风景区名胜区旅游服务规范》《山西省平遥古城民俗客栈服务质量划分》《山西省平遥古城沿街店铺服务规范》《山西省乡村旅游客栈服务规范》《乔家大院旅游景区服务规范》等山西省地方标准。

这些标准既有共性通则类的标准，也有个性的某个景区的规范。既有涉及“住”的民俗客栈、乡村客栈标准，也有关于“购”的沿街店铺标准。在晋中旅游标准的“十一五”规划中，该局还将制定关于“食”的《晋菜系列标准》《晋中市餐饮业服务规范》《餐饮业计量规范》等；制定涉及“行”的《出租车运营服务规范》；制定“游”的有关大院晋商文化旅游服务规范、红色旅游规范；制定关于“娱”的旅游景区游乐设施旅游标准，使得晋中的旅游标准体系迈向系列化轨道，全面规范旅游行业的六大要素。

通过旅游标准的制定实施，把晋中旅游打造成为传统文化气息浓，景点内涵品味深，综合服务质量档次高的优秀品牌，实现三大效益。

一是实现景区品牌效益。近年来通过该局与有关部门的积极配合，使得晋中的旅游标准能够得到有效贯彻实施，旅游业作为晋中市的新型产业已经显示出了良好的发展势头，像平遥民俗客栈深受中外游客的青睐。还有介休绵山，标准化工作的开展，使绵山一举成为全省十大旅游区龙头。旅游标准化景区已经成为晋中对外交流的亮丽名片。在去年政府组织的"港洽会"、"珠洽会"、"乌洽会"等招商引资活动中，这些品牌景区吸引了投资者的眼球，许多旅游投资项目在晋中签约落地。

二是实现旅游经济效益。据平遥县旅游局统计，平遥接待的外国游客从1997年的1 300多人次，增加到2006年的近6万人次。2007年仅摄影大展期间，平遥就接待外国游客近7 000人次，是1997年全年的5倍多。

三是实现部门形象效益。通过大力实施旅游标准战略，该局赢得了地方政府的充分肯定，赢得了旅游企业的广泛赞誉，同时也赢得了游客的一致好评。

【案例分析】结合案例材料分析材料中的旅游商品标准属于什么类别，加深理解旅游商品标准对保证旅游商品质量、提高旅游产业效益的影响作用。

二、旅游商品标准的级别及内容

（一）我国旅游商品标准的分级

旅游商品属于普通商品的一种，因此我国旅游商品标准的分级适用于普通商品标准的分级，具体分为以下四级。

1. 国家标准

指由国家标准化主管机构批准发布，对国家经济、技术发展有重大意义，必须在全国范围内统一的标准。强制性国家标准代号为 GB，推荐性国家标准代号为 GB/T，其编号采用顺序号加发布年代号，中间加一字线连接号分开，如 GB 18383—2001，GB / T 19000—2000。

2. 行业标准

我国行业标准是指在没有国家标准的情况下，需要在行业范围内统一制定和实施的标准。行业标准代号如农业（NY）、医药（YY）、电子（SJ）、通信（YD）等，旅游业的标准代号为（LB）。行业标准的编号形式与国家标准相同。

3. 地方标准

我国地方标准是指在没有国家标准和行业标准的情况下，需要在某地区内统一制定和使用的标准。

强制性地方标准的代号由"DB"和省、自治区、直辖市行政区域代码前两位数字再加斜线组成；在上述代号斜线后再加"T"，组成推荐性地方标准代号，例如山西省推荐性标准的代号是"DB14/T"，其推荐标准《山西省旅游景区景点服务通则》编号为“DB12/T 114—2003”。

4. 企业标准

我国企业标准是指由企业制定发布，在该企业范围内统一使用的标准。

企业标准代号为“Q / ”；各省、自治区、市颁布的企业标准应在“Q”前加本省、自治区、市的汉字简称，如北京市为“京 Q/”，湖南省为“湘 Q / ”；斜线后为企业代号和编号（顺序号—发布年代号）。

【案例 9–2】

北京将颁工业旅游标准

工业旅游景点有讲解的游览时间应不少于 40 分钟；须提供无障碍通道；须免费提供景点介绍等相关信息资料；须提供游客专用的公共厕所，男女厕位比例为 2:3……北京市近日推出《工业旅游区（点）服务质量要求》，在征求公众意见修订后将全面实施。

据北京市旅游局副局长顾晓园介绍，北京工业正以其独特的魅力吸引着社会公众去认识、感知和体验它，工业旅游迅速兴起，近年来打造了“798”、“751”等一批拥有国际影响力的知名景点，累计参观游客达数百万人次。为推动北京工业旅游规范、健康发展，北京市工业促进局、市旅游局等多个部门经过 2 年多的实地调研，推出了北京工业旅游区（点）服务质量要求地方标准，在广泛征求公众意见后，将颁布实施。

记者看到，北京工业旅游地方标准对工业旅游的基础设施、环境、人员、安全、管理和服务等提出了明确而细致的要求，包括工业旅游景点须有讲解的参观游览时间应不少于 40 分钟，全部游览时间应不低于 1 小时；须提供无障碍通道等设施，方便残疾人游览；须免费提供景点介绍、景点分布示意图以及相关信息资料和宣传资料（多媒体、单片、画册、音像制品等）；须设置游客监督和投诉电话，专人负责处理、整改和回复等。

截至去年底，北京工业旅游已初步形成了都市工业类、现代制造业类、工艺美术类、高技术类、工业遗存开发利用类、循环经济类、老字号 7 大类产品。目前已拥有首钢、燕京啤酒、龙徽、牛栏山等 14 家“全国工业旅游示范点”企业。

（二）世界旅游商品标准的分级

世界旅游商品标准的分级同样适用于世界商品标准分级，具体分为以下等级。

1. 国际标准

指国际标准化组织（ISO）、国际电工委员会（IEC）和国际电信联盟（ITU）制定的标准，以及国际标准化组织确认并公布的其他国际组织制定的标准。

国际标准采用标准代号（如ISO，IEC）和编号（标准序号—发布年代号）来表示，如国际标准化组织发布的《旅游服务设施·宾馆及其他类型旅游膳宿供应·术语》编号为“ISO 18513—2003”。

2. 区域标准

指由世界某一区域性标准化组织制定的标准。区域标准的目的在于促进区域性标准化组织成员国进行贸易，便于该地区的技术合作和技术交流，协调该地区与国际标准化组织的关系。

国际上较为重要的区域标准有欧洲标准化委员会（CEN）制定的欧洲标准（EN）、欧洲电工标准化委员会（CENELEC）制定的标准、亚洲标准咨询委员会（ASAC）制定的标准、泛美技术标准委员会（COPANT）制定的标准、非洲地区标准化组织（ARSO）制定的标准等。例如欧洲标准学会发布的《旅游服务·专业旅游向导培训和资格认证程序的提供要求》（EN 15565—2008）。

3. 国家标准

指由各国政府标准化机构制定的标准，适用于制定国内部。例如美国国家标准学会发布的《旅游车烹调用煤气器具》（ANSI Z21.57—1993）、英国标准学会发布的《旅游服务·专业旅游指南培训和资格认证程序的规定要求》（BS EN 15565—2008）、德国标准化学会发布的《冬季体育器械·高山旅游滑雪的安全带·概念·安全技术要求和检验》（DIN 7891—1983）、法国标准化协会发布的《旅游信息办公室的业务·来访者接待服务·特点和说明》（NF X50-730—1997）等。表9-1给出了一些国外国家标准代号。

表9-1　国外国家标准代号

序号	代号	含义	负责机构
1	ANSI	美国国家标准	美国标准学会 ANSI
2	BS	英国国家标准	英国标准学会 BSI
3	DIN	德国国家标准	德国标准化学会 DIN
4	NF	法国国家标准	法国标准化协会 AFNOR
5	JIS	日本工业标准	日本工业标准调查会 JISC

4. 行业或专业团体标准

世界上一些国家的专业团体（学会、协会或其他民间团体）也发布一些标准，其中有些标准也是国际上公认的权威标准，它们为行业提供了很好的技术规范并被各国广泛采用。例如美国的美国保险商实验所（UL），发布了标准《旅游车用低压照明装置》（UL 234—1994）等。

【阅读材料 9-1】

一、国际标准化组织（ISO）

（一）名称

中文：国际标准化组织

英文：International Organization for Standardization（ISO）

（二）成立时间及过程

国际标准化组织的前身是国家标准化协会国际联合会和联合国标准协调委员会。1946 年 10 月，25 个国家标准化机构的代表在伦敦召开大会，决定成立新的国际标准化机构，定名为 ISO。大会起草了 ISO 的第一个章程和议事规则，并认可通过了该章程草案。1947 年 2 月 23 日，国际标准化组织正式成立。

（三）宗旨

在全世界促进标准化及有关活动的发展，以便于国际物资交流和服务，并扩大知识、科学、技术和经济领域中的合作。

（四）性质及总部地址

国际标准化组织是世界上最大的国际标准化机构，是非政府性国际组织，每个国家只能有一个团体被接纳为成员。ISO 总部设在瑞士日内瓦。

（五）规模（初建时的会员和现有会员数量）

国际标准化组织有 25 个始创成员国：奥地利、澳大利亚、比利时、巴西、加拿大、智利、中国、丹麦、芬兰、法国、匈牙利、印度、以色列、意大利、墨西哥、荷兰、新西兰、挪威、波兰、俄罗斯、南非、瑞典、瑞士、英国、美国。目前 ISO 共有成员团体 148 个，其中正式成员 97 个，通信成员 36 个，注册成员 15 个。

（六）组织机构及其下设机构

全体大会是 ISO 的最高权利机构，其组织机构还包括理事会、政策制定委员会、技术管理局、中央秘书局、标准物质委员会。国际标准化组织下设 225 个技术委员会（TC），目前仍在工作的有 188 个，600 多个分技术委员会（SC），2 000 多个工作组（WG）。

（七）组织的工作语言、主要活动和出版物

（1）工作语言：英语、法语、俄语。俄罗斯联邦成员团体将承担所有俄语与其他语言的互译工作。

（2）主要活动：制定和出版 ISO 国际标准，采取措施以便在世界范围内实施；协调全球的标准化工作；组织各成员和各技术委员会进行技术交流；与其他国际组织进行合作，共同研究有关标准化问题。

（3）主要出版物：《ISO 国际标准》《ISO 技术报告》《ISO 标准目录》《ISO 通报》《ISO 年刊》《ISO 联络机构》《国际标准关键词索引》。

（八）我国加入 ISO 的情况

中国是 ISO 始创成员国之一，也是最初的 5 个常任理事国之一。由于中华民国政府未按章交纳会费，1950 年被 ISO 停止会籍。1978 年 9 月，中国以中国标准化协会名义参加 ISO，1985 年改由中国国家标准局参加，1989 年又改由中国国家技术监督局参加。2001 年机构改革后，国家标准委代表中国组织参加该组织的活动。

（九）我国在组织中的任职情况

1985 年原国家标准局局长当选为该组织执行局成员，1988~1992 年原国家技术监督局派员担任该组织技术局成员，2001 年国家标准委温珊林担任技术局成员。

（十）台湾、香港、澳门是否为该组织成员

香港是 ISO 通信成员。原国家技术监督局已同意澳门成为 ISO 通信成员，但澳门还未加入。台湾不是 ISO 成员。

二、国际电工委员会（IEC）

（一）简介

IEC 成立于 1906 年，是世界上最早的国际性电工标准化机构，总部设在日内瓦。1947 年 ISO 成立后，IEC 曾作为电工部门并入 ISO，但在技术上、财务上仍保持其独立性。根据 1976 年 ISO 与 IEC 的新协议，两组织都是法律上独立的组织，IEC 负责有关电工、电子领域的国际标准化工作，其他领域则由 ISO 负责。IEC 的宗旨是促进电工、电子领域中标准化及有关方面问题的国际合作，增进相互了解。工作领域包括了电力、电子、电信和原子能方面的电工技术。现已制订国际电工标准 3000 多个。

（二）组织情况

IEC 的最高权力机构是理事会。目前有 53 个成员国，称为 IEC 国家委员会，每个国家只能有一个机构作为其成员。每个成员国都是理事会成员，理事

会会议一年一次，称为IEC年会，轮流在各个成员国召开。执行委员会处理理事会交办的事项。

IEC的技术工作由执委会（CA）负责。执委会为了提高工作效率，分为A、B、C三个组，分别在不同领域同时处理标准制订工作中的协调问题。IEC目前有104个技术委员会、143个分技术委员会。我国于1957年成为IEC的执委会成员。

（三）与通信有关的技术委员会

IEC与通信有关的技术委员会主要有：TC1 名词术语；TC3 文件编制和图形号；TC12 无线电通信；TC46 通信和信号传输用电缆、电线、波导、RF连接器和附件；CISPR 无线电干扰特别委员会；TC77 电器设备（包括网络）之间的电磁兼容性；TC92 音频、视频和类似电子设备的安全；TC100 音频、视频和多媒体系统与设备；TC102 用于移动业务和卫星通信系统设备；TC103 无线电通信的发射设备；JTC1/SC25 信息技术设备的互连；JTC1/SC6 系统之间的信息交换与通信。

IEC对于电磁兼容方面的国际标准化活动有着特殊重要的作用。承担研究工作的主要是电磁兼容咨询委员会（ACEC）、无线电干扰特别委员会（CISPR）和TC77。随着电子技术的飞速发展，IEC拟在电磁兼容方面开展认证工作。

（四）IEC与ISO

IEC与ISO的共同之处：它们使用共同的技术工作导则，遵循共同的工作程序。在信息技术方面ISO与IEC成立了联合技术委员会（JTC1）负责制订信息技术领域中的国际标准，秘书处由美国标准学会（ANSI）担任，它是ISO、IEC最大的技术委员会，其工作量几乎是ISO、IEC的1/3，发布的国际标准也是1/3，且更新很快。该委员会经ISO、IEC理事会授权使用特殊的标准制订程序，因此标准制订周期短，出标准快，但标准的寿命也短，有的几个月之内发布，过了几个月又马上开始修订。这主要是信息技术迅速发展造成的。该委员会下设20多个分委员会，其制订的最有名的OSI（开放系统互联）标准，成为各计算机网络之间进行接口的权威技术，为信息技术的发展奠定了基础。IEC与ISO使用共同的情报中心，为各国及国际组织提供标准化信息服务，相互之间的关系越来越密切。

IEC与ISO最大的区别是工作模式的不同。ISO的工作模式是分散型的，技术工作主要由各国承担的技术委员会秘书处管理，ISO中央秘书处负责协商，只有到了国际标准草案（DIS）阶段ISO才予以介入。而IEC采取集中管理模式，即所有的文件从一开始就由IEC中央办公室负责管理。

（三）旅游商品标准的内容

1. 旅游商品标准的制定原则

旅游商品标准的制定原则适用于普通商品标准制定原则，具体有以下几点。

第一，贯彻国家的有关方针、政策、法律、法规。

第二，充分考虑消费需求和社会需求。

第三，有利于保障安全和人民的身体健康。

第四，技术先进，经济合理。

第五，有利于合理开发和利用国家资源，保护自然资源和生态环境。

第六，积极采用国际标准和国外先进标准，充分考虑对外经济技术合作和贸易的需要。

第七，协调统一，完整配套，军民通用。

第八，掌握制定商品标准的时机，并根据科技发展和经济建设的需要适时修订。

2. 旅游商品标准的基本内容

旅游商品标准的基本内容符合普通商品标准的基本内容，具体包括以下几项。

（1）概述部分　包括封面、目录、标准名称、引言。

（2）技术内容部分　规定商品的质量指标和不同等级商品的基本要求，以及规定抽样方法、试验方法，以及商品的标志、包装、运输、储存条件等。

（3）附录补充部分　附录分补充件和参考件。补充件与标准条文具有同等效力，是对标准技术特性的补充；参考件是参考性的内容。

限于篇幅这里举一删减标准示例，其他完整标准示例可参考附录。

【阅读材料 9–2】

旅游商品行业标准示例

《绿色旅游饭店》（LB/T 007—2006）

前　言

由于全球生态环境的日益恶化，保护环境、保障人类健康已受到全世界的关注。各国、各地区、各行业都颁布了相应的法律、法规，出台了各种政策、措施，制定了相应的行业准则以约束并促进组织的环境行为。……

……

本标准转为创建绿色旅游饭店、实施环境管理提供指导。并对创建绿色旅游饭店、实施和加强环境管理提供切实可行的建议。

由于环境保护技术的发展、对环境问题研究的深入以及饭店环境管理水平的提高和环境绩效的改善，本标准将根据实际情况不断修订和完善。

本标准的制定主要参考版本为浙江省地方标准《绿色饭店》（DB33/T326—2001）。

本标准由国家旅游局提出，2006 年 3 月 23 日发布。

本标准主要起草单位：国际旅游局质量规范与管理司、浙江省旅游局。

本标准主要起草人……

绿色旅游饭店

1.范 围

本标准规定了创建绿色旅游饭店、实施和改进环境管理的要求。

本标准适用于任何创建绿色旅游饭店、实施和改进环境管理的旅游饭店。

2.规范性引用文件

下列文件中的条款通过本标准的引用而成为本标准的条款。凡是注日期的引用文件，其随后所有的修改单（不包括勘误的内容）或修订版均不适用于本标准，然而鼓励根据本标准达成协议的各方研究是否可使用这些文件的最新版本。凡是不注日期的引用文件，其最新版本适用于本标准。

GB12941—91　景观娱乐用水水质标准

GB3095—1996　环境空气质量标准

……

3.定义

下列术语和定义适用于本标准。

3.1 绿色旅游饭店（Green Hotel）

以可持续发展为理念，坚持清洁生产（见 3.2）、倡导绿色消费（见 3.4），保护生态环境和合理使用资源的饭店。

3.2 清洁卫生（Cleaner Productiong）

清洁卫生是指不断采取改进设计、使用清洁的能源和原料、采用先进的工艺技术与设备、改善管理、综合利用等措施，从源头消减污染 ，提高资源利用效率，减少或者避免生产、服务和产品使过程中污染物的产生和排放，以减轻或消除对人类健康和环境的危害。

……

4.基本原则

4.1 减量化原则

饭店在不影响产品及服务质量的前提下，尽量用较少的原料和能源投入。通过减小产品体积、减轻产品重量、简化产品包装，已达到降低成本、减少垃圾的目的，从而实现既定的经济效益和环境效益目标。

4.2 再使用原则

在确保不降低饭店的设施和服务的标准的前提下，物品要尽可能的变一次性使用为多次使用或调剂使用，不要轻易丢弃，减少一次性用品的适用范围和用量。

……

5.管理的基本要求

5.1 饭店最高管理者承诺持续改进环境绩效和污染预防，并遵守有关环保、节能、卫生、防疫、规划等法律法规和其他要求。

5.2 最高管理者指定一名管理者分管绿色旅游饭店的创建、实施与运行，各部门没有负责环境管理的分管人员，形成管理网络，创造能使员工充分参与创建绿色旅游饭店的内部环境。

……

6.绿色旅游饭店等级与划分

绿色旅游饭店分金叶级和银叶级两个等级。

6.1 金叶级应具备

6.1.1 饭店建立绿色管理机构，形成管理网络；

6.1.2 自觉遵守国家有关节能、环保、卫生、防疫、规划等法律法规；

……

6.2 银叶级应具备

6.2.1 饭店建立绿色管理机构，形成管理网络；

6.2.2 自觉遵守国家有关节能、环保、卫生、防疫、规划等法律法规；

……

7.绿色设计

7.1 环境设计

7.1.1 饭店设计中有保护当地自然景观和生物多样性的设计。

7.1.2 饭店建设为造成当地植被、水系及生态的破坏。

7.2 建筑设计

7.2.1 饭店设计充分考虑自然采光的设计与运用。

7.2.2 设计中考虑隔热、保温材料的设计与运用。

……

8.能源管理

8.1 基础管理

8.1.1 建立耗能设备分类与计量仪表台帐。

8.1.2 按部门或系统安装水、电、汽计量仪表，并设立计量仪表的数量、分布台帐。

……

9.环境保护

9.1 污染控制

9.1.1 各类污水处理设备完备且运行正常。

9.1.2 污水排放符合 GB8978—1996《污水综合排放标准》的要求。

……

9.2 积极采用环保型设备、用品和材料

9.2.1 使用溴化锂吸收式等环保型的冷水机组。

9.2.2 使用环保型（无氟）空调。

……

10.降低物资消耗

10.1 物资的使用总要求

饭店有降低及控制各类物品使用的措施，尽量做到减量使用、多次使用和替代使用。

10.2 降低客房物资消耗

10.2.1 减少客房各类棉织品洗涤次数。

10.2.2 客用品减量使用、多次使用。

……

11.提供绿色产品与服务

11.1 提供绿色客房

11.1.1 设有无烟客房楼层或无烟小楼。

11.1.2 客房楼层有新风系统。

……

11.2 餐厅提供绿色服务

11.2.1 有绿色服务规范。

11.2.2 积极提供绿色食品。

……

12.提供绿色产品与服务

12.1 社会环境效益

12.1.1 有系统的宣传措施。

12.1.2 得到社会的良好反映（有各种报道）。

……

12.2 经济效益

12.2.1 年能耗（电、水、燃料）费用占总营业收入的比例比上年下降或达到先进指标。

12.2.2 消耗品费用占营业收入的比例比上年下降或达到先进指标。

……

13.提供绿色产品与服务

13.1 参加评定资格

全国范围内，正式开业一年以上的旅游饭店。

13.2 评定机构和权限

13.2.1 全国旅游星级饭店评定机构统筹负责绿色旅游饭店的组织、领导、评定工作，制定评定工作的实施办法和评定细则……

13.2.2 省、自治区、直辖市旅游星级饭店评定机构按照全国旅游星级饭店评定机构的授权和督导，组织本地区绿色旅游饭店的评定与复核工作，保有对本地区下级旅游星级饭店评定机构所评绿色旅游饭店的否决权。……

3. 旅游商品标准的实施

旅游商品标准的实施是整个旅游产业标准化发展的一个重要环节。旅游商品标准的贯彻与实施，要依靠技术监督部门、产品归口部门、设计部门和企业等各方面相互配合，分工协作，共同努力。

旅游商品标准一经批准发布，就成为旅游商品生产、流通、消费领域的技术依据，各部门在贯彻执行中不得擅自更改或降低标准。

在贯彻实施旅游商品标准过程中，还要做好信息反馈、调查研究等工作，为将来的修订准备条件。

第二节 我国现有的旅游商品适用标准

我国旅游行业，通过多年的探索，标准化已经成为促进科学发展的重要技术支撑，成为提高旅游服务质量、规范旅游市场秩序、增强产业竞争力、加强行业监督管理和提升旅游公共服务水平的重要手段。

“十一五”期间，我国旅游标准化建设取得了明显成效，逐步建立起比较完善的旅游业标准体系。

2007 年 1 月，国家标准委、国家发改委、国家旅游局等六部委联合下发了《关于推进服务标准化试点工作意见》，同年 11 月，深圳市盐田区国家旅游服务标准化示范区试点项目正式获得国家批准立项。此后盐田区围绕“建立健全服务标准体系，扩大服务标准覆盖范围，创建安全、无障碍旅游服务标准化试点和创新标准化管理模式”的总体目标，全面开展标准化工作，逐步提升旅游企业在服务、管理、信誉、理念、品牌等方面的软实力。两年中，盐田区先后制定了景区游乐安全管理要求、旅游企业标准体系编制指南、标准化旅游标志系统等多个标准。2009 年 6 月，盐田区被正式授予“国家旅游服务标准化示范区”称号，成为全国首个获此殊荣的行政区。

2009 年 12 月，国家旅游局和国家标准委签署了《关于推动旅游标准化工作的战略合作协议》。根据《协议》，国家旅游局和国家标准委共同成立“旅游标准化工作协调推进委员会”，建立工作机制，研究、协调、推动旅游标准化工作的有关事宜。《协议》确定了双方联合制定推动旅游标准化发展政策文件、推进旅游标准体系完善、建立旅游标准化人才培训制度、推动旅游标准化工作国际化和加强旅游标准化工作资金保障等 5 个重点合作领域。

2010 年 9 月初，全国旅游标准化工作会议暨全面推进旅游标准化试点工作启动仪式在山东省青岛市举行，会议提出，全面推进旅游标准化试点工作是促进我国旅游产业转型升级的必然要求，也是 2010 全国旅游服务质量提升年的重要工作，更是进一步夯实我国旅游业发展基础的重要支撑，全面推进旅游标准化试点工作，是新时期下旅游标准化工作由点到面、系统推进、全面铺开的战略性创新和重要举措。

经过“十一五”期间的不断努力和突破，如今我国的旅游标准体系已初步建立，颁布了《旅游业标准体系表》，初步构筑了以旅游业诸要素为基础的旅游标准体系框架。截止到2010年，我国旅游行业已经颁布了12项国家标准和7项行业标准、100多项地方标准，旅游业被国家标准委列为国家服务业标准体系的重点领域。

其中，在一些地区人们眼界开阔，步伐较快，制订了较为典型的、效果明显且与世界接轨的地方标准，例如江西省婺源县定位“中国最美乡村”，着力发展以乡村旅游为核心的地方标准体系，婺源景区已通过ISO14001国际环境体系认证和ISO9000国际质量体系认证，婺源的一整套以农家乐乡村旅游为特色的地方标准体系，已经上升为《江西省星级农家旅馆评定标准》；广西壮族自治区阳朔县结合品牌培育、城乡风貌改造、乡村旅游、强化行业管理等方式，先后制定了《民居旅游示范村评比标准》《阳朔县民居旅馆管理暂行办法》和《阳朔县地方旅游管理办法》等具有地方特色的管理标准和评价机制，不断提高旅游管理水平和旅游服务质量，还计划制定竹筏游旅游标准、自行车游旅游标准、乡村旅游标准等。

除了国家和地方政府如此，许多旅游企业出于提高自身素质、提高员工效率、提高企业经济效益的考虑，也高度重视标准化工作，积极宣传贯彻旅游业国家标准、行业标准，积极探索企业标准，客观上推动了旅游标准化整体工作的进展。

一、我国旅游商品适用的国家标准

表9-2列出了我国现有的旅游商品适用的国家标准，这里不做详细介绍，在附录中将会附上几个具有代表性的国家标准供读者进一步了解和使用。

表9-2　我国现有旅游商品适用的国家标准

名　　称	发布单位
《旅游景区质量等级的划分与评定》（修订）（GB/T17775—2003）	国家旅游局
《旅游规划通则》（GB/T18971—2003）	中华人民共和国国家质量监督检验检疫总局
《旅游资源分类、调查与评价》（GB/T18972—2003）	中华人民共和国国家质量监督检验检疫总局
《旅游厕所质量等级的划分与评定》（GB/T18973—2003）	中华人民共和国国家质量监督检验检疫总局
《标志用公共信息图形符号　第2部分：旅游设施与服务符号》（GB/T 10001.2—2002）	中华人民共和国国家质量监督检验检疫总局

表 9–2（续）

名 称	发布单位
《标志用公共信息图形符号 第 2 部分：旅游休闲符号》（GB/T 10001.2—2006）	中华人民共和国国家质量监督检验检疫总局
《旅游服务基础术语》（GB/T 16766—1997）	国家质量技术监督局
《游乐园（场）安全和服务质量》（GB/T 16767—1997）	国家旅游局
《标志用公共信息图形符号第 1 部分：通用符号》（GB/T 10001.1—2001）	国家旅游局
《导游服务质量》（GB/T 15971—1995）	国家旅游局
《内河旅游船星级的划分与评定》（GB/T 15731—1995）	国家技术监督局
《自然保护区生态旅游规划技术规程》（GB/T 20416—2006）	中华人民共和国国家质量监督检验检疫总局
《非公路用旅游观光车通用技术条件》（GB/T 21268—2007）	中华人民共和国国家质量监督检验检疫总局；中国国家标准化管理委员会
《星级旅游饭店用纺织品》（GB/T 22800—2009）	中华人民共和国国家质量监督检验检疫总局；中国国家标准化管理委员会

二、我国旅游商品适用的行业标准

表 9-3 列出了我国现有的旅游商品适用的行业标准，这里也不做详细介绍，在附录中将会附上几个具有代表性的行业标准供读者进一步了解和使用。

表 9-3 我国现有旅游商品适用的行业标准

名 称	发布单位
《绿色旅游饭店》（LB/T 007—2006）	国家旅游局信息中心
《星级饭店访查规范》（LB/T 006—2006）	国家旅游局
《旅行社出境旅游服务质量》（LB/T 005—2002）	国家旅游局
《旅行社国内旅游服务质量要求》（LB/T 004—1997）	国家旅游局
《星级饭店客房客用品质量与配备要求》（LB/T 003—1996）	国家旅游局
《旅游饭店用公共信息图形符号》（LB/T 001—1995）（已并入国际 GB/T 10001.2—2002）	国家旅游局
《旅游汽车服务质量》（LB/T 002—1995）	国家旅游局
《旅游饭店星级的划分与评定》（LB/T 14308—2003）	国家技术监督局

三、我国其他已立项的旅游商品适用标准

《国家旅游度假区》

《旅游汽车设施与服务规范》

《国家生态旅游区》

《旅游汽车公司资质等级的划分与评定》

《旅行社入境旅游服务质量》

《旅游饭店计算机管理系统技术规范》

《旅游电子商务技术规范》

《游览船设施与服务规范》

《旅游咨询中心设施与服务规范》

《旅游滑雪场设施与服务规范》

《旅游娱乐场所设施与服务规范》

《旅游餐馆设施与服务规范》

《旅行社资质等级的划分与评定》

《旅游购物场所设施与服务规范》

《旅游公寓（别墅）星级的划分与评定》

《旅游区（点）服务指南》

《饭店服务指南》

第三节　旅游商品标准化与旅游业的发展

一、标准化的概念

我国 GB/T20000.1—2002 对标准化的定义是:“为了在一定范围内获得最佳秩序，对现实问题或潜在问题制定共同使用和重复使用的条款的活动。”它主要有以下三方面含义。

第一，标准化是一项活动，一个过程。

第二，标准化涉及的现实问题或潜在问题范围非常宽广，除了生产、流通、消费等经济活动以外，还包括科学、技术、管理等多种活动。

第三，标准化活动是有目的的，就是要在一定范围内获得最佳秩序。

二、旅游商品标准化及其作用

（一）旅游商品标准化

是整个旅游产业标准化活动中的重要组成部分，它是在旅游商品生产和流通的各个环节中制定、发布以及推行旅游商品标准的活动。

旅游商品标准化水平是衡量一个国家旅游产业生产技术水平和管理水平的尺度，是现代化旅游业发展及旅游强国的一个重要标志。

（二）旅游商品标准化的作用

第一，旅游商品标准化是现代化旅游商品生产和流通的必要前提，是巩固和发展旅游专业化协作生产的基本条件。

第二，旅游商品标准化是建立最佳秩序，实现现代化旅游业科学管理以及全面质量管理的基础。

第三，旅游商品标准化是提高旅游商品质量和合理发展旅游商品品种，提高旅游企业竞争力的技术保证。

第四，旅游商品标准化是合理利用国家资源、保护环境、增产节约、促进旅游经济全面发展和提高社会经济效益的有效手段。

第五，旅游商品标准化是积累实践经验，推广应用新技术，促进技术进步的桥梁。

第六，旅游商品标准化是国际经济、技术交流的纽带和国际旅游贸易的调节工具。

三、旅游商品标准化与旅游业的发展

实际上，紧紧围绕旅游行业管理工作的实际需要，正是我国旅游标准化工作取得成效的一条重要经验。实践证明，旅游标准在促进行业素质提高方面起到了巨大作用，已经成为行业管理的一柄利器。旅游标准化工作已经成为促进旅游业发展、规范旅游行业、加强行业管理、与国际接轨的一项重要工作和必要手段。反过来，标准化工作也推动了行业管理在广度、深度上的拓展，给行业管理提供了许多新的手段和途径，收到了实效。

此外旅游标准化工作对服务标准化工作起到了带动作用。我国旅游业近年的飞速发展，有力地带动了第三产业的发展，旅游标准化工作对推动我国服务标准化进程产生了积极影响。国家标准《旅游饭店的星级划分和评定》成功地将星级概念和星级评定制度引入我国旅游行业，产生了巨大的经济效益和广泛的社会影响。星级代表着优质服务的观念已经在全社会形成，对推动我国服务业的整体质量的提升发挥了积极作用。

2009年，国家旅游局出台了《全国旅游标准化发展规划（2009～2015）》，对旅游业标准体系的框架、结构、内容进行了全面修订，制定了新的《全国旅游业标准体系表》并提出，要通过大力实施旅游标准化引领战略，建立适应我国旅游业发展的旅游标准化管理体制与工作机制，形成较为完善的旅游标准体系，取得一批旅游标准化理论研究的重要成果，完成主要标准的编制修订工作，扩大旅游标准领域的覆盖面，促进旅游服务质量、管理水平和产业竞争力的全面提高，形成建设世界旅游强国的技术支撑和保障体系。

目前我国旅游业的发展方式正在发生深刻的变化，最突出的特点就是向内涵式发展方式的转变。旅游业发展在突出抓好旅游基础设施等硬件建设的同时，更加重视与之配套的软实力建设；更加重视以标准化提升旅游品牌形象和旅游服务质量，以标准化引领旅游产业走向更高层次的发展阶段。在新的历史时期，要不断加大旅游标准的实施力度，扩大旅游标准的覆盖面，进一步规范和提高旅游产品和服务质量，为我国旅游业的发展奠定更为坚实的基础。

【思考题】

1. 什么是旅游商品标准，什么是旅游商品标准化？
2. 我国旅游商品标准如何分级，它们之间有何关系？
3. 旅游商品标准制定应遵循哪些原则？
4. 如何评价旅游商品标准化的经济效果？

第十章　旅游商品发展的文化战略

【学习目标】

- 理解旅游文化与旅游商品文化
- 了解旅游商品与中国传统文化的互动作用
- 了解旅游商品与国际文化的互动作用
- 掌握旅游商品发展的文化战略

【知识要点】

- 旅游商品文化
- 旅游商品文化的“原生态”战略
- 旅游商品文化的“国际化”战略

第一节　概　　述

一、文化与旅游文化

20世纪80年代以来，越来越多的学者开始关注“旅游也是一种文化现象”，强调“文化是旅游业的灵魂”，要充分挖掘旅游资源的文化底蕴；强调要提高旅游者和旅游经营者的文化素质，以利于经济发展与环境保护的同步进行；强调人与自然的和谐共处，以利于旅游业的“可持续发展”。

同时，以文化为基点的一股巨大的旅游研究热潮涌起，这股潮流使得人们开始重视旅游产业的文化特点，从文化的角度去研究旅游的方方面面。

现代旅游业的发展，既推动了各国之间的文化交流，也促进了国内地区间、民族间的文化传播，促进了现代文化与传统文化的撞击与升华，进而形成独特的旅游文化体系。

关于旅游文化的定义，从20世纪80年代以来，众多学者给出了不同的理解，较为经典且具有代表性的有以下几点。

魏小安（1987）认为旅游文化是通过旅游这一特殊的生活方式。满足旅游者求新、求知、求乐、求美的欲望。由此形成的综合性现代文化现象。

喻学才（1995）在《中国旅游文化传统》中提出，旅游文化指旅游主体和旅游客体之间各种关系的总和。

贾祥春（1997）提出旅游文化是一种全新的文化形态，是环绕旅游活动有机形成的物质文明和精神文明的总和。

刘卫英、王立（1998）认为旅游文化是人类创造的有关旅游不同形态特质所构成的复合体。

王德刚（1999）给旅游文化下的定义是，旅游文化是以旅游活动为核心而形成的文化现象和文化关系的总和。

谢春山（2000）提出旅游文化是传统文化和旅游科学相结合而产生的一种全新的文化形态。

二、旅游文化与旅游商品文化

（一）旅游文化因素在旅游商品中的体现

旅游文化因素是旅游商品的核心成分，旅游商品从其主题、资源构成、功能等方面体现文化特征。

1. 旅游商品的主题

指旅游商品中蕴藏的文化含义，是旅游商品的灵魂，旅游商品因为有了灵魂而生动起来。通常作为旅游商品主题的是一个完整的文化体系，在旅游商品的各种特性中反映该文化体系的具体构成，它是旅游商品生命力的源泉。实践证明，文化品位越高，旅游商品的价值越高，也越受欢迎。

2. 旅游商品的资源构成

指开发、生产、组合旅游商品所用的物质材料。物质材料的选择同样会反映出地域的文化特点和差异。就地取材，反映当地人的思维和生活方式，尤其历史悠久的“材”反映出的深厚文化背景，是旅游商品吸引力的主要来源。

3. 旅游商品的功能

旅游商品像普通商品那样提供给消费者的主要是实用功能，旅游商品更多地给旅游者提供的是精神功能，这种精神功能往往是一个系统的集合，其功能组成来源于旅游商品的资源构成和主题所依托的文化背景，又因为这种文化背景的复杂因素构成而形成了众多的精神功能。旅游者因为个人的民族特征、价值观念、审美情趣、宗教信仰的不同而从旅游商品获得的精神满足不同。

（二）文化因素在旅游商品开发中的意义

1. 增强旅游商品文化性

旅游者购买旅游商品的需求，本质上都是对文化的需求，是旅游活动中寻求美的延伸。不管满足游客的哪种需要，旅游商品都应该具有当地的特性，带有当地的文化符号，反映当地的文化内涵。层次越高，对文化的要求就越高，所以文化含量的高低直接决定着旅游商品吸引力的高低，即旅游商品文化性的优劣。

2. 提升旅游商品文化附加值

文化因素能使旅游商品满足游客更高层次的精神需求，所以游客愿意花更高的价格购买旅游商品。具有较强地方特色的文化性旅游商品一般源于民间，历史悠久，群众基础好，投资小，见效快，因此文化因素可以提高旅游商品的利润空间。

3. 打造旅游商品品牌形象

旅游商品依托地域文化生存发展，同时又向游客展示这种文化，文化即相当于旅游商品的标牌，甚至已经成为一个地区、国家的形象代表，吸引旅游者的造访。从市场营销角度分析，这些地域文化就是旅游商品的品牌形象，旅游商品被带到了哪里，地域文化就宣传到了哪里。许多旅游者正是通过这些有标识性的地域文化来认识和了解一个国家、一个地区，进而购买旅游商品实行旅游消费的。

第二节 旅游商品与中国传统文化

从文化的角度看旅游商品的发展，我们不能把视野停留在中国，而要走向世界，但是要建设有中国特色的旅游业，开发特色的旅游商品，却不可不对中国传统文化进行挖掘和利用。

1987 年 9 月，在武汉举行的首届旅游学学术讨论会上。与会代表对具有中国特色的旅游文化传统进行了认真的研讨，其研讨结果从中国旅游文化的发展角度体现出了对中国传统文化的显现。

例如“中国古代从司马迁到顾炎武，治学与旅游相结合，一直是广大读书人相沿不改的传统”，体现出我国古代游学的文化思想；“崇尚真实性是我国旅游文化的一大特色”，体现出中国传统文化的唯物主义积淀；“中国传统的旅游文化对人的因素十分看重，先民对于旅游资源保护和建设均强调自然本色而反对人为雕凿”，体现出古代天人合一的文化思想；“传统的中国旅游文化还十分注意把发展旅游和实施仁政结合进行”，反映了古代人民师法自然的文化思想。

从20世纪90年代开始，国家开始重视传统文化在旅游业中的地位。如曾任国家旅游局局长的何光畲同志在“95中国曲阜国际孔子文化节的开幕式”上发言。明确肯定以孔子为代表的传统文化，说明随着国内旅游的蓬勃兴起和中西旅游文化的交流，中国传统文化受到越来越多的关注，也出现了许多学者的经典研究。

如张来芳（1998）指出诗经的文化包含了旅游景观的历史确认、民俗风情的历史遗存，而且诗经旅游文化还具有自然美、典雅美等美学价值；魏宏灿（1998）提出庄学精神是山水旅游文化的源泉；束有春、焦正安（1998）对佛教旅游文化进行了分析，指出佛教等宗教文化景点在旅游业中不可低估的合力作用；另外周思琴、方燕（1998）都对魏晋南北朝的旅游文化进行了分析。

第三节 旅游商品与国际文化

中国已成为世界旅游大国，正在向世界旅游强国的目标迈进。旅游商品在关注传统文化的同时，也必须关注国际文化，这样才能使旅游商品既满足国际游客的旅游消费需求，同时又利于我国文化的宣传，及世界文化的进一步融合。

每个旅游者都是在一定的文化环境中成长并生活的，他的思想意识也会受到这些文化环境的深刻影响。因此关注旅游商品与国际文化接轨，首先要研究中西方文化差异。

一、中西文化差异的根本原因

文化的差异性来源于不同的自然环境和不同的历史发展过程。

（一）自然环境差异

自然环境是人类社会及民族存在和发展永恒的、必不可少的物质前提。某个民族在一定区域内居住、劳动和生活，同时也就创造了相应的文化。与这个民族以及相应文化相联系的有关自然地理条件就是我们所说的自然环境。一般说来文化的差异最初都是来自于对自然世界认识的差异。自然地理条件决定了各民族各地区文化发展的最初方向。

中国自然地貌“三面高原一面向海”的特征对于古代人民来说属于一个相对闭塞的环境，使得古代中国文化基本上与外隔绝。同时地大物博的生态环境促进了自给自足的自然经济发展，使得中国人赞成尽物之性、顺物之情。而农业社会的稳定，家人亲友的长期聚居，使得中国人自古将惜别看得非常重。这些影响形成了中华民族在思想文化上表现为喜同不喜异、喜静不喜动、喜稳不喜变的特征。

而西方文化的活水源头是古希腊文化。古希腊文明发源于地中海，其所处的海洋环境培养了西方民族原始的冒险外倾的民族性格。在他们看来，人类的力量与海洋比较起来显得很渺小和脆弱。但是人类依靠自身所具有的勇敢、刚毅、伟大斗争精神征服了大海，因而人类的气魄比海洋更伟大。这一切也都塑造了西方民族开放、勇敢的性格。

因此从整个古代社会和文化现象看，西方都是以个人为起点，向外开拓，不断地自我追求、自我拓展，同时也自我革新；而中国因封闭式、自我满足式的农业社会，表现出强烈的对乡土的眷念和对安谧生活的向往。

（二）社会环境差异

社会环境主要指由制度、政策、法规等构成的社会意识形态的总和。

中国几千年封建社会的发展中，战乱不止，动荡不息，但超稳定的农业生产方式、社会组织形式、宗法伦理观念始终维系着中华民族的传统和生存。中央集权的政治制度、以血缘纽带为基础的宗法制度使得老百姓产生了喜静厌动以及重乡土、重血缘的社会心理。而以孝为核心的伦理观念又限制了中国人的外出探求行为。孔子就曾指出：“父母在，不远游，游必有方。”

而西方民族海上商贸频繁的经济活动，促进了西方人进取冒险民族性格的形成。古希腊的民主政治制度使得民主观念、法治意识成为了社会全体成员所达成的共识。他们认为人人能力相等，地位平等，行为自由，人与人之间更多地体现了一种独立的性格。在这样的政治背景下，国民的精神被极大地调动起来，形成了开放、积极、进取的民族精神。

二、中西文化差异的表现

（一）人与自然的关系

中国传统文化中重视“天道”，讲究天人合一的精神，强调人的行为要符合自然的发展趋势，这也导致了对个体人格伸张的一种天然的束缚，使得人们习惯于乐知天命、安分守己的处世之道，进而形成了中国人中庸平和的民族性格。

而西方民族基于“天人相分”的认识，强调人与自然分裂、对立，强调人与自然的斗争，促成了西方民族强烈的独立意识和挑战意识。从而塑造了人们讲求效率、勇于竞争、不怕冒险等外向的行为方式。

（二）人与人的关系

中国文化体系中比较注重人际关系。为淡化和缓解人际矛盾冲突，便有了“中庸”、“仁”、“礼”等伦理说教，强调服从与秩序，主张协调和宽容。

与传统中国相反，西方文化对人的个性非常崇尚，追求个体的优先地位，具有强烈的个人主义色彩和明显的个性精神，喜欢标新立异、独树一帜，追求自我独立、自我发展。

（三）生活方式

中国人喜欢纯朴悠闲的生活、家庭生活的欢乐和社会各种关系的和睦。中国人对世俗生活呈现出温和、内倾的特点。

西方人同样追求享乐，但他们的功利意识非常浓厚。人们努力追逐物质财富，改造和征服自然，从而刺激了西方人工作、获取和创造的积极性。

简单而言，可以将其概括为一静一动。

三、中西文化差异对旅游商品购买行为的影响

（一）对购买动机的影响

从总体上说，西方人的旅游动机要比中国人强。在这一点上，不能排除中西方经济水平差距的原因，但这种差异有着更为深远的文化原因。

中国人强调顺应自然、人与自然的和谐，推崇伦理等级关系、和谐的人际关系与社会的平衡稳定。这都对中国人的出游动机产生了阻碍作用。

而西方文化强调支配自然，改造和征服自然，以个人主义为中心，追求享乐，塑造了西方民族明显的外张性格，这使得西方人较中国人更愿意出游，更愿意探求和认知外面的世界。

（二）对旅游需求心理的影响

中国传统文化的特点决定了中国人缺乏冒险的旅游需求心理，对旅游活动中复杂性、多样性的追求极为有限，对具有冒险性质的旅游活动甚至予以拒绝。

而西方民族强烈的探索意识使得他们不惜冒险，在旅游需求心理上表现为征服自我，展现自我。从而满足个人的成就感，体现个人的竞争能力。我们所见的西方旅游者，多具有主动、热情、不畏艰难的特点，他们往往喜欢一些极具刺激性的旅游项目，以此来张扬人的个性。

总体而言，中国社会的静态性则使旅游需求心理趋于舒缓和内敛，而西方

社会的动态性使得他们的旅游需求心理倾向于急速和激烈。

（三）对旅游景观商品选择的影响

中国人具有较强的群体观念，易受他人支配，从众心理严重。在选择景观旅游商品时，很容易听从他人的意见，受他人或社会流行的影响，从而使得一些知名度较高的旅游景观在旺季期间达到饱和甚至超载，而一些景色奇美的旅游地却很少有人问津。

西方旅游者因为极富冒险精神，而且受个人自由主义的影响，他们在旅游景观商品的选择上往往趋向于人迹罕至的旅游地。喜欢率先来到这些地区享受新鲜的经验和发现的喜悦。喜欢接触并渴望了解他们不熟悉的文化和人群。

一般而言，凡是极具特色或个性突出的景观商品，往往会成为西方旅游者选择的对象。而中国人喜欢一些较为平和或静谧的景观，一般选择的多是熟悉，甚至人人皆知而且规划建设得相当成熟的目的地，而对于一些旅游开发不是很成熟，或地处边远地区的景区却不感兴趣。

（四）对旅游商品审美的影响

中国人崇尚静，认为静是万物的主要形态。所以观静成为了中国的审美活动和范围。它与人的心理体验相结合，通过旅游审美来达到怡乐性情、愉悦身心的目的，体现出人性自由的审美情调。

而西方人外倾的性格使得他们考察美、感受美都着眼于动态。西方的旅游审美往往通过溢于言表的激动、兴奋来表达，因而在西方旅游中一些刺激、恐怖的旅游活动，对于中国旅游者而言毫无美感可谈。而西方人自己却因为其恐怖、血腥而全身心投入，感觉津津有味，他们追求的是一种形式美和现实美的享受。

第四节　旅游商品发展的文化战略

一、旅游商品的“原生态”发展战略

（一）旅游商品文化的“原生态”

从文化发展的历史角度看，文化本身是一个动态的适应与调整的过程，所以旅游商品文化的“原生态”（指文化的真实性）也是一个动态运动过程，在利用地方特色文化、民族民俗文化开发旅游商品的过程中，必须把文化较真实地

搬上舞台，以适应现阶段的旅游需求。

例如要发展以民俗文化为基础的旅游商品，一定要倡导真民俗而摒除伪民俗。防止各种各样的伪劣假货打着“民俗”的旗号，滥竽充数，散布各种错误的、莫须有的文化信息，误导游客，败坏民俗文化旅游商品的名声，干扰破坏旅游事业，贻害国家文化建设大业。

（二）“原生态”战略的核心

若将“原生态”理解为传统文化应该从一代传到下一代，“不能有任何改变的原汁原味”，这对旅游地文化是一种片面的认识。从文化变迁理论可知，任何一种文化都处于一种恒常的变迁之中，即传统文化不是一成不变的，而是不断发展和变化的。

旅游商品“原生态”战略的关键是旅游商品如何在发展过程中维持传统的文化“灵魂”。一种文化代表着一个地域、一个民族。人们通过特定的服饰、习俗、宗教信仰、价值观等文化因素来获得各自民族的身份认同。任何一个地区一旦失去了文化代表民族身份认同的这个“灵魂”，那么这个地区的旅游商品“魅力”也就消失了。

（三）辩证看待旅游商品的“原生态”战略

文化并不是一成不变的，它是变化的、发展的。对于地方文化或是民族文化来讲，它之所以能够连绵成百上千年，是因为它一直是与时代同步前进的，是流动的，有活力的。

地域、民族文化的发展。一是靠自身的创造更新能力，这种发展是缓慢和主动的；二是靠外来文化的补充丰富，启发刺激，它虽然是被动的，但却是文化发展的捷径。

在通信业如此发达、传媒力量如此强大的今天，任何地区、任何民族的文化已受到了外部各种文化的影响。如果把旅游业看做是对地域、民族文化的激励与充实，那么旅游商品所重新挖掘、复原或创造的这些真实就能够成为一种积极的文化力量。使处于其他现代化势力冲击之下正在不断衰落的传统文化得到复兴和光大，推动当地人创造新的属于本民族的真实性文化。

但需要说明的是，外来文化对地域、民族文化的推动，必须以当地人的意见与参与度为前提。也就是说，如果当地人大多数反对这个主题，那么他们就会退避三舍，袖手旁观，或者干脆反对，所以从这一层面上来讲，真实性就意味着赞同和接受。

因此如果一个地区或民族文化旅游商品能由当地人来决策和组织，受到大多数当地人的高度评价和积极参与，而且是以真实的民族文化为基础，与游客共享，那就可以认为这种旅游商品就具有“原生态性”。

因此保持地域、民族文化旅游商品的真实与完整是必要的。但文化自身也需要发展与延续，不能因为保护的需要而原地不动，止步不前，尤其是经济不发达地区。如果过分强调保护，对传统文化可能出现的“丧失”或者转变表现出恐惧和悲伤，并试图隔绝这种威胁。“保存”传统文化模式，就违背了文化的发展规律。事实上，旅游商品文化丧失真实性的问题，并不是商品化本身造成的，关键在于旅游商品供给者如何把握。

二、旅游商品的“国际化”发展战略

文化的差异导致了中西方旅游者在旅游消费行为方面的种种不同，因此在旅游商品“国际化”发展过程中应注意以下几个方面的问题。

（一）旅游商品的设计、开发及营销应有针对性

当今国际旅游者的出游动机多种多样，由此引发旅游心理需求上的“个性、多样、参与和自助”。他们对生活中的多样性要求极为强烈，喜欢冒险，希望借助旅游来实现自我价值，尝试新的与众不同的东西，更希望能按照自己的个性决定购买适合自己的旅游产品。因此对于旅游业来说，要针对中西方旅游者的特点开发经营和宣传旅游商品。

首先，要不断开发新旅游商品以吸引那些寻求新异刺激、喜欢冒险的旅游者；其次，要运用现代化的手段和渠道，使他们能够快捷、方便地了解满足其个性需要的旅游商品，获取旅游资讯；同时企业可以通过网上问卷调查等形式发现各类旅游消费者追求的消费价值，发现新的旅游市场空间，开发新的旅游消费热点。

（二）要确保民族文化特色，增强旅游吸引力

当代的西方旅游者对于单独做远距离国际旅游的要求相当强烈。他们要求另辟蹊径，按自己独特的意愿自我设计路线和安排活动，避开旅游点的喧闹，深入到当地居民的生活和工作中去了解其风土人情。这使得他们有更多的机会接触旅游地文化。因此旅游地在开发旅游商品时一定要保持其鲜明的地方特色和民族特色，创造优良的人文环境，对其进行科学的、高品位的开发。要在“土（风土人情）、真（返璞归真）、品（文化品位）”上下功夫①，弘扬民族传统文化的深层内涵，以其差异性来吸引不同文化背景下的中西方旅游者。

① 吴世泉.对宜昌建成国际旅游文化城的思考[J].长江流域资源与环境，1997，(4).

（三）了解中西方游客的个体差异，满足个性化需求

国际旅游消费者来自世界各地，而各个国家和民族由于自然和社会的环境影响，长期以来在风俗习惯、生活方式等方面形成了独特的风格。这些风格对人们个性心理的发展起着巨大的作用，使得他们的性格具有浓厚的国家和民族色彩，因此旅游商品的“国际化”发展必须基于了解旅游者之间的个体差异，从国家和民族特点上进行调查研究，了解他们的风土人情、风俗习惯、宗教信仰和生活方式上的特点，有针对性地采取不同的开发方向和设计方案，满足他们个性化的需求。

（四）加大旅游商品文化宣传的力度

国际化的发展离不开大力的宣传，旅游商品文化的宣传有其自身的特殊性，并不像传统的广告宣传借助音像等手段，旅游商品文化的宣传强调高雅性、潜化性、针对性。熊学忠、赵玲（1998）提出在旅游文化宣传中，要重视旅游文学潜在的宣传作用；刘建平（1997）指出对外宣传要有目标市场，要有宣传手段，要有宣传方法。

【案例】

开发旅游商品　山东吃准民俗文化

转产或是离开，山东的旅游商品生产商面临着艰难的选择。

10月，对于山东的旅游商品商家来说，应该是一个销售的旺季。不仅仅是因为黄金周，10月中旬召开的黄河口旅游文化博览会、旅游商品文化博览会，都会吸引来自各地的采购商。然而今年多数商家却皱起眉头，因为他们面临着一个艰难的选择：全面更新产品，或是等待被淘汰。而且山东先后召开的几次研讨会上，“加紧特色旅游商品研发”、“九成以上创新产品投入生产”的政策导向，以及全省各地旅游商品研发基地成形，都使他们相信，旅游商品市场一个更大规模的转型还在后面。

一、旅游兴旺旅游商品“跟不上”

最令山东尴尬的是，旅游市场兴旺，旅游商品却出现“跟不上”的情况。据了解，尽管山东是国内的旅游大省，2006年旅游总收入达1260亿元，但旅游购物收入却仅占旅游总收入的19.3%。其中，潍坊1720亿元国民生产总值中，旅游收入只有62亿元，所占比重远低于10%，而烟台，旅游购物占旅游收入的比重也仅为18.2%。这不仅低于世界旅游购物30%左右的平均比重，而且低于全国旅游市场28%的比重。记者专门就山东特色旅游商品，对几位曾到山东旅游的消费者进行调查。多数被采访者表示，不知道买什么好或者到哪儿去买。魏女士告诉记者，自己听说过山东平阴玫瑰浆、玫瑰膏，但到山东后，四处打听，却被告知只能到平阴购买。甚至不少导游对此也不甚清楚。从业3年的冯蕾怎么也想不起哪里出售木鱼石杯："我们带团一般不安排购物项目，所以也不知道该去哪儿买。"

在专家看来，正是这种"缺少文化特色、零散发展的特点，使得山东旅游商品缺少地方特色，缺少购买力"。同时促使山东狠下决心，调整旅游商品市场的另一个直接原因是，近几年，山东先后邀请多位专家"把脉"。专家们的意见颇为一致，目前过多过滥的低档仿制小商品，容易降低山东的文化品位，必须转型；景区内的商业布局必须调整，重点推出有针对性的符合景区定位的旅游商品。

然而，与其他旅游大省一样，山东旅游纪念品开发最大的问题依然是，产品设计不能与景区景点密切结合。山东旅游商品开发服务中心开发部负责人叶朗宁教授在接受记者采访时说："旅游商品是一个地方的文化载体，因此旅游商品的开发要赋予民俗特色，保持传统，才会有个性。同时也并不是所有的民俗物品都能转化成旅游商品，旅游商品开发必须兼具实用性、工艺性以及纪念性等特点。"实际上，由于山东民俗文化丰富，因此旅游商品开发可挖掘题材也较为丰富。这使山东具有发展特色旅游商品的基础优势，也是山东转型的推助力。

在叶朗宁教授看来，作为特色文化聚集区域，山东有旅游胜地泰山、地方戏吕剧、文物资源龙山文化遗址等，这些特色文化都可以通过市场手段，转化成旅游商品的开发资源。持同样观点的，还有全国"幸福之旅"网络联合体会长姜苏。他认为，山东的民俗工艺品较多，拥有像风筝、木版年画、剪纸、红木嵌银、蓝宝石、奇石、高密三绝等，这些都是开发旅游商品的独特资源优势。

二、转型第一步：从特色文化纪念品开始

转型的真正"落实"，从重奖征集旅游商品的创新设计开始。今年10月，山东旅游局举办第五次旅游商品创新设计大赛，再次重奖创新设计者。而此前评选出的旅游商品设计，近九成已经投入生产。其中就包括山东沂南县。沂南县是诸葛亮的诞生地，因此沂南开发诸葛亮酒、诸葛亮茶等系列食品，开发了孔明鹅毛扇、孔明印花布、孔明服饰等系列旅游纪念品，以及诸葛亮药枕、诸葛亮酱菜、诸葛亮果品等系列特产。

同样记者在泰山也看到，多家工艺品店开始将销售的主要商品换成了"泰山镇山三宝——沉香狮子、温凉玉圭、黄釉青花葫芦瓶的仿制品"，以及《泰山石刻大全》、铜塑泰山、石敢当、泰山挑夫铜像等。

与此相比，一些没有地方特色、在其他旅游景点随处可见的小商品卖得并不好。一位来自浙江的游客说："旅游买东西，最好是集地方性、民族性、文化性、纪念性于一体。没有特色的，我不看，更不会买。"

"这种变化迫使山东的旅游商品生产商选择开发特色民俗旅游商品。"专家仍然认为，"现在旅游商品开发分散的局面，不利于创新。"事实上，山东旅游商品开发服务中心去年就开始在全省各地设立旅游商品研发基地，按旅游商品类别，每类商品从开发设计单位中择定一两家作为研发基地，对一些具有较强研发能力和市场潜力的厂商进行重点扶持。据了解，目前山东旅游商品研发基地已达22家，旅游购物收入在山东旅游各项收入中的比重，已提升至第二位。

【案例分析】结合材料分析中国传统文化对于旅游商品开发的影响作用。

【思考题】

1. 谈谈旅游文化与旅游商品文化的关系。
2. 分析国际文化差异对旅游商品发展的影响。
3. 辩证分析旅游商品的"原生态"发展战略。
4. 如何进行旅游商品的"国际化"发展？

第十一章　旅游商品发展的环境战略

【学习目标】

- 理解旅游可持续发展概念
- 了解绿色旅游商品基本知识
- 了解旅游商品低碳发展相关知识

【知识要点】

- 旅游可持续发展
- 旅游商品的特征
- 旅游商品的低碳发展

第一节　旅游业的发展与环境问题

一、"无烟工业"的真实面目

旅游活动是人们获取精神满足的一种愉悦活动。现代旅游经济活动的高速发展，是社会经济发展和人们生活不断提高的必然结果。今天旅游产业已经成为世界最大的经济产业之一。我国旅游业的发展历史上，一些理论界人士和实际工作者，曾在旅游与环境的认识上出现误区，把旅游业比喻为没有污染的"无烟工业"。

把旅游业比喻为"无烟工业"，是人们对环境认识的阶段性反映，从本质上看旅游业的发展与其他产业的发展并无二致，必须依赖环境资源的使用和耗费。因此旅游发展对环境的作用不能直接表现为一种积极的保护作用，它与其他一切资源的开发和使用一样，都有一定的负面效应。

由于旅游活动出现之初仅是少数人的活动，由于旅游人数规模的狭小，他们对旅游地所带来的影响是微不足道的，即使造成了一点点环境的污染，也会通过大自然自身的净化能力将其消化，不会让人民感到他们正在污染和消耗着这些资源。

现代的旅游活动已转变为大众消费，已经成为现代人的一种生活方式和生活内容的重要组成部分，大规模的旅游经济活动不仅增加了资源的消耗量，也给自然生态环境的自我修复带来了巨大压力，当压力过大时就转变成了环境破坏。

只要我们深入地进行思考就会发现以下情况。

首先，今天大众性的旅游活动的形成，大批旅游者在旅游过程中所需的“食、住、行、游、购、娱”等各种要素的满足，不仅仅消耗着大量的无形资源，同时也消耗着大量的物质资源。旅游消费对环境形成的压力和影响已经不能依靠自然自身的净化能力消除。

其次，旅游业是一个综合性的产业，旅游业的发展首先要依靠旅游核心产品的开发，这是一国旅游业发展的基础，但是现代旅游业的发展又不能仅仅依靠旅游核心产品的发展，而必须是多种行业的综合发展，离开这些行业的发展，就不可能有真正意义上的旅游产业。可见把旅游产业比喻为“无烟工业”是对旅游产业的曲解。

另外用今天人们的环境意识来看待旅游核心产品的开发，也不能认为旅游业是没有污染的产业。现代的旅游景点景观，已经不是以完全原始的形态使消费者无偿地直接享用，是旅游企业经过一定程度的开发，通过商品的形式以经营的方式与消费者相交换。企业在旅游资源的开发过程中对环境产生一定的影响是不可避免的，因此旅游产业作为“无烟工业”的表述是不准确、不科学的。

二、旅游对环境影响的主要表现

旅游开发属于人类的经济活动，其行为作用于自然生态环境，导致许多生态环境破坏的形成，主要有以下几个方面。

（一）对土壤的影响

旅游开发行为对土壤的影响分为直接和间接两个方面。

直接影响表现在旅游开发行为改变或破坏了土壤发育的现存条件，如建筑和道路等的修筑产生的地表人工建筑铺设，导致土壤发育停止；各种建筑材料的输入，导致土壤富含元素的多样化甚至污染等。

间接影响表现在旅游开发行为引起的地表结构破坏所导致的土壤侵蚀问题。如地表植被的大面积砍伐或移植，导致土壤大面积裸露，造成土壤的水蚀和风蚀，进而促进生态环境的脆弱演化。

（二）对地形的影响

随着我国各地旅游活动的开展，旅游基础设施和接待设施的开发建设规模愈来愈大，很多完整的生态地区被各种人工建筑分割，原有的地貌在人为建设过程中被改变，使生态环境面临着前所未有的人工化改造。

如开山挖湖导致坡面形态和坡度的变化，给水土流失等土壤侵蚀创造了条件，将会导致坡度的进一步变化，造成生态环境愈趋脆弱的恶性循环。

（三）对生物结构的影响

1. 对植物的影响

植被一旦被破坏很难恢复。旅游活动对植物的影响可概括为两种形式。

首先，大面积移除。这是人类对植物最直接的伤害，比如为兴建宾馆、停车场或其他旅游设施，大面积的地表植物被破坏。以更换植被最严重的高尔夫球场为例，为营造出适宜挥杆的坡地环境，常常改变了山体的轮廓线，原生植物几乎被全部挖除，重新植入外来的草种，造成物种结构单一化，成为脆弱生态环境演化的诱因之一。

有些保护区和风景名胜区，不顾国家的法规，在修建索道时大砍树木。如陕西太白山国家级自然保护区，为了修建索道，在海拔 2800~3000m 的冷杉林中砍出一条宽约 10m、长约 1000m 的走廊。不仅大量上百年的冷杉毁于一旦，而且林下的喜荫灌木、草本植物失去保护，如只能在冷杉林下见到的古老珍稀植物独叶草（Kingdonia uniflora）也遭到破坏。

其次，游客践踏。在旅游活动对植物的影响中，游客践踏是最普遍的形式，游客在观赏自然风景区后势必引起植物群的改变，即使是轻度的践踏，有时也会造成重大的变化。虽然游客在旅游活动过程中一般不会有蓄意破坏植物的行为，但对植物的践踏往往会引起相关反应。如影响到植物种子发芽，对于已成长的植物则可能因践踏而导致其生理、形态等产生变化。

2. 对动物的影响

包括旅游企业经营狩猎等业务；旅游经营商收集贵重生物标本出售，如兽皮、兽骨等；旅游者进行标本采集等活动等。若不加以限制，很容易导致物种的灭绝和生物多样性的破坏。

在自然保护区开发旅游可能会破坏许多野生动物的栖息地或庇护所。游客造访旅游区后，不论是旅游活动本身或者是游客所制造的噪音都会干扰野生动物的生活和繁衍。游客从事户外旅游活动时，其实很难不对生存其中的动物尤其是较为敏感的鸟类和哺乳动物造成干扰。比如鄂尔多斯市的国家级“泊江海子高原湿地生态自然保护区”进行旅游开发后，旅游活动严重破坏了遗鸥的生活环境，使其生存和繁殖的生活环境受到影响，导致遗鸥的数量急剧减少。

（四）对气候因子的影响。

1. 对水因子的影响

旅游活动对水因子的影响主要体现在对地球系统水循环的影响，例如各种旅游设施的建设改变地表结构，进而改变地表径流，影响水分蒸发；各种旅游活动及旅游接待设施用水，造成地下水的超量开采，导致依靠地下水补给的河流径流量减小，从而影响整个地球系统的水分循环。

旅游开发过程中涉及的水资源耗费主要有前期建设用水和后期旅游经营用水，而水资源耗费的表现在大量超采地下水。此外地下水超采还能导致地面降沉和地裂缝灾害等严重后果。例如据统计，西安市区现有地裂缝 10 多条，总长达 55.24km，地面沉降已对古建筑造成破坏，如有 1 300 多年历史的唐大雁塔已向西北方向倾斜 886mm，地裂缝从大雄宝殿前通过，钟楼地面也已沉降，给西安市旅游业开发带来巨大困难。

另外，旅游开发中的水资源污染对环境也会造成巨大破坏，主要体现在以下方面。

第一，由于大部分旅游者环境意识和社会公德观念淡薄，乱扔废弃物，随地吐痰，甚至就地便溺，造成旅游区内河流、湖泊等水体资源的污染。

第二，对于旅游企业的管理不力导致的商店、饭店、饭馆、小卖部、摆摊设点等将未经处理的污水直接排入湖泊、河流等造成水体污染。

第三，由于环保设施不配套导致的水资源污染。旅游区的环境保护设施、环卫设施不配套，对旅游产生的污染物不能进行有效及时处置，造成生活污水等通过渗井渗坑排放而引起水体污染。

例如水上活动的设备如水上摩托艇等漏出的油污，水边区域修建的宾馆、度假村、休闲中心、水上乐园、水上游乐中心等旅游服务设施每天产出的大量废水、污水和垃圾，还会严重污染水体，甚至会排放化学物质威胁水体生物的健康与存活。

2. 对大气的影响

从表面上看旅游业似乎不会对空气品质造成多大的影响，但随着旅游业的发展，旅游业的客流流动和交通设施运行紧密相关，越来越多的交通设施投入使用，它们直接导致空气中悬浮物的增多和污染气体排放量的增大，从而引起空气质量恶化，使空气能见度降低，尘雾天气较多。如飞机、汽车等排放出大量有毒尾气、扬起大量尘埃。

这些污染气体最具危害的来源是汽车尾气。汽车尾气中含有 150~200 种不同的化合物，其主要有害成分为未燃烧或燃烧不完全的CH、NO_2、CO、CO_2、SO_2、H_2S以及微量的醛、酚、过氧化物、有机酸和含铅、磷汽油所形成的铅、磷污染等。

其中对人危害最大的有一氧化碳、碳氢化合物、氮氧化合物、铅的化合物及颗粒物。这些有害气体扩散到空气中造成空气污染。汽车尾气不仅对人产生危害，对植物也有毒害作用，尾气中的二次污染物臭氧、过氧乙酯基硝酸脂，可使植物叶片出现坏死病斑和枯斑。乙烯可影响植物的开花结果。

此外旅游区内的宾馆、饭店等建筑设施与日俱增，所配备的生活锅炉排放出大量废气；众多游人呼出的二氧化碳，导致大气结构发生变化等，这些现象都会直接引起大气组成的变化和大气质量的降低，更可能导致严重的空气污染。

三、正确处理旅游发展与环境保护的关系

旅游业的发展和环境保护是矛盾的一对，客观矛盾的存在需要我们正视。

第一，严格旅游开发的审批制度。

任何旅游项目在开发之前，都必须有计划和规划。要杜绝和避免规划由投资者自己制定的现象；要由社会学、环境学、文化学、经济学等方面的专家进行全面、科学地论证；规划必须经过有关部门的审批后才能实施。特别是对那些“老少边山”的贫穷地区的旅游开发，既要采取积极的措施，更要持以慎重的态度。

第二，依靠高技术化。

我国旅游科技基础薄弱，旅游科技投入少，高新技术介入旅游业的程度低，旅游决策科学化和经营管理信息化程度低，旅游景点产品设计的高科技应用水平低。总体上来说还处于一种高速度低质量的发展模式，发展后劲令人担忧。几乎没有用于防止污染和环境保护的，长期对环境资源的透支性使用，使环境所付出的代价无法在一定的时期得到补偿，要想修复这些环境，必须依靠环境保护技术，目前人们对环境保护技术的研究和应用还处于初级阶段，很多环保技术还不过关。

第三，加强教育力度，提高全民族的环境保护意识。

很多旅游消费者在旅游活动中，没有认识到每一个旅游者在旅游过程中所起到的作用，如果不注意检点自己的行为，就是污染的制造者。

四、旅游可持续发展

（一）可持续发展的概念

在世界环境和发展委员会（WECD）于1987年发表的《我们共同的未来》的研究报告中，对可持续发展的定义为："既满足当代人的需求又不危及后代满足其需求的发展"。这个定义鲜明地表达了两个基本观点：一是人类要发展，尤其是穷人要发展；二是发展要有限度，不能危及后代人的发展。

（二）可持续发展的基本内容

1. 强调要发展

"人类需求和欲望的满足是发展的主要目标"，发展是人类永恒的主题，是人类共同的、普遍的权利和要求。不论发达国家还是发展中国家都享有平等的、不容剥夺的发展权利。这里的发展包括经济、社会和自然环境在内的多种因素的共同发展。

2. 强调持续性

即生态经济发展的持续性。一方面，经济增长必须在自然资源及其所提供服务质量的前提下，使经济利益的增加达到最大限度。另一方面，可持续发展要求人类对生态环境的利用必须在生态环境的承载能力之内，也就是对发展规模、发展速度要有一定限度的限制，改变长期以来人类在追求发展、经济利益的过程中以牺牲生态环境、历史文化遗产为代价的做法，以保证地球资源的开发利用能持续到永远，以便给后代留下更广阔的发展空间。

3. 强调公平性

可持续发展满足全体人民的基本需求和给全体人民机会，以满足他们对较好生活的要求愿望。要给世界以公平的分配和公平的发展权，要把消除贫困作为可持续发展进程特别的问题来考虑。

4. 强调共同性

可持续发展共同性是源于人类生活在同一地球上，地球的完整性和人类的相互依赖性决定了人类有着共同的根本利益。地球上的人，生活在同一大气圈、水圈、生物圈中，无论是穷人还是富人，本国还是别国，彼此之间是相互影响的，因此必须采取全球共同的联合行动。

（三）可持续旅游概念的提出

可持续旅游的提出首先是直接受可持续理论的影响。可持续旅游实际上是可持续发展思想在旅游领域的具体运用，是可持续发展战略的组成部分之一，是可持续发展理论的自然延伸。

1990 年，在加拿大温哥华召开的 1990 年全球可持续发展大会上，旅游组行动策划委员会提出了《旅游持续发展行动战略》草案，构筑了可持续旅游的基本理论框架，并阐述了可持续旅游发展的主要目的。1995 年 4 月 24~28 日，联合国教科文组织、联合国环境规划署、世界旅游组织和岛屿发展国际科学理事会，在西班牙加那利群岛的兰沙罗特岛召开了"可持续旅游发展世界会议"，大会通过了《可持续旅游发展宪章》和《可持续旅游发展行动计划》，对旅游可持续发展的基本理论观点作了精辟的说明，为可持续旅游提供了一整套行为规范，并制定了推广可持续旅游的具体操作程序，标志着可持续旅游研究已经进入了实践性阶段。

1996 年 9 月，为了响应联合国《21 世纪议程》提出的可持续发展理念及其行动计划，世界旅游组织、世界旅游理事会、地球理事会联合制定了《关于旅行与旅游业的 21 世纪议程：迈向环境可持续发展》，并于 1997 年 6 月在联合国第九次特别会议上发布。1997 年，世界旅游组织授权中国国家旅游局出版《旅游业可持续发展：地方旅游规划指南》，用以指导各地旅游发展事业。

旅游业作为以服务消费与精神消费为内容的高层次消费，对环境有很强的依赖，旅游天然地要求有好的环境。因此旅游具有实现可持续发展的内在动力，应称为可持续发展理论实践的先行领域。

（四）可持续旅游的内涵

在国外，比较权威的可持续旅游的定义有两个。

1. 世界旅游组织 WTO 的定义

1993 年，世界旅游组织出版了《旅游与环境》丛书，其中《旅游业可持续发展——地方旅游指南》一书对旅游可持续发展给出的定义："指在维持文化完整、保持生态环境的同时，满足人们对经济、社会和审美的要求。它能为今天的主人和客人们提供生计，又能保护和增进后代人的利益并为其提供同样的机会。"这一定义是对旅游可持续理念的进一步总结，不仅指出了旅游业本身的特质，而且提出了"主人"和"客人"之间公平发展的思想，对旅游可持续发展的国际认定具有重要的指导意义。

2. 1995 年《可持续旅游发展宪章》中的定义

可持续旅游发展的实质，就是要求旅游与自然、文化和人类生存环境成为一个整体，即旅游、资源、人类生存环境三者的统一，以形成一种旅游业与社会经济、资源、环境良性协调的发展模式。

可持续旅游发展是可持续发展理论在旅游业中的具体体现，与一般意义上的可持续发展理论具有本质上的一致性，主要有以下三层含义。

一是满足需要。

发展旅游业首先是通过适度利用环境资源，实现经济创收，满足东道社区的基本需要，提高东道居民生活水平；在此基础上，再满足旅游者对更高生活质量的渴望，满足其发展与享乐等高层次需要。

二是环境限制。

资源满足人类目前和未来需要的能力是有限的，这种限制体现在旅游业中就是旅游环境承载力，即一定时期，一定条件下某地区环境所能承受人类活动作用的阈值。它是旅游环境系统本身具有的自我调节功能的度量，而可持续旅游的首要标志是旅游开发与环境的协调。因此作为旅游环境系统与旅游开发中间环节的环境承载力，应当成为判断旅游业是否能够可持续发展的一个重要指标。

三是公平性。

强调本代人之间、各代人之间公平分配有限的旅游资源，旅游需要的满足不能以旅游区环境的恶化为代价，当代人不能为满足自己的旅游需求与从旅游中获得利益而损害后代公平利用旅游资源的权利与利用水平。应牢记这样一个旅游发展理念，环境既是我们从先辈那里继承来的，也是我们从后代那里借来的；要把旅游看成这样一种活动：当代人为了保护好前代人遗留下来的环境，或是利用前代人留下的环境，为后代人创造更加优异环境的行动。

（五）可持续旅游的目标

1990 年，在加拿大温哥华召开的 1990 年全球可持续发展大会旅游组行动策划委员会会议上，提出旅游业发展的目标。

1. 增进人们对旅游所产生的环境、经济效应的理解，强化其生态意识。
2. 促进旅游的公平发展。
3. 改善旅游接待地的生活质量。
4. 向旅游者提供高质量的旅游经历。
5. 保护上述目标所依赖的环境质量。

第二节　绿色旅游商品

一、绿色旅游概述

随着绿色旅游在国外的走俏，随着绿色消费浪潮的风行以及随着中国与国际旅游业的接轨，还有中国人环保意识的增强，绿色旅游必然会走俏中国。

首先，绿色旅游将成为中国旅游业发展的必然趋势。目前生态旅游是现代世界上非常流行的旅游方式，尤其是欧美等发达国家已经发展非常成熟。它所提倡的“认识自然、享受自然、保护自然”的旅游概念将会是新世纪旅游业的发展趋势。

近两年来生态旅游概念也引入了中国并逐步推广开来，很多旅游者开始愿意尝试这种新时尚的旅游方式。随着对环境保护的大力宣传，人们关心生存环境，注重生态养生的意识也在不断地增强。走进大森林，回归大自然，到青山绿水中去休闲度假、猎奇揽胜、陶冶性情的绿色旅游将尾随着生态旅游的热浪冲击，成为人们新的选择。

其次，随着绿色营销、绿色消费浪潮的来临，绿色旅游将得到进一步发展。绿色是生命之色，生命呼唤着绿色。它是和谐健康、安全和幸福的象征，它是人们选购高科技产品的向导，它是知识经济的助动力。总之，从某种意义上说，绿色是现代人类文明的重要标志。当今世界，人们都把绿色作为对人类与环境均有益无害的代名词。绿色生活浪潮正成为国际环保高水准国家或地区的社会热点。绿色营销也成为当前全球蓬勃开展的环保运动的产物。随着环保意识的增强，绿色生活行动在中国也日益深入人心，成为越来越多市民追求的时尚潮流。殊不见市场上各大超市中热卖的绿色食品，中国联通推出并正热销中的COMA绿色环保手机受到消费者的追捧，还有各式的绿色环保家用电器也纷纷进入市场并受到消费者的欢迎，一个绿色产品的销售新热点正在形成。在旅游方面，以贴近大自然为主旨的绿色旅游也将在绿色经济的带动下迅速兴起和发展。

二、旅游商品的生态设计

旅游商品的生态设计追求的目标是节约资源、保护环境、实现可持续发展，以支撑长期的、有活力的经济系统。各种商品的具体设计方案千差万别，但从设计的程序和方法论的角度看，仍有一些共同的概念与步骤，一般包括商品功能需求分析、商品规格定义、设计方案实施、商品质量评价。

在传统的商品设计中，针对以上四个阶段，主要考虑的因素是市场消费需求、商品质量、成本、利润以及制造技术的可行性等技术和经济内容。传统的商品设计往往仅是从用户的需要和企业赢利的目的出发，很少考虑环境污染和资源消耗，没有将生态环境因素和全社会的可持续发展作为商品开发设计的一个重要指标。

旅游商品的生态设计主要是在以下几个方面实现设计思路的转变。

第一是从“以人为中心”的商品设计转向既考虑人的需求，又考虑生态系统的安全的生态设计。

第二是在商品开发概念阶段就引入生态环境变量，并将其权重置于传统的设计因素如成本、质量、利润、技术可行性等之上，进行综合考虑。

第三是将商品的绿色特性看作是提高商品市场竞争力的一个重要因素。

第四是商品的设计要充分考虑可持续发展的实现，而不能只顾及短期的发展和效益。

三、旅游商品的清洁生产和包装

第一是生产商品要选择对环境影响小的原材料。

第二是要尽可能减少原材料的使用，从而降低资源消耗。

第三是不断提高商品生产技术，保障安全、节能、无公害目标的实现。

第四是加强商品环境影响的监控和评估，保证商品达到国家规定的“绿色”标准。

最后，还要进行旅游商品的清洁包装，即在商品包装的使用和处理方面，也要努力降低商品包装费用，以及降低包装废弃物对环境的污染程度。

目前国际商界流行一种被称为“绿色包装”的纸包装，由于纸袋主要成分是天然植物纤维素，容易被土壤微生物分解，很快重新加入自然循环。美国纸板包装协会，正以数百万美元的广告费推行纸包装。

日本的牛奶、饭料、酒类，大多已改为纸质包装。在法国的食品货架上，已看不到塑料、玻璃等一类难以回收的包装，而绝大多数的奶制品、果汁和液体食品都采用无菌纸盒包装，无须冷藏可保鲜六个月，回收后可做成“彩乐板”制作家具、装饰材料、玩具等，这种绿色包装已成为世界液体食品包装的主流。

中国的包装物年人均量还远低于工业发达国家，但是由于中国人口众多，对废弃物的管理又很松，在许多大中城市、旅游圣地、铁路沿线等到处都可看到废弃的空瓶、空镶、快餐盒、塑料袋等，形成严重的“白色污染”，对尽快发展清洁包装提出了迫切要求。

在发展旅游商品的清洁包装中，要注意以下问题。

第一是改进包装设计，节约包装用料，改变过分包装商的错误导向，减少资源的消耗。

第二是改进包装材料，大力推进商品包装物的循环回收和再生利用。

第三是加强包装材料的研发，努力做到商品包装、环境保护的协调发展。

第三节 旅游商品与低碳经济

一、低碳经济内涵

从现阶段研究成果来看，低碳经济是以低能耗、低排放、低污染为基础的经济模式，是人类社会继原始文明、农业文明、工业文明之后人类发展模式的又一次革命。其实质是提高能源利用效率和创建清洁能源结构，核心是技术创新、制度创新和发展观念的转变。发展低碳经济是一场涉及生产模式、生活方式、价值观念和国家权益的全球性革命。

二、低碳旅游的发展研究

（一）国内低碳旅游研究

对于低碳旅游的研究，国内外各有侧重和特点。国内偏重于低碳旅游概念和低碳旅游对策的定性说明。但是由于研究起步晚，文献较少，对低碳旅游内涵定义过于简单，对低碳旅游基本概念体系仍未涉及讨论，缺乏可信度高的定量计算和数据依据，减排对策不系统。

例如刘啸（2009）认为，所谓低碳旅游，就是借用低碳经济的理念，以低能耗、低污染为基础的绿色旅游。它要求通过食、住、行、游、购、娱的每一个环节来体现节约能源、降低污染，以行动来诠释和谐社会、节约社会和文明社会的建设。同时指出，要在不降低旅游质量的前提下，在旅游饮食、旅游建筑和旅游交通三个方面实现旅游节能。

黄文胜（2009）认为，低碳旅游是在低碳经济的大背景下产生的一种新的旅游形式，是旅游业持续发展的目标。

蔡萌、汪宇明（2010）认为，低碳旅游是在全球气候变化的背景下，以减少旅游发展中的温室气体排放和实现旅游的可持续发展为目标的一种新的旅游发展方式。他们认为低碳旅游以低碳旅游装备、低碳旅游吸引物、碳汇旅游体验环境、低碳旅游消费方式为主要实现途径。

国内低碳旅游的实践也已经有了一定进展。在低碳旅游实践方面，台湾省旅游景区也起步较早，1997 年就建立了台湾第一个低碳旅游景区——台湾坪林低碳旅游景区。2009 年 7 月，10 位上海居民组成上海第一支北极低碳旅游团成功出行；2010 年 4 月 1 日，广东省旅游局开始试行星级酒店取消配送一次性日用消费品。提倡低碳经济环保生活，取消一次性日用消费品纳入到绿色酒店的评定标准。目前很多景区内部已使用环保电瓶车载客、观光，尤其在以黄山、张家界等高级别的山岳类景区显著。

（二）国外低碳旅游研究

相对而言，国外低碳旅游研究成果侧重定量化，主要依据对旅游业碳排放量的定量化研究结论，提出旅游业碳减排的对策。整体上看，国外研究快于国内研究，研究成果的科学性与可信性更高。

例如 Susanne Beckena，David G. Simmonsb，Chris Frampton（2003）研究发现，旅游业能源消耗量与旅游者行为具有很强的相关性，旅游者选择不同的出游方式、不同的住宿设施甚至是饮食方式等都影响着旅游过程的能源消耗。以新西兰为例，无论是日均能源消耗还是总消耗，国际旅游者的能源消耗量约为国内旅游者的 4 倍。其中旅游交通占据了能源消耗的 65%~73%，是降低旅游能源消耗的重中之重。

Richard S.J.Tol（2007）对航空运输业征收碳税将产生的影响进行了预测，研究表明按照每吨碳 1 000 美元征税会降低航空运输业碳排放量 0.8%，并且将会导致长途与短途机票价格的相对上涨，中程旅游者的费用相对稳定，从而可能致使距离客源地较远和较近的旅游目的地游客量大幅减少。

Karen Mayora，Richard S. J. Tol（2007）对英国航空税的研究表明，如果用碳税代替登机税的话，在相同的收入水平下，航空业的碳排放会不增反降。

Inga J. Smith，Craig J. Rodger（2009）以新西兰为研究案例，第一次从国家层面对旅游航空运输业导致的 CO_2 排放量进行了测算。

Nae-Wen Kuo，Pei-Hun Chen（2009）认为旅游业作为一类重要的经济活动，却很少在产业生态方面对旅游业管理的研究，文章利用 LCA（a life cycle assessment）评价方法对旅游业的能源使用、温室气体排放量、废水、固体废弃物等进行了定量研究，结果说明旅游者消耗量与废弃排放量均超过当地居民日常用量。

Paul Peeters，Ghislain Dubois（2009）研究发现，旅游者对全球 CO_2 的排放负有 4.4%的责任，并且根据预计在 2005~2035 年的 30 年间，这一影响会继续按照每年 3.2%的速度增长。他们认为现有应对方案不能够显著降低旅游给气候变化带来的影响，应该寻求更为科学的减碳方案。

Tzu-Ping Lin（2010）在对台湾地区的五家国家公园数据分析的结果中发现，私家轿车的碳排放危害程度大于其他交通工具。旅游交通的碳减排措施有两种，第一，提倡使用公共交通，加大运输率；第二，鼓励短程旅游，减少能源消耗量。

三、旅游商品的低碳发展

（一）先易后难，循序渐进地推进旅游商品的低碳发展

比如可以先在旅游交通运输、旅游住宿、旅游景区建设等环节入手，这些环节往往是在旅游活动中碳排放强度比较大、节能减排潜力大和减低碳排放相对容易的环节，在这些环节入手，可以在较短的时间内取得比较明显的成效。

在旅游交通运输环节，可以通过引进新能源交通运输设备，降低和减少碳排放。

在旅游住宿环节，可以通过减少一次性易耗品的使用，提倡和推广此类物品的循环利用，同时采用一些节能减排的先进适用设备，直接或间接减少碳排放量。

在旅游景区建设环节，则可以普及节能减排的先进适用设备，比如太阳能照明设备等，减少碳排放，同时增加草地、林地面积，增加碳汇能力，通过“一减一增”分别从“碳源”和“碳汇”两个方面为发展低碳旅游做贡献。

此外还可以在一些知名度高、经济效益好、客源广阔的旅游景区搞低碳旅游试点。通过建设一批高等级低碳旅游示范区，引领我国旅游发展方式的转型，从而推动我国旅游商品的低碳发展和壮大。

（二）多管齐下，系统推进旅游商品的低碳发展

旅游商品低碳发展，是一个需要政府、企业和旅行者共同参与的行动，是一个牵扯到旅游服务、加工制造、种植养殖等多产业的活动，仅仅依靠某一方面或某一环节，很难有效实现旅游商品低碳发展，需要多管齐下，系统推进。

政府需要在旅游商品低碳发展的行业规划、政策引导、技术标准等方面加强工作，加强对发展低碳旅游业的宏观指导。

从事旅游工作的各旅游企业是推进旅游商品低碳发展的主体，是发展低碳旅游商品的关键与核心，旅游企业要增强社会责任感，采取更为先进的管理模式、组织方式和适用技术，兼顾经济效益、生态效益和社会效益，积极向低碳化经营转变。

旅游者是旅游商品低碳发展的重要参与者，其主观意愿和行为模式都与低碳旅游息息相关。只有旅游者对旅游商品低碳发展的重要性有充分的认识，才能调动他们的积极性和主动性，才能更好推动低碳旅游业的发展。

此外，旅游商品低碳发展也不仅仅是依靠旅游业本身就能解决的，还需要其他相关行业的参与和配合。比如旅游交通运输和旅游景区建设过程中的各种节能设备的应用，就需要加工制造等相关行业的支撑。再如在增加旅游景区碳汇方面，需要在草地、林地、水面等相关建设方面有更合理的搭配与更好的技术支撑。

（三）完善政策，加大对旅游商品低碳发展的扶持

旅游商品低碳发展需要国家的政策支持，特别是在低碳旅游发展的初期，国家相关政策的扶持将会为旅游商品低碳发展增加动力，为低碳旅游业发展起好步奠定基础。

鼓励旅游商品低碳发展的政策，可以从以下方面考虑。

一是鼓励旅游景区采用或者更新低碳设备，国家给予一定的补贴等扶持政策。比如在旅游景区采用新能源交通装备、新能源照明设备等，并结合旅游景区的宣传彰显低碳景区的特点。

二是鼓励游客采用更加低碳的旅游模式。比如在旅游景区增设自行车租放处，在能够保障安全和适合的情况下，鼓励游客蹬车游或者徒步游；在旅游住宿方面，鼓励游客减少易耗品的使用，改用可循环的用品；在部分旅游景区，可以结合景区的绿化，让游客参与植树种草，增加碳汇。对于能够主动参与低碳旅游模式的游客，可以给予象征性的奖励。

三是加强低碳旅游规划。为了更好降低碳排放，要不断完善旅游线路的合理性，根据不同旅游景点的特点，更好优化组合旅游线路，构建低碳旅游线路，同时要做好低碳旅游景区规划。旅游景区是汇集游客较多、碳排放强度较大的区域，因此要将低碳的概念融入到景区规划里面，使低碳的概念体现在景区的方方面面。

（四）加强宣传，营造有利于旅游商品低碳发展的良好氛围

旅游商品低碳发展在我国还是一个崭新的领域，很多人对此还不太了解，需要媒体通过各种途径加大宣传力度，为旅游商品低碳发展营造良好的舆论氛围，使人们知道发展低碳旅游是一个利国利民的重大举措。一是国家在推进各种低碳旅游规划或相关的旅游规划时，要大力宣传低碳旅游的理念，不仅要将低碳的理念贯穿到规划中，而且要将低碳的理念宣传到旅游者的心中。二是旅游景区在进行景区宣传时，要彰显低碳的理念，结合景区宣传，突出低碳特点，两者相得益彰，相互促进。通过不同形式的宣传，最后影响旅游企业、旅行者的实际行为，使之积极参与到低碳旅游行动中来。

【案例】

倡导低碳旅游呼唤低碳酒店

湖北武汉花山生态城生态节能技术方案专家咨询会透露，花山新城的首个大型建筑项目花山会议中心酒店将采用地源热泵系统、太阳能热水系统及风能与太阳能发电系统等节能环保技术，节能率可达到65%。河北省计划2010年所有A级景区和星级酒店都要制定节能减排计划、实施节能减排工程，积极采用新能源、新材料，广泛运用节水减排新技术，全省星级饭店、A级景区在5年内的用水用电量将降低20%。

目前酒店能源费用的支出占营业费用的比例已达 8%~15%。低碳酒店将进一步得到重视。浦东有望成为首批推出REITS的试点地区。

为了达到股东要求的回报率，酒店行业普遍采用高负债、高财务杠杆的做法，行业平均负债水平在70%左右。万豪酒店管理集团采用REITS方式将酒店资产剥离进行证券化，将重资产变为轻资产，成为它的资产管理法宝。

【案例分析】旅游商品低碳发展的外部性作用有哪些？

【思考题】

1. 试分析环境与商品的关系。
2. 我国在环境上存在哪些问题，你认为应如何解决？
3. 什么是产品生命周期，该思想对我们有何启发？
4. 什么是环境标志，它与普通商标有何区别？
5. 什么是绿色食品，其标准主要有哪些内容？
6. 你怎样理解清洁生产的本质，它与可持续发展战略有否关系？
7. 怎样解决一次性餐盒污染问题，目前使用哪些办法，其效果如何？
8. 什么是有机食品，它与绿色食品有何区别？

附录 《旅游商品标准与标准化》补充阅读——国家标准

《旅游景区质量等级的划分与评定》（修订）（GB/T17775－2003）

中　华　人　民　共　和　国　国　家　标　准

GB/T 17775-2003 替 GB/T 17775-1999

旅游景区质量等级的划分与评定

Standard of rating for quality of tourist attractions

2004-10-28 发布 2005-01-01 实施

中华人民共和国国家质量监督检验检疫总局发布

前　言

本标准从实施之日起，代替 GB/T 17775—1999《旅游景区质量等级的划分与评定》。本标准与 GB/T 17775—1999 相比，主要修改如下：

——在划分等级中增加了 AAAAA 级旅游景区。新增的 AAAAA 级主要从细节方面、景区的文化性和特色性等方面做更高要求；

——对原 AAAAA 级旅游景区的划分条件均进行了修订，强化以人为本的服务宗旨，AAAA 级旅游景区增加细节性、文化性和特色性要求；

——细化了关于资源吸引力和市场影响力方面的划分条件。

本标准由国家旅游局提出。

本标准由全国旅游标准化技术委员会归口并负责解释。

本标准起草单位：国家旅游局规划发展与财务司。

本标准主要起草人：魏小安、汪黎明、彭德成、潘肖澎、周梅。

引　言

本标准的制定旨在加强对旅游景区的管理，提高旅游景区服务质量，维护旅游景区和旅游者的合法权益，促进我国旅游资源开发、利用和环境保护。

本标准在制定过程中，总结了国内旅游景区的管理经验，借鉴了国内外有关资料和技术规程，并直接引用了部分国家标准或标准条文。同时根据 GB/T 17775—1999《旅游景区质量等级的划分与评定》自 1999 年至今近三年时间的实施情况，在原标准基础上对一些内容进行了修订，使其更加符合旅游景区的发展实际。

旅游景区质量等级的划分与评定

1. 范围

本标准规定了旅游景区质量等级划分的依据、条件及评定的基本要求。

本标准适用于接待海内外旅游者的各种类型的旅游景区，包括以自然景观及人文景观为主的旅游景区。

2. 规范性引用文件

下列文件中的条款通过本标准的引用而成为本标准的条款。凡是注日期的引用文件，其随后所有的修改单（不包括勘误的内容）或修订版均不适用于本标准，然而鼓励根据本标准达成协议的各方研究是否可使用这些文件的最新版本。凡是不注日期的引用文件，其最新版本适用于本标准。

GB 3095—1996 环境空气质量标准

GB 3096—1993 城市区域环境噪声标准

GB 3838 地表水环境质量标准

GB 8978 污水综合排放标准

GB 9664 文化娱乐场所卫生标准

GB 9667 游泳场所卫生标准

GB/T 10001.1 标志用公共信息图形符号第 1 部分：通用符号<GB/T 10001.1—2000，neq ISO7001：1990）

GB/T 15971—1995 导游服务质量

GB 16153 饭馆（餐厅）卫生标准

GB/T 16767 游乐园（场）安全和服务质

3. 术语和定义

下列术语和定义适用于本标准。

3.1 旅游景区（tourist attraction）

旅游景区是以旅游及其相关活动为主要功能或主要功能之一的空间或地域。本标准中旅游景区是指具有参观游览、休闲度假、康乐健身等功能，具备相应旅游服务设施并提供相应旅游服务的独立管理区。该管理区应有统一的经营管理机构和明确的地域范围。包括风景区、文博院馆、寺庙观堂、旅游度假区、自然保护区、主题公园、森林公园、地质公园、游乐园、动物园、植物园及工业、农业、经贸、科教、军事、体育、文化艺术等各类旅游景区。

3.2 旅游资源（tourism resources）

自然界和人类社会凡能对旅游者产生吸引力，可以为旅游业开发利用，并可产生经济效益、社会效益和环境效益的各种事物和因素。

3.3 游客中心（tourist center）

旅游景区设立的为游客提供信息、咨询、游程安排、讲解、教育、休息等旅游设施和服务功能的专门场所。

4. 旅游景区质量等级及标志

4.1 旅游景区质量等级划分为五级，从高到低依次为 AAAAA、AAAA、AAA、AA、A 级旅游景区。

4.2 旅游景区质量等级的标牌、证书由全国旅游景区质量等级评定机构统一规定。

5. 旅游景区质量等级划分条件

5.1 AAAAA 级旅游景区

5.1.1 旅游交通

a）可进入性好。交通设施完善，进出便捷。或具有一级公路或高等级航道、航线直达；或具有旅游专线交通工具。

b）有与景观环境相协调的专用停车场或船舶码头。管理完善，布局合理，容量能充分满足游客接待量要求。场地平整坚实、绿化美观或水域畅通、清洁。标志规范、醒目、美观。

c）区内游览（参观）路线或航道布局合理、顺畅，与观赏内容联结度高，兴奋感强。路面特色突出，或航道水体清澈。

d）区内应使用清洁能源的交通工具。

5.1.2 游览

a）游客中心位置合理，规模适度，设施齐全，功能体现充分。咨询服务人员配备齐全，业务熟练，服务热情。

b）各种引导标识（包括导游全景图、导览图、标识牌、景物介绍牌等）造型特色突出，艺术感和文化气息浓厚，能烘托总体环境。标识牌和景物介绍牌设置合理。

c）公众信息资料（如研究论著、科普读物、综合画册、音像制品、导游图和导游材料等）特色突出，品种齐全，内容丰富，文字优美，制作精美，适时更新。

d）导游员（讲解员）持证上岗，人数及语种能满足游客需要。普通话达标率 100%。导游员（讲解员）均应具备大专以上文化程度，其中本科以上不少于 30%。

e）导游（讲解）词科学、准确、有文采。导游服务具有针对性，强调个性化，服务质量达到 GB/T 15971—1995 中 4.5.3 和第 5 章要求。

f）公共信息图形符号的设置合理，设计精美，特色突出，有艺术感和文化气息，符合 GB/T 10001.1 的规定。

g）游客公共休息设施布局合理，数量充足，设计精美，特色突出，有艺术感和文化气息。

5.1.3 旅游安全

a）认真执行公安、交通、劳动、质量监督、旅游等有关部门制定和颁的安全法规，建立完善的安全保卫制度，工作全面落实。

b）消防、防盗、救护等设备齐全、完好、有效，交通、机电、游览、娱乐等设备完好，运行正常，无安全隐患。游乐园达到 GB/T 16767 规定的安全和服务标准。危险地段标志明显，防护设施齐备、有效、特殊地段有专人看守。

c）建立紧急救援机制，设立医务室，并配备专职医务人员。设有突发事件处理预案，应急处理能力强，事故处理及时、妥当，档案记录准确、齐全。

5.1.4 卫生

a）环境整洁，无污水、污物，无乱建、乱堆、乱放现象，建筑物及各种设施设备无剥落、无污垢，空气清新、无异味。

b）各类场所全部达到 GB 9664 规定的要求，餐饮场所达到 GB 16153 规定的要求，游泳场所达到 GB 9667 规定的要求。

c）公共厕所布局合理，数量能满足需要，标识醒目美观，建筑造型景观化。所有厕所具备水冲、盥洗、通风设备，并保持完好或使用免水冲生态厕所。厕所设专人服务，洁具洁净、无污垢、无堵塞。室内整洁，有文化气息。

d）垃圾箱布局合理，标识明显，造型美观独特，与环境相协调。垃圾箱分类设置，垃圾清扫及时，日产日清。

e）食品卫生符合国家规定，餐饮服务配备消毒设施，不应使用对环境造成污染的一次性餐具。

5.1.5 邮电服务

a）提供邮政及邮政纪念服务。

b）通信设施布局合理。出入口及游人集中场所设有公用电话，具备国际、国内直拨功能。

c）公用电话亭与环境相协调，标志美观醒目。

d）通信方便，线路畅通，服务亲切，收费合理。

e）能接收手提电话信号。

5.1.6 旅游购物

a）购物场所布局合理，建筑造型、色彩、材质有特色，与环境协调。

b）对购物场所进行集中管理，环境整洁，秩序良好，无围追兜售、强买强卖现象。

c）对商品从业人员有统一管理措施和手段。

d）旅游商品种类丰富，本地区及本旅游区特色突出。

5.1.7 经营管理

a）管理体制健全，经营机制有效。

b）旅游质量、旅游安全、旅游统计等各项经营管理制度健全有有效，贯彻措施得力，定期监督检查，有完整的书面记录和总结。

c）管理人员配备合理，中高级以上管理人员均具备大学以上文化程度。

d）具有独特的产品形象、良好的质量形象、鲜明的视觉形象和文明的员工形象，确立自身的品牌标志，并全面、恰当地使用。

e）有正式批准的旅游总体规划，开发建设项目符合规划要求。

f）培训机构、制度明确，人员、经费落实，业务培训全面，效果良好，上岗人员培训合格率达 100%。

g）投诉制度健全，人员落实、设备专用，投诉处理及时、妥善，档案记录完整。

h）为特定人群（老年人、儿童、残疾人等）配备旅游工具、用品，提供特殊服务。

5.1.8 资源和环境的保护

a）空气质量达 GB 3095—1996 的一级标准。

b）噪声质量达到 GB 3096—1993 的一类标准。

c）地面水环境质量达到 GB 3838 的规定。

d）污水排放达到 GB 8978 的规定。

e）自然景观和文物古迹保护手段科学，措施先进，能有效预防自然和人为破坏，保持自然景观和文物古迹的真实性和完整性。

f）科学管理游客容量。

g）建筑布局合理，建筑物体量、高度、色彩、造型与景观相协调。出入口主体建筑格调突出，并烘托景观及环境。周边建筑物与景观格调协调，或具有一定的缓冲区域。

h）环境氛围优良。绿化覆盖率高，植物与景观配置得当，景观与环境美化措施多样，效果好。

i）区内各项设施设备符合国家关于环境保护的要求，不造成环境污染和其他公害，不破坏旅游资源和游览气氛。

5.1.9 旅游资源吸引力

a）观赏游憩价值极高。

b）同时具有极高历史价值、文化价值、科学价值，或其中一类价值具世界意义。

c）有大量珍贵物种，或景观异常奇特，或有世界级资源实体。

d）资源实体体量巨大，或资源类型多，或资源实体疏密度极优。

e）资源实体完整无缺，保持原来形态与结构。

5.1.10 市场吸引力

a）世界知名。

b）美誉度极高。

c）市场辐射力很强。

d）主题鲜明，特色突出，独创性强。

5.1.11 年接待海内外旅游者60万人次以上，其中海外旅游者5万人次以上。

5.1.12 游客抽样调查满意率很高。

5.2 AAAA级旅游景区

5.2. 1 旅游交通

a）可进入性良好。交通设施完善，进出便捷。或具有一级公路或高等级航道、航线直达；或具有旅游专线交通工具。

b）有与景观环境相协调的专用停车场或船舶码头。且管理完善，布局合理，容量能满足游客接待量要求。场地平整坚实或水域畅通。标志规范、醒目。

c）区内游览（参观）路线或航道布局合理、顺畅，观赏面大。路面有特色，或航道水质良好。

d）区内使用低排放的交通工具，或鼓励使用清洁能源的交通工具。

5.2.2 游览

a）游客中心位置合理，规模适度，设施齐全，功能完善。咨询服务人员配备齐全，业务熟练，服务热情。

b）各种引导标识（包括导游全景图、导览图、标识牌、景物介绍牌等）造型有特色，与景观环境相协调。标识牌和景物介绍牌设置合理。

c）公众信息资料（如研究论著、科普读物、综合画册、音像制品、导游图和导游材料等）特色突出，品种齐全，内容丰富，制作良好，适时更新。

d）导游员（讲解员）持证上岗，人数及语种能满足游客需要。普通话达标率 100%。导游员（讲解员）均应具备高中以上文化程度，其中大专以上不少于 40%。

e）导游（讲解）词科学、准确、生动。导游服务质量达到 GB/T 15971—1995 中 4.5.3 和第 5 章要求。

f）公共信息图形符号的设置合理，设计精美，有特色，有艺术感，符合 GB/T 10001. 1 的规定。

g）游客公共休息设施布局合理，数量充足，设计精美，有特色，有艺术感。

5.2.3 旅游安全

a）认真执行公安、交通、劳动、质量监督、旅游等有关部门制定和颁布的安全法规，建立完善的安全保卫制度，工作全面落实。

b）消防、防盗、救护等设备齐全、完好、有效，交通、机电、游览、娱乐等设备完好，运行正常，无安全隐患。游乐园达到 GB/T 16767 规定的安全和服务标准。危险地段标志明显，防护设施齐备、有效，高峰期有专人看守。

c）建立紧急救援机制，设立医务室，并配备医务人员。设有突发事件处理预案，应急处理能力强，事故处理及时、妥当，档案记录准确、齐全。

5.2.4 卫生

a）环境整洁，无污水、污物，无乱建、乱堆、乱放现象，建筑物及各种设施设备无剥落、无污垢，空气清新、无异味。

b）各类场所全部达到 GB 9664 规定的要求，餐饮场所达到 GB 16153 规定的要求，游泳场所达到 GB 9667 规定的要求。

c）公共厕所布局合理，数量能满足需要，标识醒目美观，建筑造型与景观环境相协调。所有厕所具备水冲、盥洗、通风设备，并保持完好或使用免水冲生态厕所。厕所管理完善，洁具洁净、无污垢、无堵塞。室内整洁。

d）垃圾箱布局合理，标识明显，数量能满足需要，造型美观，与环境相协调。垃圾分类收集，清扫及时，日产日清。

e）食品卫生符合国家规定，餐饮服务配备消毒设施，不使用对环境造成污染的一次性餐具。

5.2.5 邮电服务

a）提供邮政及邮政纪念服务。

b）通信设施布局合理。出入口及游人集中场所设有公用电话，具备国际、国内直拨功能。

c）公用电话亭与环境相协调，标志美观醒目。

d）通信方便，线路畅通，服务亲切，收费合理。

e）能接收手提电话信号。

5.2.6 旅游购物

a）购物场所布局合理，建筑造型、色彩、材质有特色，与环境协调。

b）对购物场所进行集中管理，环境整洁，秩序良好，无围追兜售、强买强卖现象。

c）对商品从业人员有统一管理措施和手段。

d）旅游商品种类丰富，具有本地区特色。

5.2.7 经营管理

a）管理体制健全，经营机制有效。

b）旅游质量、旅游安全、旅游统计等各项经营管理制度健全有效，贯彻措施得力，定期监督检查，有完整的书面记录和总结。

c）管理人员配备合理，高级管理人员均应具备大学以上文化程度。

d）具有独特的产品形象、良好的质量形象、鲜明的视觉形象和文明的员工形象，确立自身的品牌标志，并全面、恰当地使用。

e）有正式批准的旅游总体规划，开发建设项目符合规划要求。

f）培训机构、制度明确，人员、经费落实，业务培训全面，效果良好，上岗人员培训合格率达100%。

g）投诉制度健全，人员、设备落实，投诉处理及时、妥善，档案记录完整。

h）为特定人群（老年人、儿童、残疾人等）配备旅游工具、用品，提供特殊服务。

5.2.8 资源和环境的保护

a）空气质量达GB 3095—1996的一级标准。

b）噪声质量达到GB 3096—1993的一类标准。

c）地面水环境质量达到GB 3838的规定。

d）污水排放达到GB 8978的规定。

e）自然景观和文物古迹保护手段科学，措施先进，能有效预防自然和人为破坏，保持自然景观和文物古迹的真实性和完整性。

f）科学管理游客容量。

g）建筑布局合理，建筑物体量、高度、色彩、造型与景观相协调。出入口主体建筑有格调，与景观环境相协调。周边建筑物与景观格调协调，或具有一定的缓冲区域或隔离带。

h）环境氛围良好。绿化覆盖率高，植物与景观配置得当，景观与环境美化措施多样，效果良好。

i）区内各项设施设备符合国家关于环境保护的要求，不造成环境污染和其他公害，不破坏旅游资源和游览气氛。

5.2.9 旅游资源吸引力

a）观赏游憩价值很高。

b）同时具有很高历史价值、文化价值、科学价值，或其中一类价值具全国意义。

c）有很多珍贵物种，或景观非常奇特，或有国家级资源实体。

d）资源实体体量很大，或资源类型多，或资源实体疏密度优良。

e）资源实体完整，保持原来形态与结构。

5.2.10 市场吸引力

a）全国知名。

b）美誉度高。

c）市场辐射力强。

d）形成特色主题，有一定独创性。

5.2.11 年接待海内外旅游者50万人次以上，其中海外旅游者3万人次以上。

5.2.12 游客抽样调查满意率高。

5.3 AAA级旅游景区

5.3.1 旅游交通

a）可进入性较好。交通设施完备，进出便捷。或具有至少二级以上公路或高等级航道、航线直达；或具有旅游专线等便捷交通工作。

b）有与景观环境相协调的专用停车场或船舶码头。且布局合理，容量能满足需求。场地平整坚实或水域畅通。标志规范、醒目。

c）区内游览（参观）路线或航道布局合理、顺畅，观赏面大。路面有特色，或航道水质良好。

d）区内使用低排放的交通工作，或鼓励使用清洁能源的交通工具。

5.3.2 游览

a）游客中心位置合理，规模适度，设施、功能齐备。游客中心有服务人员，业务熟悉，服务热情。

b）各种引导标识（包括导游全景图、导览图、标识牌、景物介绍牌等）造型有特色，与景观环境相协调。标识牌和景物介绍牌设置合理。

c）公众信息资料（如研究论著、科普读物、综合画册、音像制品、导游图和导游材料等）有特色，品种全，内容丰富，制作良好，适时更新。

d）导游员（讲解员）持证上岗，人数及语种能满足游客需要。普通话达标率 100%。导游员（讲解员）均应具备高中以上文化程度，其中大专以上不少于 20%。

e）导游（讲解）词科学、准确、生动、导游服务质量达到 GB/T 15971—1995 中 4.5.3 和第 5 章要求。

f）公共信息图形符号的设置合理，设计有特色，符合 GB/T 10001. 1 的规定。

g）游客公共休息设施布局合理，数量满足需要，设计有特色。

5.3.3 旅游安全

a）认真执行公安、交通、劳动、质量监督、旅游等有关部门制定和颁布的安全法规，建立完善的安全保卫制度，工作全面落实。

b）消防、防盗、救护等设备齐全、完好、有效，交通、机电、游览、娱乐等设备完好，运行正常，无安全隐患。游乐园达到 GB/T 16767 规定的安全和服务标准。危险地段标志明显，防护设施齐备、有效，高峰期有专人看守。

c）建立紧急救援机制，设立医务室，至少配备兼职医务人员。设有突发事件处理预案，应急处理能力强，事故处理及时、妥当，档案记录准确、齐全。

5.3.4 卫生

a）环境整洁，无污水、污物，无乱建、乱堆、乱放现象，建筑物及各种设施设备无剥落、无污垢，空气清新、无异味。

b）各类场所全部达到 GB 9664 规定的要求，餐饮场所达到 GB 16153 规定的要求，游泳场所达到 GB 9667 规定的要求。

c）公共厕所布局合理，数量满足需要，标识醒目，建筑造型与景观环境协调。全部厕所具备水冲、通风设备，并保持完好或使用免水冲生态厕所。厕所整洁，洁具洁净、无污垢、无堵塞。

d）垃圾箱布局合理，标识明显，数量满足需要，造型美观，与环境协调。垃圾清扫及时，日产日清。

e）食品卫生符合国家规定，餐饮服务配备消毒设施，不使用造成污染的一次性餐具。

5.3.5 邮电服务

a）提供邮政及邮政纪念服务。

b）通信设施布局合理。游人集中场所设有公用电话，具备国际、国内直拨功能。

c）公用电话亭与环境基本协调，标志醒目。

d）通信方便，线路畅通，服务亲切，收费合理。

e）能接收手提电话信号。

5.3.6 旅游购物

a）购物场所布局合理，建筑造型、色彩、材质与环境协调。

b）对购物场所进行集中管理，环境整洁，秩序良好，无围追兜售、强买强卖现象。

c）对商品从业人员有统一管理措施和手段。

d）旅游商品种类丰富，具有本地区特色。

5.3.7 经营管理

a）管理体制健全、经营机制有效。

b）旅游质量、旅游安全、旅游统计等各项经营管理制度健全有效，贯彻措施得力，定期监督检查，有完整的书面记录和总结。

c）管理人员配备合理，80%以上中高级管理人员具备大专以上文化程度。

d）具有独特的产品形象、良好的质量形象、鲜明的视觉形象和文明的员工形象，确立自身的品牌标志，并全面、恰当地使用。

e）有正式批准的总体规划，开发建设项目符合规划要求。

f）培训机构、制度明确，人员、经费落实，业务培训全面，效果良好，上岗人员培训合格率达 100%。

g）投诉制度健全，人员、设备落实，投诉处理及时、妥善，档案记录完整。

h）能为特定人群（老年人、儿童、残疾人等）提供特殊服务。

5 3.8 资源及环境的保护

a）空气质量达 GB 3095—1996 的一级标准。

b）噪声质量达到 GB 3096—1993 的一类标准。

c）地面水环境质量达到 GB 3838 的规定。

d）污水排放达到 GB 8978 的规定。

e）自然景观和文物古迹保护手段科学，措施得力，能有效预防自然和人为破坏，保持自然景观和文物古迹的真实性和完整性。

f）科学管理游客容量。

g）建筑布局合理，建筑物体量、高度、色彩、造型与景观相协调。出入口主体建筑有格调，与景观环境相协调。周边建筑物与景观格调协调，或具有一定的缓冲区或隔离带。

h）环境氛围良好。绿化覆盖率较高，植物与景观配置得当，景观与环境美化效果良好。

i）区内各项设施设备符合国家关于环境保护的要求，不造成环境污染和其他公害，不破坏旅游资源和游览气氛。

5.3.9 旅游资源吸引力

a）观赏游憩价值较高。

b）同时具有很高历史价值、文化价值、科学价值，或其中一类价值具省级意义。

c）有较多珍贵物种，或景观奇特，或有省级资源实体。

d）资源实体体量大，或资源类型较多，或资源实体疏密度良好。

e）资源实体完整，基本保持原来形态与结构。

5.3. 10 市场吸引力

a）周边省市知名。

b）美誉度较高。

c）市场辐射力较强。

d）有一定特色，并初步形成主题。

5.3.11 年接待海内外旅游者 30 万人次以上。

5.3.12 游客抽样调查满意率较高。

5.4 AA 级旅游景区

5.4. 1 旅游交通

a）可进入性较好。进出方便，道路通畅。

b）有专用停车船场所，布局较合理，容量能基本满足需求，场地平整坚实或水域畅通，标志规范、醒目。

c）区内游览（参观）路线或航道布局基本合理、顺畅。

d）区内使用低排放的交通工具，或鼓励使用清洁能源的交通工具。区内无对环境造成污染的交通工具。

5.4.2 游览

a）有为游客提供咨询服务的游客中心或相应场所，咨询服务人员业务熟悉，服务热情。

b）各种引导标识（包括导游全景图、导览图、标识牌、景物介绍牌等）

清晰美观，与景观环境基本协调。标识牌和景物介绍牌设置合理。

c）公众信息资料（如研究论著、科普读物、综合画册、音像制品、导游图和导游材料等）品种多，内容丰富，制作较好。

d）导游员（讲解员）持证上岗，人数及语种能满足游客需要。普通话达标率 100%。导游员（讲解员）均应具备高中以上文化程度。

e）导游（讲解）词科学、准确、生动。导游服务质量达到 GB/T 15971—1995 中 4.5.3 和第 5 章要求。

f）公共信息图形符号的设置合理，规范醒目，符合 GB/T 10001.1 的规定。

g）游客公共休息设施布局合理，数量基本满足需要，造型与环境基本协调。

5.4.3 旅游安全

a）认真执行公安、交通、劳动、质量监督、旅游等有关部门制定和颁布的安全法规，建立完善的安全保卫制度，工作全面落实。

b）消防、防盗、救护等设备齐全、完好、有效，交通、机电、游览、娱乐等设备完好，运行正常，无安全隐患。游乐园达到 GB/T 16767 规定的安全和服务标准。危险地段标志明显，防护设施齐备、有效。

c）建立紧急救援机制。配备游客常用药品。事故处理及时、妥当，档案记录完整。

5.4.4 卫生

a）环境比较整洁，无污水、污物，无乱建、乱堆、乱放现象，建筑物及各种设施设备无剥落、无污垢，空气清新、无异味。

b）各类场所全部达到 GB 9664 规定的要求，餐饮场所达到 GB 16153 规定的要求，游泳场所达到 GB 9667 规定的要求。

c）公共厕所布局合理，数量基本满足需要，标识醒目，建筑造型与景观环境协调。70%以上厕所具备水冲设备，并保持完好或使用免水冲生态厕所。厕所整洁，洁具洁净、无污垢、无堵塞。

d）垃圾箱布局合理，标识明显，数量基本满足需要，造型美观，与环境基本协调。垃圾清扫及时，日产日清。

e）食品卫生符合国家规定，餐饮服务配备消毒设施，不使用对环境造成污染的一次性餐具。

5.4.5 邮电服务

a）提供邮政或邮政纪念服务。

b）通信设施布局合理。游人集中场所设有公用电话，具备国内直拨功能。

c）公用电话亭与环境基本协调，标志醒目。

d）通信方便，线路畅通，服务亲切，收费合理。

e）能接收手提电话信号。

5.4.6 旅游购物

a）购物场所布局基本合理，建筑造型、色彩、材质与环境基本协调。

b）对购物场所进行集中管理，环境整洁，秩序良好，无围追兜售、强买强卖现象。

c）对商品从业人员有统一管理措施和手段。

d）旅游商品种类较多，具有本地区特色。

5.4.7 经营管理

a）管理体制健全，经营机制有效。

b）旅游质量、旅游安全、旅游统计等各项经营管理制度健全有效，贯彻措施得力，定期监督检查，有完整的书面记录和总结。

c）管理人员配备合理，70%以上中高级管理人员具备大专以上文化程度。

d）具有独特的产品形象、良好的质量形象、鲜明的视觉形象和文明的员工形象。

e）有正式批准的总体规划，开发建设项目符合规划要求。

f）培训机构、制度明确，人员、经费落实，业务培训全面，效果良好，上岗人员培训合格率达100%。

g）投诉制度健全，人员、设备落实，投诉处理及时、妥善，档案记录基本完整。

h）能为特定人群（老年人、儿童、残疾人等）提供特殊服务。

5.4.8 资源和环境的保护

a）空气质量达 GB 3095—1996 的一级标准。

b）噪声质量达到 GB 3096—1993 的一类标准。

c）地面水环境质量达到 GB 3838 的规定。

d）污水排放达到 GB 8978 的规定。

e）自然景观和文物古迹保护手段科学，措施得力，能有效预防自然和人为破坏，基本保持自然景观和文物古迹的真实性和完整性。

f）科学管理游客容量。

g）建筑布局基本合理，建筑物体量、高度、色彩、造型与景观基本协调。出人口主体建筑有格调，与景观环境相协调。周边建筑物与景观格调基本协调，或具有一定的缓冲区或隔离带。

h）环境氛围良好。绿化覆盖率较高，植物与景观配置得当，景观与环境美化效果较好。

i）区内各项设施设备符合国家关于环境保护的要求，不造成环境污染和其他公害，不破坏旅游资源和游览气氛。

5.4.9 旅游资源吸引力

a）观赏游憩价值一般。

b）同时具有较高历史价值、文化价值、科学价值，或其中一类价值具有地区意义。

c）有少量珍贵物种，或景观突出，或有地区级资源实体。

d）资源实体体量较大，或资源类型较多，或资源实体疏密度较好。

e）资源实体基本完整。

5.4.10 市场吸引力

a）全省知名。

b）有一定美誉度。

c）有一定市场辐射力。

d）有一定特色。

5.4.11 年接待海内外旅游者 10 万人次以上。

5.4.12 游客抽样调查满意率较高。

5.5 A级旅游景区

5.5.1 旅游交通

a）通往旅游景区的交通基本通畅，有较好的可进入性。

b）具有停车（船）场所，容量能基本满足需求，场地较平整坚实或水域较畅通，有相应标志。

c）区内游览（参观）路线或航道布局基本合理、顺畅。

d）区内使用低排放的交通工具，或鼓励使用清洁能源的交通工具。

5.5.2 游览

a）有为游客提供咨询服务的场所，服务人员业务熟悉，服务热情。

b）各种公众信息资料（包括导游全景图、标识牌、景物介绍牌等）与景观环境基本协调。标识牌和景物介绍牌设置基本合理。

c）宣传教育材料（如研究论著、科普读物、综合画册、音像制品、导游图和导游材料等）品种多，内容丰富，制作较好。

d）导游员（讲解员）持证上岗，人数及语种能基本满足游客需要。普通话达标率 100%。导游员（讲解员）均应具高中以上文化程度。

e）导游（讲解）词科学、准确、生动。导游服务质量达到 GB/T 15971—1995 中 4.5.3 和第 5 章要求。

f）公共信息图形符号的设置基本合理，基本符合 GB/T 10001.1 的规定。

g）游客公共休息设施布局基本合理，数量基本满足需要。

5.5.3 旅游安全

a）认真执行公安、交通、劳动、质量监督、旅游等有关部门制定和颁布的安全法规，安全保卫制度健全，工作落实。

b）消防、防盗、救护等设备齐全、完好、有效，交通、机电、游览、娱乐等设备完好，运行正常，无安全隐患。游乐园达到 GB/T 16767 规定的安全和服务标准。危险地段标志明显，防护设施齐备、有效。

c）事故处理及时、妥当，档案记录完整，配备游客常用药品。

5.5.4 卫生

a）环境比较整洁，无污水、污物，无乱建、乱堆、乱放现象，建筑物及各种设施设备无剥落、无污垢，空气清新、无异味。

b）各类场所全部达到 GB 9664 规定的要求，餐饮场所达到 GB 16153 规定的要求，游泳场所达到 GB 9667 规定的要求。

c）公共厕所布局较合理，数量基本满足需要，建筑造型与景观环境比较协调。50%以上厕所具备水冲设备，并保持完好或使用免水冲生态厕所。厕所较整洁，洁具洁净、无污垢、无堵塞。

d）垃圾箱布局较合理，标识明显，数量基本满足需要，造型与环境比较协调。垃圾清扫及时，日产日清。

e）食品卫生符合国家规定，餐饮服务配备消毒设施，不使用对环境造成污染的一次性餐具。

5.5.5 邮电服务

a）提供邮政或邮政纪念服务。

b）通信设施布局较合理。游人集中场所设有公用电话，具备国内直拨功能。

c）通信方便，线路畅通，收费合理。

d）能接收手提电话信号。

5.5. 6 旅游购物

a）购物场所布局基本合理，建筑造型、色彩、材质与环境较协调。

b）对购物场所进行集中管理，环境整洁，秩序良好，无围追兜售、强买强卖现象。

c）对商品从业人员有统一管理措施和手段。

d）旅游商品有本地区特色。

5.5.7 经营管理

a）管理体制健全，经营机制有效。

b）旅游质量、旅游安全、旅游统计等各项经营管理制度健全有效，贯彻措施得力，定期监督检查，有比较完整的书面记录和总结。

c）管理人员配备合理，60%以上中高级管理人员具大专以上文化程度。

d）具有一定的产品形象、质量形象和文明的员工形象。

e）有正式批准的总体规划，开发建设项目符合规划要求。

f）培训机构、制度明确，人员、经费落实，业务培训全面，效果良好，上岗人员培训合格率达100%。

g）投诉制度健全，人员、设备落实，投诉处理及时，档案记录基本完整。

h）能为特定人群（老年人、儿童、残疾人等）提供特殊服务。

5.5.8 资源和环境的保护

a）空气质量达到GB 3095—1996的一级标准。

b）噪声质量达到GB 3096—1993的一类标准。

c）地面水环境质量达到 GB 3838的规定。

d）污水排放达到GB 8978的规定。

e）自然景观和文物古迹保护手段科学，措施得力，能有效预防自然和人为破坏，基本保持自然景观和文物古迹的真实性和完整性。

f）科学管理游客容量。

g）建筑布局较合理，建筑物造型与景观基本协调。出入口主体建筑与景观环境基本协调。周边建筑物与景观格调较协调，或具有一定的缓冲区或隔离带。

h）环境氛围较好。绿化覆盖率较高，景观与环境美化效果较好。

i）区内各项设施设备符合国家关于环境保护的要求，不造成环境污染和其他公害，不破坏旅游资源和游览气氛。

5.5.9 旅游资源吸引力

a）观赏游憩价值较小。

b）同时具有一定历史价值、文化价值、科学价值，或其中一类价值具有地区意义。

c）有个别珍贵物种，或景观比较突出，或有地区级资源实体。

d）资源实体体量中等，或有一定资源类型，或资源实体疏密度一般。

e）资源实体较完整。

5.5.10 市场吸引力

a）本地区知名。

b）有一定美誉度。

c）有一定市场辐射力。

d）有一定特色。

5.5.11 年接待海内外游客 3 万人次以上。

5.5.12 游客抽样调查基本满意。

6. 旅游景区质量等级的划分依据与方法

6.1 根据旅游景区质量等级划分条件确定旅游景区质量等级，按照《服务质量与环境质量评分细则》、《景观质量评分细则》的评价得分，并结合《游客意见评分细则》的得分综合进行。

6.2 经评定合格的各质量等级旅游景区，由全国旅游景区质量等级评定机构向社会统一公告。

参考文献

[1] 吴必虎. 旅游规划原理[M]. 北京：中国旅游出版社，2010.

[2] 熊彼特. 经济发展理论[M]. 中译本. 北京：商务印书馆，1997.

[3] 钟志平，王秀娟. 购物类旅游资源的分类及开发探讨[J]. 湖南财经高等专科学校学报，2007（1）.

[4] 方海川. 景观及旅游景观特征探讨[J]. 乐山师范学院学报，2002（3）.

[5] PHILIP KOTLER，JOHN T BOWEN，James C Makens. Marketing for Hospitality and Tourism[M]. Pearson Education Inc. 2006.

[6] GAB-JOUNG HER. A study on Programs to be Activated for shopping tourism[J]. Korea Tourism Research Institute, 1999.

[7] BOURDIEU PIERRE. "The forms of capital"in A. H. Halsey, H. Lauder, P. Brown& A. Stuart-Wells (ends), Education, Culture, Economy and Society[M]. New York: Oxford University Press, 1989.

[8] 陆立军，周国红. 学习、创新与竞争优势[J]. 科技进步与对策，2005（1）.

[9] CORIAT B. Organizations, firms and institutions in the generation of innovation[J]. Research Policy, 2002.

[10] BUHALIS D. Strategic use of information technology in the tourism industry[J]. Tourism Management, 1998.

[11] Yeoryios stamboulis. Innovation strategy and Technology for Experience-based tourism[J]. Tourism Management, 2003, 24.

[12] 吴殿廷，王欣. 旅游开发与管理的时空耦合规律初探[J]. 人文地理，2005，20（1）.

[13] 陈忠，盛毅华. 现代系统科学学[M]. 上海：上海科学技术文献出版社，2005.

[14] 赵勤，王东海，胡文波. 如何根据旅游者的消费心理做好旅游购物工作[J]. 市场论坛，2006（8）.

[15] 文岚，袁金明，杨芳，等. 休闲旅游者消费心理研究[J]. 江苏商论，2009（7）.

[16] 吴长亮. 景区开发市场定位策略及实例分析[J]. 商业时代，2010（18）.
[17] 谌利. 浅论我国旅游电子商务现状和发展趋势[J]. 中国集体经济，2008（4）.
[18] 邓仲春，鲁耀斌，于建红. 中美旅游电子商务的比较研究[J]. 工业技术经济，2005，24（9）.
[19] 程艳红. 我国旅游电子商务发展态势分析[J]. 江苏商论，2007（7）.
[20] 郭丽华. 略论"文化旅游"[J]. 北京第二外国语学院学报，1999（4）.
[21] 喻学才. 旅游文化研究二十年[J]. 东南大学学报（哲学社会科学版），2004（1）.
[22] 孙庆红. 文化因素与旅游商品的开发[J]. 湖北经济学院学报（人文社会科学版），2006，3（8）.
[23] 文岚. 试论中西文化差异对旅游消费行为的影响[J]. 湘潭大学社会科学学报，2002（21）.
[24] 梁旺兵. 上海市外国游客跨文化旅游行为实证研究[J]. 社会科学家，2005（6）.
[25] 陈勤建. 文化旅游：摒除伪民俗，开掘真民俗[J]. 民俗研究，2002（2）.
[26] 任媛媛. 民族文化旅游项目的真实性探析[J]. 桂林旅游高等专科学校学报，2005（3）.
[27] 宋进喜，王伯铎，李怀恩. 西安市旅游开发的环境效应及环境整治建设[J]. 西北大学学报（自然科学版），2002，32（6）.
[28] 崔海亭. 景观污染：一个亟待解决的问题[J]. 生态学杂志，2001，20（3）.
[29] 侯晓丽，贾若祥. "低碳旅游"，从住行环节入手[N]. 中国经济导报. 2011-01-25.
[30] PAUL PEETERS, GHISLAIN DUBOIS. Tourism travel under climate change mitigation constraints [J]. Transp Geogr, 2009, 9(3).
[31] SUSANNE BECKENA, DAVID G SIMMONSB, CHRIS FRAMPTON. Energy use associated with different travel choices[J]. Tourism Management, 2003, 24.
[32] TZU-PING LIN. Carbon dioxide emissions from transport in Taiwan's national parks [J]. Tourism Management, 2010, 31.
[33] INGA J SMITH, CRAIG J RODGER. Carbon emission offsets for aviation-generated emissions due to international travel to and from New Zealand[J]. Energy Policy, 2009, 37.